新標準講義
民法債権総論

NEW STANDARD LESSON CIVIL LAW [OBLIGATIONS]

池田真朗
IKEDA Masao

慶應義塾大学出版会

全訂3版まえがき

　時代は変わる。民法も変わり、法学教育も変わるのである。

　本書は、平成29年（2017年）の民法（債権関係）の大改正（令和2年・2020年施行）に完全対応させた全訂新版である。しかし、このたびの民法改正にあたっては、条文のどこがどう変えられたかを追ってテキストを書き直すだけでは不足であると私は考えた。

　つまり、今回の120数年ぶりの民法大改正にあたっては、それを必然とした時代意思があったはずなのである。改正法の起草にかかわった学者や実務家たちの意図も、反映された（あるいは反映されなかった）企業人や市民の声も、出来上がった法律をいやおうなしに受け止めなければならないビジネス法務の現場の反応も、すべて包摂した時代意思の存在である。

　その時代意思のありようを分析し、理解させることまでが、新しい民法教育には含まれるべきなのではないか。そしてそのような教育こそが、まさに民法教育の「新標準」となるべきなのではないか。

　本書の中で繰り返し述べているように、今回の民法改正は、「市民法」としての民法の改正ではない。明らかに「取引法」としての民法の改正である。したがって、学習者の「民法観」も、ここで変化すべきなのである。そして、多数の新しいルールについてまず教えるべきは、それらの、従来型の細かい解釈論ではない。それらの新ルールが、何を意図して創られた、誰のためのものなのかを理解し、また、それらの担い手であり対象である人々が、それぞれの立場でどう反応し、どう行動するかの見きわめなのである。

　本書によって新民法を学ぶ諸君は、是非その点を理解し、ルールの機能のしかた、ひいてはルールの創りかた、の根幹を会得して、諸君がこれから入っていく社会集団の中で、その構成員を幸福に導けるようなルール創りの基本的な能力を身につけていただきたいのである。

　著者としては、旧版と同様に、時には初歩的な注やコラムをはさみなが

i

ら、標準テキストとしてのわかりやすさを心がけたつもりであるが、平成29年改正によって、民法典自体が複雑化・難化している事実は否めない。したがって、旧版と比較すると、本書もいささか難しくなったという印象を与えるのではないかと思われる。この点、読者にも一層の学習努力をお願いしたい（その、読者の学習を助けるノウハウを入れ込んだのが、第9章の「学習ガイダンス」である。ここは、授業の進度にかかわらず、是非自主的に読んでいただきたい）。

　ただ、改めて述べておこう。「人は、どうしたら他人を害さずに幸せに生きていけるのか」を学ぶのが民法学であり、債権総論分野はそれが最も顕著に表れるところなのである。「難しい勉強をする」のではなくて、人の行動のしかたを観察し、ときには愚かな、ときには哀しい行動をする人間が、この社会の中でどう生きていくのが良いのかを学ぶ、というつもりで是非本書を最後まで読み切っていただきたい。

　今回の全面的な書き換えとなった第3版の出版にあたっても、慶應義塾大学出版会の岡田智武氏に大変にお世話になった。献身的なご尽力に心からの感謝の意を表したい。また、姉妹編の『新標準講義民法債権各論〔第2版〕』に引き続いて校正作業等で支援してくださった、武蔵野大学池田ゼミ卒業生の川合佑莉亜、須藤駿、石川舞の3名の諸君にも感謝の意を表したい。

　　2019年9月

　　　　　　　　　　　　　　　　　　　　　　　　池 田 真 朗

第 2 版第 3 刷まえがき

　本書第 2 版は、既に変革の時期の只中に至っていた 2013 年に世に送られた。債権法を中心とした民法の見直しを試みる法制審議会の民法（債権関係）部会は、2009 年秋から作業に入り、2013 年春に中間試案を公表したのだが、その後なお紆余曲折があり、2015 年 3 月に民法改正法案が国会に提出された。しかしこの改正法案もすぐには審議入りせず、ようやく 2016 年 11 月に審議が開始されたのである。2017 年度中の成立が期待されているが、法案成立・公布となった場合も、施行までには相当の期間が設定されると考えられる。

　したがって、この時期に民法を学習する人々には、なお現行規定の下での判例・学説・実務のあり方について適切な解説を施し、読者が民法債権法の必要十分な知識をえて、それを日常生活の紛争解決に役立てるための書物が必要なはずである。

　2013 年の第 2 版では、その段階までの改正論議を踏まえつつ、初版に以下のような修正を加えていた。

　①まず第 4 章の債権者代位権の部分に新たな知見を元に加筆修正を加えた（第 4 章のタイトルを「責任財産の保全」から「債権者の権能（責任財産の保全）」に変えたことにも意味がある）。この制度は、まさに民法（債権関係）改正の議論の中で、一方からは制度自体の削除意見まで出て、また他方ではそれに対する実務の多数の反論があったところである。その議論の中での立法沿革の見直しの結果、実務や判例が思いのほかわが民法の当初の立法趣旨に忠実に発展してきたことが理解された。そういう部分は本書では的確に記述しておくことにした。いたずらに立法動向に右顧左眄するのではなく、本来のあるべき姿を理解することによって現在の当該制度の運用の合理性を知ることも大切と考えたからである。

　②つぎに、第 6 章の債権譲渡の部分では、実務で汎用されるに至っている特例法登記について加筆した。この部分は、対抗要件についての「特例

iii

法」のルールが、民法の原則規定を場面によっては上回って利用されているのである。当然学習の上でも、民法本体の学習と同等あるいはそれ以上に、特例法の学習を重視しなければならないのである。なお、それに関連して、将来債権譲渡担保のところで、ABLと呼ばれる融資手法に言及した点にも注目してほしい。債権譲渡担保というだけでは、ひとつの取引手法の民法的理解にとどまる。しかし、債権（売掛金）や動産（在庫）を担保にした資金調達、という観点に立つと、一取引手法の民法的学習ではなく、中小企業などが生きていく道についての勉強になる。私は、本書を読む皆さんに、そのような、実社会とつながった、生きた法を学んでほしいと考えているのである。

　③さらに第6章末尾では、契約譲渡について加筆した。この分野は、企業活動の進展の中で、今後民法学の一大争点に成長する可能性がある。それなのにこれまでわが国の民法典には債務引受とともに規定がない。今回の民法改正においても、少なくとも何らかの規定は入ることになりそうだが、見通しとしては、なお十分な条文が用意される状況にはほど遠い。こういうところも、想像力を膨らませながら学習してほしい。

　民法は、市民社会の基本法であり、同時に取引社会の基本法である。このどちらに比重をかけすぎても、良い民法はできないし、適正な民法学の発展はない。将来を見据えることは大事だが、現在を課題づけている過去を知ることも大切である。それらが私の基本的な民法観である。そして私はそのような基本姿勢に基づいて、本書第2版をもって、変革の時代の「新標準」を皆さんに提示しようとしたのである。

　冒頭に記したように、2017年度中の成立が期待される民法改正法案ではあるが、その施行までにはなお相当の期間が見込まれるため、本書も成立・公布後の適切な時期に改訂して第3版とすることにしたい。

　今回の増刷にあたっても、慶應義塾大学出版会の岡田智武氏に大変にお世話になった。心からの感謝の意を表したい。

　　　2017年2月

　　　　　　　　　　　　　　　　　　　　　　　　池 田 真 朗

初版まえがき

　現在、法学教育は向かうべき方向を模索している状態にある。法科大学院制度が創設されて以来、一方で法学部でも法曹志望者に向けてはより専門志向的な講義が要求される部分があり、他方で、法曹を志望しない人々にはより教養教育的に法律学を教授すべきだという見解もある。もっとも、法学部から一般の社会人になる人々にも、相当に「社会生活で役に立つ」法学教育がなされなければ、法学部で学んだ意味がないということになろう。

　さらに、近年は、民法ことに債権法の改正論議が高まり、2008 年には 2 つの学者グループが学会でシンポジウムを行い、法務省の協力する民法（債権法）改正検討委員会も 2009 年春には改正提案を提示するに至っている。私はそれらすべてのメンバーに加わっているが、そこでは、民法の基本理念として、市民社会の一般法という位置づけをどこまで維持すべきか、もはや取引中心の社会の基本法として割り切るべきか、などの本質的な議論も盛んに行われている。

　この困難な時代に、だからこそ、法曹志望の学生にもそうでない学生にも、また、大学で学ぶ学生にも一般市民にも共通な、「現代の法律学習のスタンダード」というべきものがあるはずだと私は考えた。それは、知識量において標準的であるというだけでなく、学習の姿勢、ノウハウ、といったものについても、どの進路に進む学生・市民にとっても標準的に与えられるべきものがあるはずであって、それを探求することが、法学教育に必要であり、なにより最大多数の学生・市民の利益や幸福につながることと考えたのである。

　本書は、そのような志向から、私自身の慶應義塾大学通信教育課程用テキストを改良し、学生諸君の利用にも、一般の方々の独習にも適した、汎用性の高い、多様なニーズに応える新時代のスタンダードを目指すもので

ある。

　従来の類書との最大の相違は、標準テキストであるから詳細な体系書の記述を簡略にする、ということではなく、本質的な発想を転換しようとしているところにある。つまり、現代の法学教育の第一義的な意義は、「紛争解決（ないしは紛争予防）の手段としての法」というものをいかに学び取らせるか、そしてその知識をいかに「実際に活用可能なもの」とさせうるか、というところにあると私は考えている。そうであるならば当然に、学ぶ対象の民法だけでなく、それを学ぶための学習のノウハウ等もしっかり伝えるところまでが、テキストに含まれなければならない（例えば本書では「学習ガイダンス」に第8章の1章分を当てて、条文の読み方、判例学習の仕方等から指導している）。学習対象についても、同じ観点から、いたずらに学説を羅列したりはせず、この社会の中での民法の意義や役割をできるだけ明瞭に伝え、得た知識が使いこなせる、そして次の段階の学習にもスムーズに発展できる能力を植え付けることを主旨としている。本書を「新標準講義」と名付けた所以は、まさにそれらの点にある。

　もちろん、この狙いがただちにどこまで実現できているかは、読者の評価に待たなければならない。本書初版はその試みの第一歩であり、今後も謙虚にさまざまな改良を加えていきたいと考えている。また、近い将来に民法典が改正されることがあれば、当然ながらそれにも迅速に対応していきたい。

　今回の出版にあたっては、慶應義塾大学出版会の岡田智武氏と、慶應義塾大学通信教育部分室教材編集課の喜多村直之氏に大変にお世話になった。ここに記して感謝の意を表したい。

　　2009年1月

　　　　　　　　　　　　　　　　　　　　　池　田　真　朗

目　次

全訂3版まえがき　i

第2版第3刷まえがき　iii

初版まえがき　v

本書における判例の表記法　xvi

●第1章　債権総論序説————————————1

Ⅰ　本書の内容 ……………………………………… 3

(1)　本書の対象分野　3

(2)　民法の構成　3

Ⅱ　民法の一分野としての債権法 ………………… 3

(1)　はじめに——債権法の面白さ　3

(2)　民法の本質と「意思自治の原則」　4

Ⅲ　債権と債権法 …………………………………… 7

(1)　債権の概念　7

(2)　物権の概念　8

(3)　契約による債権の発生——契約自由の原則　8

(4)　債権の性質——物権との比較　9

(5)　債権法の内容——債権総論と債権各論　10

●第2章　債権の内容と種類————————13

Ⅰ　序　説 …………………………………………… 15

(1)　学習の内容　15

vii

(2) 債権として成立するための基本的要件　15

(3) 債権（債務）の分類　17

II 特定物債権と種類債権 ……………………………………… 18

(1) 特定物債権　18

(2) 種類債権　19

III 金銭債権 ………………………………………………………… 21

(1) 金銭債権の特殊性　21

(2) 元本債権と利息債権　23

(3) 利息の法的規制とその展開——利息制限法　24

(4) 利息の法的規制とその展開——貸金業法　25

(5) 金銭債権と非金銭債権　26

IV 選択債権 ………………………………………………………… 26

(1) 定義　26

(2) 選択権　27

(3) 選択権の移転と特定　27

●第3章　債権の効力 ――――――――――――――――――― 31

I 債権の効力・序説 ……………………………………………… 33

(1) 学習の内容　33

(2) 債権の基本的効力　33

(3) 債務と責任の関係　34

II 強制履行 ………………………………………………………… 35

(1) 強制履行の方法　35

(2) 強制履行の要件と効果　36

(3) 強制履行手段の相互関係　36

III 債務不履行 ……………………………………………………… 37

(1) 総説　37

(2) 債務不履行とは　37

(3) 債務不履行の2つの効果　39

(4) 解除概説　39

⑸　損害賠償と解除の関係　40

⑹　債務不履行の成立要件　40

⑺　債務不履行に基づく損害賠償の類型別の考察　43

⑻　請求権競合　46

⑼　債務不履行をめぐる現代的課題　47

Ⅳ　損害賠償 ……………………………………………………………… 51

⑴　学習の内容　51

⑵　損害　51

⑶　賠償の対象となる損害の範囲　52

⑷　賠償の内容　56

⑸　賠償額の調整　58

⑹　その他の特殊問題　60

Ⅴ　受領遅滞 ……………………………………………………………… 61

⑴　問題の所在　61

⑵　受領遅滞の法的性質　63

⑶　受領遅滞の要件・効果　64

Ⅵ　債権の対外的効力 ………………………………………………… 65

●**第4章　債権者の権能（責任財産の保全）** ───────── 67

Ⅰ　序　説 ………………………………………………………………… 69

⑴　責任財産とは何か　69

⑵　責任財産の保全とはどういうことか　70

Ⅱ　債権者代位権 ……………………………………………………… 70

⑴　債権者代位権の意義　70

⑵　債権者代位権の要件　72

⑶　債権者代位権の客体（被代位権利）　76

⑷　債権者代位権の行使　78

⑸　債権者代位権の効果　79

Ⅲ　詐害行為取消権 …………………………………………………… 82

⑴　詐害行為取消権の意義　82

(2) 詐害行為取消権の規定と平成29年改正 84

(3) 詐害行為取消権の法的性質と基本構造 84

(4) 詐害行為取消権の要件 85

(5) 詐害行為取消権の行使 92

(6) 詐害行為取消権行使の効果 96

●第5章　多数当事者の債権関係 ─────── 103

Ⅰ　序　説 ・・・ 105

(1) 多数当事者の債権関係の意義 105

(2) 多数当事者の債権関係の機能 108

Ⅱ　分割債権・分割債務 ・・・・・・・・・・・・・・・・・・・・・・・・・・・・・・・・ 109

(1) 分割債権・分割債務の意義 109

(2) 分割債権・分割債務の要件と具体例 109

(3) 分割債権・分割債務の効力 110

Ⅲ　不可分債権・不可分債務 ・・・・・・・・・・・・・・・・・・・・・・・・・ 111

(1) 不可分債権・不可分債務の意義 111

(2) 不可分債権・不可分債務の要件と具体例 112

(3) 不可分債権の効力 112

(4) 不可分債務の効力 114

Ⅳ　連帯債権・連帯債務 ・・・・・・・・・・・・・・・・・・・・・・・・・・・・・・・・ 116

(1) 平成29年改正のポイント──連帯債権規定の新設と連帯債務
の絶対的効力事由の削減 116

(2) 連帯債務の意義 116

(3) 連帯債務の要件 118

(4) 連帯債務の効力 119

(5) 不真正連帯債務 126

(6) 連帯債権 126

Ⅴ　保証債務 ・・ 128

(1) 保証債務の意義 128

(2) 保証債務の成立 130

⑶　保証債務の効力　131

⑷　保証人の求償権　135

⑸　連帯保証　139

⑹　共同保証　141

⑺　継続的保証　143

⑻　機関保証　145

⑼　身元保証　145

⑽　個人保証人の保護の強化　146

●第6章　債権関係の移転─────────────149

Ⅰ　序　説 ··· 151

⑴　債権譲渡・債務引受・契約上の地位の移転　151

⑵　債権の譲渡性　152

⑶　移転の機能からみた債権の種類　153

Ⅱ　債権譲渡 ··· 154

⑴　債権譲渡の意義と機能　154

⑵　債権譲渡と譲渡制限特約　156

⑶　債権譲渡の成立要件　162

⑷　債権譲渡の対抗要件　162

⑸　債権譲渡と供託による解決　173

⑹　将来債権の譲渡　175

⑺　債権譲渡と債務者の抗弁　180

Ⅲ　民法の債権譲渡と他の法律による債権譲渡 ·········· 186

Ⅳ　債務引受・契約譲渡 ································ 191

⑴　序説──広義の債務引受　191

⑵　免責的債務引受　191

⑶　併存的（重畳的）債務引受　194

⑷　履行引受　197

⑸　契約譲渡（契約引受・契約上の地位の移転）　198

●第7章　債権の消滅―――――――――――――――203

I　序　説 ………………………………………………………… 205
(1) 債権の目的と債権の消滅　205
(2) 債権の消滅原因　205
(3) 目的の実現からみた消滅原因　205

II　弁　済 ………………………………………………………… 206
(1) 弁済の意義と性質　206
(2) 弁済の内容と方法　207
(3) 弁済の提供　208
(4) 弁済の充当　209
(5) 弁済を証明するための弁済者の権利　209
(6) 第三者による弁済　210
(7) 弁済による代位　211
(8) 弁済受領権と受領権のない者への弁済　216
(9) 預貯金口座への払込みによる弁済　218

III　代物弁済 …………………………………………………… 219
(1) 意義と性質　219
(2) 代物弁済における「他の給付」　220
(3) 代物弁済の担保利用　220

IV　供　託 ………………………………………………………… 221
(1) 意義と性質　221
(2) 供託原因　222
(3) 供託の場所と方法　222
(4) 供託物引渡（還付）請求権と供託物取戻請求権　223

V　相　殺 ………………………………………………………… 223
(1) 意義と性質　223
(2) 相殺制度の機能　224
(3) 相殺の可能となる要件（相殺適状）　225
(4) 相殺の方法と効果　226
(5) 相殺の禁止　226

(6) 差押えと相殺　228

(7) 相殺充当　230

Ⅵ　更改・免除・混同 ……………………………………………… 231

(1) 更改　231

(2) 免除　233

(3) 混同　234

●第8章　有価証券 ————————————————————— 235

Ⅰ　序　説 ……………………………………………………………237

(1) 平成29年改正前の状況——「証券的債権」の規定　237

(2) 平成29年改正の内容——「有価証券」の規定　237

Ⅱ　民法上の有価証券 ………………………………………………238

(1) 指図証券　238

(2) 記名式所持人払証券　238

(3) その他の記名証券　239

(4) 無記名証券　239

(5) 免責証券　239

●第9章　学習ガイダンス ————————————————— 241

Ⅰ　六法の使い方 …………………………………………………… 243

Ⅱ　学習上の留意点 ………………………………………………… 244

Ⅲ　民法判例の読み方、判例学習の仕方 ……………………… 247

(1) 判例の読み方——まず事案から読むこと　247

(2) 判例の読み方の実際の指導　247

(3) 判例の読み方——得られた結論　252

Ⅳ　民法学習のコツ ………………………………………………… 253

Ⅴ　参考書の紹介とそれらの利用法 …………………………… 254

(1) まず、本書が難しすぎると感じる諸君へ　255

(2) 本書からさらに上級の学習を望む諸君へ　256

  (3) 本書の補助教材を望む諸君へ 256

Ⅵ レポートの書き方 ･･･････････････････････････････ 257

  (1) 資料集め 257

  (2) 構成 258

  (3) 文献引用 258

  (4) 注意事項（著作権の遵守と研究倫理） 259

Ⅶ 期末試験とその受け方･･････････････････････････ 259

  (1) 望ましい試験とは 259

  (2) 学年末試験問題の実例 260

  (3) 試験の受け方 262

  (4) 出題の意図 263

Ⅷ より新しい学習へ──ルール創り教育とは ･･････ 264

Ⅸ より深い学習へ──現代の民法学とは ･････････ 265

Ⅹ より深い学習へ──卒業論文の作成法･･････････ 267

  (1) テーマの設定 267

  (2) アプローチの方法 269

  (3) 卒業論文の資料 269

  (4) 章立てと執筆 271

  (5) 最後の仕上げ 271

Ⅺ 終わりに ･･ 272

事項索引 ･･ 273

判例索引 ･･ 281

〈用語解説〉／★ Plus One 一覧

〈用語解説〉 法律行為・準法律行為・事実行為　29

★ Plus One 「履行補助者の故意・過失」論の終焉　43

〈用語解説〉 停止条件・解除条件　50

★ Plus One 判例と現実の紛争処理　55

〈用語解説〉 持参債務と取立債務　66

★ Plus One 抵当権価値維持請求権と債権者代位権　77

★ Plus One 詐害行為取消権と否認権　91

★ Plus One ボワソナード旧民法　101

〈用語解説〉 物上保証人　138

★ Plus One 債権譲渡と転付命令　155

★ Plus One 特例法登記の構造　172

★ Plus One 特例法登記と民法対抗要件との優劣決定基準　173

★ Plus One 債権流動化と将来債権譲渡担保　188

★ Plus One 一括決済方式　197

本書における判例の表記法

例　①大判明 43・7・6 民録 16 輯 537 頁

　　　②大判大 11・11・24 民集 1 巻 537 頁

　　　③最判昭 49・3・7 民集 28 巻 2 号 174 頁

　　判例は、判決した裁判所、判決年月日、判例集の登載箇所で引用する。①②の「**大判**（たいはん）」は、大審院判決の意味である。もしここが「**大連判**（たいれんぱん）」であれば、大審院連合部判決の意味である。それまでの判例を変更する等のことから、大審院の判事が全員で合議して判決するような場合に連合部判決となる（当時は「聯合部」という字を使った）。その後の「明」は明治、「大」は大正である。①の「**民録**」は、当時の大審院の公式判例集である「**大審院民事判決録**」の略である。この大審院民事判決録は、1 年で 1 巻とは呼ばず、「**輯**（しゅう）」という呼び名を付けている。明治 28 年が第 1 輯であるから、明治 43 年は第 16 輯となる。②の「**民集**」は、大正 11 年から大審院民事判決録に代わって「**大審院民事判例集**」となったものの略である（後掲の最高裁民事判例集と区別する必要がある）。この大審院民事判例集は、1 年分を 1 巻で呼ぶ。

　　判決年月日は、本書のように大 11・11・24 などと表記するものもあれば、略さずに大正 11 年 11 月 24 日と書いているものもある。

　　③の「**最判**」は、最高裁判決の意味である(注)。ここが「**最大判**」とあれば、最高裁大法廷判決（大審院の連合部判決に当たる）である。なお、最高裁は 3 つの小法廷を持っており、通常はそのいずれかの小法廷で判決がなされる。たとえば、「最三小判」とか「最（三）判」とあれば、最高裁第三小法廷判決の意味である。その後の「昭」は昭和、「平」なら平成、「令」なら令和である。その後の「**民集**」は、最高裁の公式判例集である「**最高裁判所民事判例集**」を指す（正確には、「最高裁判所判例集」というものが出版されていて、その中が、民事と刑事に分かれている。大学図書館等では、これを別々に製本し保存しているのである）。この最高裁判所判例集は、昭和 22 年から始まり、原則として毎月 1 号、年 12 回

の発行であるので、引用には巻－号－頁と、号数まで入れるのが常である（大審院の時代には、月1号というわけではなく、年間24～25号ほど出されていたりもしたため、引用の際に号数は入れないのが普通である）。

この公式判例集である最高裁判所判例集に登載される判決は、最高裁内部の委員会で、最高裁判所の判決の中から、先例として公表するにふさわしいものを選定して登載している。したがって、民集登載判決は、一般に、先例としての意義の大きい、重要判決と考えてよい。

なお、民集に登載されなかった判決でも、事例的に重要なものがあり、それらについては、民間の判例雑誌の登載号頁で引用する。たとえば、「判時」とあるのは判例時報、「判タ」は判例タイムズ、「金法」は金融法務事情、「金判」は金融・商事判例である。

以上の大審院、最高裁の公式判例集、および民間の判例雑誌は、すべて大学図書館に収蔵されている。本書を読んで興味を持った判決については、是非それらの文献でオリジナルの判決文にふれてほしい。

ちなみに、判例を検索する際には、最近ではデータベース検索もよく行われているが、データベースでの検索も決して万全ではないことに注意してほしい。まず、それぞれのデータベースによって、大審院判決が入っていないなど、収録範囲の違いがある。さらに、PDFのものでない場合は、タイプミスもありうるし、それ以上に、最高裁判所民事判例集と異なって当事者名を載せていないデータベースがあったりなど、オリジナルと異なるところがいろいろある。さらに、キーワード検索をする場合には、当該判例についてデータベース作成会社のほうで適切なキーワード付与をしていなければ当然そのキーワードでの検索から漏れることになる。コンピューターを盲信してはいけない。

（注）　なお、まれに「大判」や「最判」ではなく「**大決**」「**最決**」となっているものがある。これは、「判決」ではなく「**決定**」であることをあらわしている。「決定」とは、裁判手続の中で口頭弁論というものを経ないで、または裁判所が裁量によって開くことができる任意的口頭弁論というものに基いてなされる裁判であり、多くは付随的事項を簡易迅速に解決するものである。

第1章　債権総論序説

本章では、本書で学ぶ内容を概観するとともに、債権法ないし債権総論を学ぶ「イメージ」というか「基本的な姿勢」を理解していただく。また、末尾の「学習の道案内」に書いた、本書を用いた学習の仕方についても、頭に入れていただきたい。

Ⅰ　本書の内容

⑴　本書の対象分野

　本書は、民法のうち、債権法総論の分野のテキストである。債権法は、大学の法学部ではだいたい2・3年生以上に配当されている。したがって、ほとんどの大学では1年生で学ぶ民法総則の知識があることを前提にして記述するが、場合によっては、民法総則に関する復習となるべき事項にもふれることにする。

⑵　民法の構成

　民法は、六法を開くとすぐわかるように、総則・物権・債権・親族・相続の5編からなっている。このうち、（1つの分類法として）前3編を財産法、後2編を家族法（身分法）などと呼ぶ。総則というのは、民法全体の総合的規則というよりは、前3編の、物権編・債権編についての共通の規則と考えられている[1]。前3編は、明治29（1896）年に公布されて明治31（1898）年に施行されたものが、若干の修正を加えられて平成16（2004）年の現代語化改正まで存続してきたが、平成29（2017）年に総則と債権編を中心とした大幅な改正がなされた（令和2（2020）年4月1日施行）。また、後2編の家族法の部分は、第二次世界大戦後の昭和22（1947）年に大改正がなされている。ここでは、以下にとりあえず、債権法と債権についての概略の紹介をしておくこととする。

Ⅱ　民法の一分野としての債権法

⑴　はじめに──債権法の面白さ

　民法を学ぶのには、規定の順序からすれば当然民法総則からということ

---

[1]　初学者で、民法の財産法全体についての説明と、民法の勉強の仕方等についての導入的知識を得たい場合は、池田真朗『民法への招待〔第5版〕』（税務経理協会・2018年）を参照。

になるのだが、実は民法総則からよりも債権法から入るほうが興味を持って学習できると考えられる。なぜかといえば、債権法は、民法総則よりも内容が具体的であることに加えて、最も民法らしさの現れている分野だからである。それは、特に債権法の中の契約法（債権各論に属する）に顕著なのだが、身近な個人と個人のさまざまな関係を律する民法の中で、債権法は、個人の自由な意思によってルールを作る場面を多数扱い、しかもその個人間で作ったルールを、民法の規定に優先させる（こういう規定を任意規定という**2**）という、いわゆる「意思自治の原則」——つまり、与えられた法律の規定よりも、市民一人ひとりの意思による相互規律が行われる分野だからである。

(2) 民法の本質と「意思自治の原則」

　民法を学ぶ場合に最初に留意してほしいのは、民法には基本的に罰則規定がない、ということである（したがって、「民法違反」で処罰されることはない）。たとえば、債権各論の中の不法行為の損害賠償（一例を挙げれば、交通事故で相手に怪我をさせて治療費や仕事ができなかった期間の逸失利益を支払うような場合）も、悪いことをしたから罰金を払うのではない。公平の見地から、損害の原因を作った当事者に、損害を被った当事者に対して損害の塡補（穴埋め）をさせるものである。

　法律の初学者には、法律というものはすべて「守らなければいけないもの」で、「守らなければ警察に捕まる、罰せられる」と思っている人がいるが、これは間違いである。民法は守らなくても罰せられることはない。当事者の合意を守らなければ、当事者間で損害賠償の問題になったり、反社会的な約束をすれば法律的に効果を生じない結果になるというだけのことである。それどころか、債権法の分野では、反社会的な内容の債権を発生させる合意（民法総則で学んだ、公序良俗違反の法律行為）を除けば、民

2　当事者が、任意規定と異なる内容の合意をしたときは、それが反社会的なもの（公序良俗違反という。民法 90 条参照）でない限り、その合意が優先し、民法の規定は当事者が特になにも定めておかなかったときに、補助的に使われる（当事者の意思で変更することが許されないような規定は、強行規定という）。

法の規定と異なるルールを作ってもよいのである。

　なぜこういうことになるのか。それは、法律というものはそれぞれに大きな目的を持って作られており、民法の場合は民法の大目標の達成のためにこのような処理をすることになるのである。

　刑法や道路交通法との比較で説明してみよう。たとえば、刑法では、条文に書いていない罪で人を罰することは絶対にできない（罪刑法定主義）。その代わり、条文に書いてある罪を犯せば（犯罪の構成要件に該当すれば）、誰が犯した場合でも必ずその規定の範囲内で処罰される。道路交通法を考えても、個人が勝手に交通法規を変えることができないのはもちろんのことである。それらの法律が絶対なのは、それぞれ、人権の擁護とか、社会の秩序維持などの大きな理由があるからである。道路交通法の目的は、道路交通の安全・円滑ということにある。そしてそれが、ひいては国民生活の平和・安全につながるのである。だから、たとえば交通規則は強制的に「守ってもらわなければならない」のである。具体的にいえば、道路交通規則の中に、信号の規定があって、青は進めで赤は止まれと定めてある。これを、あるグループが自分たちの間では赤が進めで青が止まれだと勝手に決めて通行したら、あちこちで事故が発生してしまうだろう。したがって、道路交通法は、すべて、当事者の意思によって勝手に変えることのできない「強行規定」で出来上がっているのである。そしてさらに、事故を防止するために、違反に対しては罰則規定を設けて、ルールの遵守を強制するのである。

　これに対して、民法、特に債権法の分野における大目標は何か。これは、近代民法が、フランス革命以後の近代市民社会での「望まれる市民像」を具現するものであることを考えれば理解できる。つまり、民法は、近代の市民、なかでも判断能力のある成人については、日常の社会生活関係において、「おカミの決めたルールを守る」のではなく、「自分たちの意思と責任で、社会生活関係を作る」ことを望んで、それをいわば手助けするための法律として作られているのである。この考え方を表しているのが、上に述べた「意思自治の原則」なのである（これはフランス的な言い方で、ドイツでは「私的自治の原則」という）。

具体例を挙げよう。これは債権各論に属する契約の分野であるが、民法は、賃貸借契約において、「賃貸人は、賃貸物の使用及び収益に必要な修繕をする義務を負う」と規定している（606条①項本文）。これは、たとえばアパートの賃貸人は、賃料という対価を取って貸しているのだから、雨漏りがしたら賃貸人が修理せよという趣旨の規定である。しかし、もし高齢のアパートの所有者（賃貸人）が、修理の手配なども自分には負担なので、その分賃料を安くするから、不具合が起こったら入居者（賃借人）が修繕してくれという内容で入居者と合意をして契約をした場合は、その、民法の条文と異なる、当事者同士で作ったルールのほうが有効になるのである。そしてこれはいっこうにかまわないというわけである。

それでは、民法606条①項本文の規定は存在意義のないものなのかというと、これはそういうことにはならない。たとえば、当事者が賃貸借契約をして、賃料や期間は決めたが、修繕義務については決めておかなかった、という場合は、この民法の規定が使われることになるのである。つまり、民法は、特に契約法の部分では、当事者の意思がはっきりしていればそれを優先させ、それがない場合あるいは不明の場合は、民法の規定を用いる、という対応をするのであって、民法は当事者意思を補充する形で機能する、ということになる（ただし、この、平等な私人の自由な意思による秩序づくりは、現在の世の中では必ずしも常に十分な形で達成できるものではない。この点は契約自由の原則の限界という問題になり、消費者法の分野などでは、情報量に格差のある当事者を保護する方策も取られている。後述のⅢ(3)参照)。

もっとも、民法はすべてが任意規定で出来ているわけではない。民法もまた社会規範であり、後述する物権のように、勝手に作られては（権利の性質からして周囲の人々に影響が及ぶので）困るというものについては、強行規定になっているし、婚姻年齢や重婚の禁止などについても、規定通りにしなければ法的な保護を受けられないという結果になるのである。

学習の Key Point

法律には、いろいろな性質のものがある。法律の規定は絶対で、守らないと罰せられる、と考えている人も多いが、そういう法律ばかりではない。民法は、平等な私人間の法律関係を規律する目的で作られているから、法律よりもお互いに自由な意思で作ったルールのほうが優先する場面が、民法の中の債権法の分野にはたくさんある。たとえば、刑法や道路交通法の規定が絶対なのは、それぞれ、人権の擁護とか、社会の秩序維持などの大きな理由があるからである。これに対して民法は、基本的には個人の自由意思による自治を考えている。どうしたら他人の権利を害さずに自分の権利を十分に享受できるか。そのバランスを考えるのが民法の Key Point である。

Ⅲ　債権と債権法

⑴　債権の概念

　民法は、我々の持つ法律上の権利を、大きく物権と債権に分けている。たとえば、「X 君が Y 時計店と、ある時計を買う約束をした」というのは法律的にいうとどういうことか。この場合、X 君には Y 時計店に代金を支払う義務と、Y 時計店から時計を渡してもらう権利とが発生する。逆に Y 時計店には、X 君に時計を渡す義務と、X 君に代金を請求する権利が発生するわけである。このように、「ある人に対して、特定の行為ないし給付（引渡しや、代金の支払い）を請求できる権利」を「債権」と呼び、逆に「特定の行為をしなければならない義務」を「債務」と呼ぶ。なお、債権を有している当事者を「債権者」、債務を有している当事者を「債務者」という。ただし、ここで注意してほしい。上の例では、X 君も Y 時計店も、債権と債務を持っている。だから、両者とも「債権者」であり、「債務者」である。こういうときは、「どの給付についての債権者（債務者）」かを明らかにすること。たとえば「時計の引渡し」については、X 君が債権者で Y 時計店が債務者である。

　なお、この「一定の人に、一定の行為（給付）をさせる」というときの

行為とか給付とかいうものは、「何かをする」こと（作為という）だけではなく、「何かをしない」（不作為）ということでもよい。だから、たとえば、隣人に対して「夜10時以降はピアノを弾かせない」と要求できる権利を持っているとすれば、それも債権である。

(2) 物権の概念

さて、前の例で、X君が無事に代金支払いと引き換えに時計を入手した場合、X君はそれ以降、この時計を自分で自由に使え、他人に貸したりすることも、また気に入らなくなったら処分したりすることもできる。これは、X君がこの時計について、所有権という物権を持つことになったからである。つまり、物権というのは、債権と異なり、「ある人が、ある物に対して持つ、直接の支配権」というわけである。物権は、後に述べる理由で、種類が決まっている。所有権は代表的な物権である。

(3) 契約による債権の発生──契約自由の原則

この「債権」と「債務」は、いまの例ではX君とY時計店との約束によって発生しているわけだが、こういう約束を「契約」という。つまり「契約」とは、2人以上の当事者（普通は2人だが、債権者が複数いたり債務者が複数いたりする場合などもある）が、お互いに反対向きの意思表示（この時計をいくらで買う、その時計をいくらで売る）を合致させることによって、債権・債務という一定の法律上の効果を作り出すものである。

なお、債権は、契約によって、すでに述べたようにその内容が反社会的なものでない限り、当事者が自由な意思で、自由な内容のものを作り出すことができる。これが「契約自由の原則」である。契約自由の中には、契約締結の自由、内容の自由、がある（平成29年改正法で追加された521条を参照）。

ただし、今日では、契約の双方当事者が必ずしも平等でなく、またもっぱら一方の当事者の主導によって契約を結ばされてしまう場合も多い。たとえば、電気・ガスの供給契約などは、契約条件（価格、相手方等）について利用者の選択の自由はなく、電気会社・ガス会社等の示した契約条件

に同意するしかない。このような契約を「附合契約」と呼ぶ。NHK の受信契約等、このようなものは現代ではかなり多い。もちろんこれらの契約では、利用者一人ひとりと契約条件を交渉するなどということは適切ではなく、相手方が決めた契約条件（**約款**と呼ばれる）で一律に契約を結ばせることに合理性もあるのだが（したがって、附合契約がすべて悪いということではない）、契約条件を一方的に決めることで、利用者側に不利な契約が強制されるおそれがある。そこで、電気・ガス・鉄道等、公共的な契約においては、法律で契約条件を決めたり、政府が企業に対して契約内容の指導をしたりして、公平を図るようにしているのである[3]（なお、民法典にはこれまで約款に関する明文規定はなかったが、平成 29 年改正で、548 条の 2以下に、定型約款についての規定が新設された）。

(4) 債権の性質——物権との比較

　先に述べた、人はさまざまな債権を自由に作り出すことができるということ（債権の自由創設性）は、債権の性質が当事者間だけを拘束する相対的な効力しか持っていないこと（債権の相対性）と密接に関連している。これに対して、物権と呼ばれるものは、すでに述べたように、人の、物に対する直接の支配権（使用・収益・処分等）であるから、世の中の誰に対しても自分がその物権を持っていることを主張できる（物権の絶対性）。そして、その物に対する支配権は、自分だけができるという意味で排他的なので（物権の排他性）、同じ物の上には、同じ種類の物権は 1 つしか成り立たない（一物一権主義）。そうすると、このような絶対的・排他的な権利は、第三者（他の人たち）への影響が大きいので、当事者が自由に作り出せることを認めるわけにはいかない。したがって、物権の場合は、民法その他の法律に定めた以外の種類の物権を勝手に創出できないようになっている（物権法定主義。民法 175 条）。ちなみに、債権には排他性がないので、同

---

[3]　契約自由の原則については、詳細は債権各論で学ぶことになるが（池田真朗『新標準講義 民法債権各論〔第 2 版〕』（慶應義塾大学出版会・2019 年、以下『新標準・各論〔第 2 版〕』として引用）第 1 章 II(4)等参照）、学習の進んだ者は、契約自由の原則の衰退とその今日的修正について研究してほしい。

じ人を対象に同じ内容の債権が成立しうる（たとえば、2つのテレビ局が同じ歌手と契約して、それぞれ同じ時間に出演させる債権を持ってしまうことはありうる）。ただしこの場合は、もちろん1つの局にしか出演できないのだから、そのままいくとどちらか1つの債権は履行されえないことになる（債務不履行という）[4]。

(5) 債権法の内容——債権総論と債権各論

さて、そうすると、債権法というのはこの債権（債務）[5]について学ぶものということになるが、民法典はこれをどのような順序で規定しているのだろうか。民法典の第3編「債権」の中も、まず「総則」から始まるが[6]、これは第1編の「総則」（民法総則）という名称とはいささか意味が異なる。どういうことかというと、民法総則の「総則」は、先に述べたように、財産法の通則という内容だが（たとえば民法総則の中の「時効」は、物権についても債権についても規定されている）、債権編の中の「総則」は、債権の種類とか、さまざまな性質とか、債権の発生から消滅までのプロセス等について規定しているのに対して、債権編の残りの部分は、債権の発生原因について規定しているのである。つまり債権総則は、債権というものの性質を規定し、残りの部分（すなわち後述の債権各論の部分）は、そういう債権がどういうことから発生するかを規定しているので、債権をそれぞれ

---

[4]　この場合、その1つの債権は、債務不履行によって損害賠償債権に変わることになる。債務不履行については、第3章で学ぶ。

[5]　日本では「債権法」と呼ぶが、裏返しに見れば「債務法」であり、外国では「債務法」と呼んでいる例も多い。

[6]　最初に総則を置く編別は、パンデクテン・システムといって、ドイツ民法（正確にはその草案）にならった形態であるが、日本民法の内容は、必ずしもそれほどドイツ民法的ではなく、おおまかにいって、ドイツ民法の影響と、ボワソナード旧民法（高校の日本史で「民法典論争」は学んだかと思うが）を経由したフランス民法の影響が、全体的にはほぼ半分ずつあると考えておいていただきたい。債権法の分野でいえば、特に総論の部分では、フランス民法の影響のほうが目立っている。池田真朗「フランス的法典の伝統と日本民法典」法律時報71巻4号40頁以下（池田真朗『ボワソナードとその民法』（慶應義塾大学出版会・2011年）63頁以下所収）参照。

10

別の面から見ているということになるのである。債権の発生原因は4つあり、一番多いものが、すでに説明した「契約」で、その他に、これもすでに例に挙げた、交通事故によって損害賠償の債権が発生するというような「不法行為」によるもの、さらに、後で説明する「事務管理」「不当利得」による発生がある。そうすると、前半の「総則」の部分と、後半の債権の発生原因の部分とは、前半が後半の通則になっている、という関係ではない。したがって、一般の教科書や大学のカリキュラムでは、この前半部分を「債権総論」と呼び、後半部分を「債権各論」と呼んでいるが、この2つは実際にはどちらから先に勉強してもかまわない、ということになる。

　たとえば、多くの大学の法学部法律学科のカリキュラムにおいては、債権各論のほうを先に学び、債権総論はその後に置かれている。理由は、やはりそのほうが初学者には具体的で取りつきやすいということからである。債権総論は、債権の性質論、移転、消滅論などが内容であるから、債権各論の債権発生原因論と比べると、どうしても抽象的・観念的になる。したがって、著者個人としては、債権各論からの学習も勧めたいところであるが、本書は、民法典での条文配列順に債権総論から学ぶことを想定して記述する[7]。

◁⟁学習の道案内⟁▷

　それでは、第2章から具体的に債権総論の内容に入るにあたって、本書を用いた学習の仕方について読者にお願いをしておく。
① まず手元に六法を用意すること。そして本書の記述の中に条文が出てきたら、必ず六法でその条文の内容を確認すること。六法についてはまず15頁の注1に説明がある。
② 条文の確認の仕方や学習の留意点については、第9章学習ガイダンスのII

---

[7]　本書によるスタンダードな学習は、池田・前掲『新標準・各論〔第2版〕』とセットにして行うことを想定しているが、総論から学ぶカリキュラムの場合は、適宜、債権各論の入門書等も参考にするとよい。本書第9章Vに参考文献を掲げたが、たとえばその中の池田真朗『スタートライン債権法〔第6版〕』（日本評論社・2017年〔第7版改訂予定〕）は、著者の考え方に従って、1冊で債権各論・債権総論の順序で債権法を講じるものである。

を参照すること（したがって第**9**章は最後に読むのではなく、最初から適宜参照してほしい）。

③条文に、債権者、債務者、第三者、相手方等、関係する人物が複数登場する場合は、必ずそれらをＡ、Ｂ、Ｃ、などと置き換えて関係図を描いて理解すること。

条文は、紛争解決の出発点である。ただ覚えるのではなく、その意味を理解して、かつ、さまざまな事例に出会ったとき、どういう場合にどの条文が適用されるのか、という「**条文のあてはめ**」ができるようにならないといけない。頭の中の知識ではなく、現実に法律を「**紛争を解決するために使いこなせるようになる**」必要があるのである。

第2章　債権の内容と種類

　前章に述べたように、債権総論では、「債権というもの」について、その対象、内容等に始まり、履行されなかった場合（債務不履行）の手当て（強制的に実現させる強制履行、金銭で償わせる損害賠償）とか、保全（維持）するための方法（債権者代位権、詐害行為取消権）とか、当事者が複数いる場合に出てくる機能や性質（多数当事者の債権関係）とか、移転のさせかた（債権譲渡）、消滅の仕方（弁済、相殺等）を勉強する。民法の中でも、理論的に奥が深い分野である一方、「相手がお金を払ってくれない」「保証人のハンコをついたためにお金を取られた」「貸金を取り立てようとしたら財産隠しがされていた」などという、世の中でよく聞く紛争の多くが債権総論にかかわる、現実的に大変重要な分野でもある。取引社会の生臭い利害の対立に対する観察力も養いつつ学んでほしいが、根底を流れる考え方として、「民法、特に債権法は、公平平等の観点から当事者の意思自治（自分たちで作ったルールによる自律）を助けるものだ」という点を忘れないでほしい。

　本章は、債権の内容とその種類（分類）を学ぶが、条文に規定のない、債権の成立要件の学習から入る。債権の種類（分類）については、そのような区分を行うことによって何がわかるのか、という側面を十分に考察してほしい。

I 序 説

(1) 学習の内容

　六法[1]を開くと、債権総論の範囲（民法典の中の「債権総則」の部分）は民法 399 条から始まり、その条文の前には「第 1 節　債権の目的」と表題がある。しかし、「目的」といってもここで規定しているのは債権の「意図」とか「狙い」ではなく、債権の「内容」ないし「対象」のことである。したがって、この第 1 節についての学習の内容は、「債権というものはどういう内容・対象を持つものか」ということと、「債権にはその内容・対象からしてどういう種類があるか」ということになる。

(2) 債権として成立するための基本的要件

　品物を売る契約をしたときに生じる代金債権（相手からみれば代金債務）や、交通事故で怪我をしたときに生じる損害賠償債権（加害者側からみれば損害賠償債務）のように、特定の人が特定の人に対して特定の給付（何かをしたり与えたりすること）を請求できる権利が債権である。この債権の属性（物権と比較してどのような性質を持つか）については、すでに第 1 章に述べた。それでは、債権として成立するための基本的要件としてはどのようなことが挙げられるのか。実はこれは民法の条文にはごく一部しか書

---

[1]　六法は、できれば毎年買い換えたい。条文が変わっていたり、新法ができていたりするからである。また、法律学の専門の学生であるならば、小さな六法を毎年 1 冊買い換える程度の出費を惜しんではいけない。民法の学習に関しては、『法学六法』（信山社）、『ポケット六法』（有斐閣）、『デイリー六法』（三省堂）などの小型のもので足りる。なお、注意してほしいのは、六法には判例付きのものがあり、これは自習用には便利でよいのだが、自己所有の六法で学年末試験を受けさせる大学でも、判例付きのものは持込が許されないということである。また、著者の試験の場合には、六法に文字の書き込みをしてあるものは不正行為とみなすことにしている。どうしても書き込みをして勉強したい人は、自習用と試験用の 2 冊の六法を用意するのがよいだろう（六法の使い方については、第 9 章 I に再度述べる）。

かれていない。そこで、学説によって挙げられる基本的要件を掲げておこう（たとえば、フランス民法典などはこういう基本的要件も条文に掲げてある）。

①給付の適法性　債務者が給付する内容は、本の引渡しとかその代金の支払いのように、法律上適法であり、社会的にも妥当なものである必要がある。給付内容が不法ないしは公序良俗に反するような場合、そのような合意をした契約（たとえば麻薬の売買）は無効であり（90条[2]）、したがって債権も成立（発生）しない。

②給付の可能性　本来、債務者がなすべき給付は実現可能なものであることが必要である。したがって、従来は、焼失してしまっている家を売る契約をしても無効であり、引き渡せという債権は成立しないと考えてきた（原始的不能という。これに対して、契約後に家が燃えてしまった〔後発的不能という〕場合には、いったん引渡債権は可能なものとして成立しているから、その不能になったことについての債務者の責任の有無によって、その債権が損害賠償債権に転化するか、危険負担〔債権各論で学ぶ〕の問題として処理されることになる）。

　しかしながら、平成29年改正は、これと異なる立場を採用した。つまり、契約に基づく履行がその契約の成立時に不能だったとしても、契約はそのために効力を妨げられない（原始的不能、後発的不能にかかわらず契約自体は一応有効に成立する）という立場に立つことにしたのである。そして、後述するように、不能の場合は債権者はその債務の履行を請求できないとし（改正法412条の2①項）、原始的不能の場合も損害賠償請求ができる（同条②項）としたのである（なおこの②項の規定は損害賠償のことだけ書いているが、これも後に学ぶ解除などの手段も当然に可能であることに注意しておこ

---

[2]　民法90条は公序良俗違反の法律行為を無効とする。法律行為とは、民法総則で学んだように、「意思表示を要素とする法律要件」すなわち、一定の法律効果を発生させることを意図して意思を表示し、その意思通りの法律効果が発生するもの（代表的なのは契約）である。だから、たとえば「人を殴る」という行動自体は法律行為にならないが、「あの選手を殴れば100万円払う」という契約は公序良俗違反の法律行為である（後掲29頁の〈用語解説〉も参照）。なお、以下本書で法律名を省略して条文番号のみを記している場合はすべて民法の条文である。

う）。

　なお、1人のタレントが同じ日時に2つのテレビ局と出演契約をしてし
まった場合も、給付（出演すること）の可能性は両方ともあるのだから、
両テレビ局の債権はどちらも成立する（実際には一方が損害賠償債権に転化
することになる）。

　③給付の確定性　　代金何円を支払う、というように、債務者の給付内
容は確定していることが必要である。ただし、契約の時に決まっている必
要はなく、履行の時までに決まればよい（たとえば、土地を売る契約をして
代金は不動産鑑定士の鑑定評価額に従うという場合など）。

　④給付の経済的価値　　　民法399条は、債権は金銭に見積もることがで
きないものでもその目的とすることができるとしている。したがって、経
済的に価値のないものを目的としても債権は成立しうる（ただしまったく
の内心の作用などは債権の目的とならないだろう。たとえば物故者の法事を行
うという、外形上の行為にも関するものは債権になりえても、毎朝一心に祈禱
せよというのは債権と評価できない）。

(3)　債権（債務）の分類

　民法は、給付の内容に着目していくつかの規定を置いており、そこから
導かれる債権の種類（分類）として、①特定物債権と種類債権、②金銭債
権と非金銭債権、③金銭債権の中の元本債権と利息債権、④（通常の債権
と）選択債権、というものが挙げられる（これらについては次のⅡ以下に述
べる）。その他に、⑤可分債権（債務者からみれば可分債務）と不可分債権
（不可分債務）という分類がある。これは給付の目的物がたとえば金銭の
給付のように分割可能か、車1台の給付のように分割不可能かという観点
からの分類であり、債権者（債務者）が多数の場合に特別の考察を必要と
する（428条以下。第**5**章の「多数当事者の債権関係」のところでふれる）。

　さらに、債務の側から考察した分類として、以下のものがある。⑥与え
る債務（たとえば金銭の支払債務や家の引渡債務）となす債務（たとえば労務
の提供）——これは強制履行の方法のところで違いが出てくる（後掲66頁
の〈用語解説〉も参照）。⑦作為債務と不作為債務—— 一般に、与える債

務にせよ、なす債務にせよ、これらは債務者が積極的な行為をすることが内容になっている（作為債務）。これに対して、たとえば隣人との紛争で「夜10時以降はピアノを弾かない」という契約をした場合、これも債務であり、こういう、何かをしないというものが債務内容になるのが不作為債務である（隣人からみれば「ピアノを弾かせない」という債権になる）。これらも履行の強制方法において違いが出てくる。⑧結果債務と手段債務―― 一定の結果の実現を目的とする債務（建物の建築、本の引渡しなど）を結果債務といい、これに対して結果はともかくその実現過程が問題となるのが手段債務である。たとえば、医師の診療債務は、病気が必ずしも治らなくても、治療・投薬等に十分な努力をすれば債務を果たしたことになる。これらは、債務不履行の成否の判断において違いが出てくる。

II　特定物債権と種類債権

(1)　特定物債権

①定義　中古車の売買、絵画の売買、土地の売買を考えてみよう。この場合、まったく同じものは世の中になく（たとえば宅地を造成して売り出した場合、同面積の隣地でも日当たりや水はけは異なる）、その特定の物が給付の対象になる。こういう、特定物の引渡しを目的とする債権を特定物債権という。すなわちこれは、当事者がその物の個性に着目した債権ということになる。なお、一般的にいえば、特定物というのは、代わりがきかないものであるから、不代替物という概念とほぼ等しい。ただ、客観的には代替物（代替性がある）と思われる品物が複数ある場合でも、当事者がその中の1つの個性に着目して給付をする約束をしたような場合には、それは特定物である（たとえば、同じスタジアムジャンパーが何着もある場合でも、その中の1つにあるタレントが着用したものがあり、そのジャンパーをという場合は、品物としては代替物であるが、当事者にとっては特定物である）。

②性質と善管注意義務　そうすると、特定物債権は、その目的物が何らかの理由で滅失すると、直ちに履行不能となる。つまり、債務者には、それと類似の物を他から調達する義務はない（たとえば中古車の売主が契約

後に置場からその中古車を盗まれた場合は、売主は後述のように過失があれば損害賠償債務を負うものの、類似の中古車を探して渡す義務はない）。そこで民法は、この特定物債権の債務者に、契約後引渡しまでの間、目的物をしっかり管理させる義務を課した。これが、「**善良な管理者の注意義務**」、略して「**善管注意義務**」である（400条）。売買だけでなく、賃貸借（借主は終了時に目的物返還義務がある）や委任、寄託（物を預ける契約）等いろいろな契約で問題になる。この善管注意義務の内容は、取引上客観的に必要とされる注意を尽くすことであり[3]、契約その他の債権の発生原因及び取引上の社会通念に照らして定まる（改正法400条にこの表現が追加された）。これは、自分の財産を管理するときに払う主観的な注意義務よりも重いものと理解すればよい（民法の中では、無償寄託、つまりただで人のものを預かる契約では、預かった債務者は、「自己の財産に対するのと同一の注意」を払えばよいとされる。659条）。この善管注意義務に違反して、目的物が滅失したり損傷したりした場合は、債務者は債務不履行として損害賠償義務を負う（415条。債務不履行の損害賠償については、本書第3章Ⅲで学ぶ）。先の例なら、売る契約をした中古車を鍵をかけずに誰でも入れる場所に放置していて盗まれた場合などがこれに当たる。

(2) 種類債権

　①定義　　上の特定物債権に対して、種類債権というのは、債権の目的物を示すのに種類と数量だけを指示した債権である（401条①項）。つまりこちらは、目的物の個性に着目されたものではない。週刊誌の売買、既製服の売買等、日常生活の中の多くの売買契約は、こういう目的物の個性が問題にならない、大量に生産された代替可能な品物について行われている。

　②性質と調達義務　　そうすると、こういう種類債権については契約後

---

[3]　善管注意義務は、各個人について主観的に想定されるのではなく、こういう契約におけるこういう当事者ならば、こういうレベルの注意義務、という考え方で客観的に想定される。したがって中古車売買ならば中古車販売業者のレベルでの注意義務、預金契約なら銀行の窓口の行員のレベルでの注意義務、が考えられるわけである。

引渡しまでの売主の保管義務は問題にならない（だから規定もない）。なぜなら、「その物」が引渡しまでに壊れたり汚損したりしたら、他の同種のものと取り替えればよいからである。ということは、特定物債権と異なり、目的物が滅失しても履行不能にはならず、そのような場合、売主には、他の同種のものを市場で探してくる調達義務があるということになる。

③種類債権の特定（集中）　種類債権でも、最終的に売主が買主に引き渡すものは、この物、と決まる。売主が、多数ある商品の中から1個を選択して、買主に渡す過程のどこかの時点で、目的物がこれ、と決まるのである。これが種類債権の特定（集中ともいう）である。民法は、債務者が引渡しに必要な行為を完了したり、債権者の同意を得て引き渡す物を指定したときには、それ以降はその物が債権の目的物となると定めている（401条②項）。その時点で、債務者は特定物債権の場合と同様の保管義務を負う[4]。そうすると、特定の効果として、売主の保管義務は強化される（善管注意義務になる）が、一方で、特定したその物が滅失した場合に履行不能になり、損害賠償義務は残りうるが他を探して引き渡す調達義務はなくなるという点で売主の責任が軽減される面もある。

④種類債権の品質　種類債権においては、その種類物の中のどういう品質のものを給付するのかが重要になる（たとえば同じ山の杉の材木でも上等材、中等材、並材等がある）。普通は契約の中で品質について合意されるし、明示の合意がなくても契約全体の解釈から定められる場合が多い。民法は、どうしても決定できない場合は、中等の品質の物を給付すべきとしている（401条①項）。

⑤制限（限定）種類債権　種類債権の1つの形態として、種類を特殊な範囲で制限したものがあり、これを制限（限定）種類債権という。たと

---

[4]　種類債権が特定すると、売主の保管義務は特定物債権と同様になるが、特定しても種類債権が特定物債権そのものになるわけではない。たとえば、売主の酒屋が、いったんこれと決めて洋酒を包装し、買主が他で買物をしてくる間預かることになった場合、確かに特定はしているが、買主が戻ってくるまでにそれを他の客に売ってしまい、倉庫から同じ洋酒を出してきて再度準備してもかまわない。こういう「変更権」が信義則上売主に認められる点が特定物債権とは異なる。

えば、A社のB倉庫に入っているコシヒカリ1トンというものである。これは、種類債権ではあるが（特定の場合の注意義務の強化も同じであるが）、その制限範囲外には調達義務がないことが大きな特徴である。つまり、たとえばB倉庫が火災にあって中のコシヒカリが全焼したら、そこで履行不能となり、Aとしては市場で同種のコシヒカリを調達する必要はないということになる。

　なお、ここで特に注意したいのは、制限種類債権は、種類債権の存在範囲を特殊な制限方法（所在、保管場所等）で制限する、というものであって、その種類を細かく限定するのではない、ということである。たとえば、「A社のBというブランドの缶ビールの500ミリリットルの……」というのは、いくら限定を細かくしていっても制限種類債権にはならない（ ☞ **学習の Key Point**）。そういう例では、同種のものが市販されている限り売主には調達義務があり続けることになる。

学習の Key Point

　種類債権と制限種類債権の大きな違いは（制限範囲外までの）調達義務の有無である。学生諸君がよく間違えるのは、「制限種類債権の例を挙げよ」という問題である。上に掲げたように、種類の細かい限定をしても制限種類債権にはならないことに注意したい。

Ⅲ　金銭債権

⑴　金銭債権の特殊性

　①金銭債権の特徴と支払い方法　　金銭債権は、売買代金債権や貸金債権のように、一定額の金銭の支払いを内容とする債権である。これはどういうところに特徴があるかというと、まず金銭債権は確かに種類債権の一形態であるが、金銭というものは法律上は無限に調達可能（市場に尽きることがない）と考えられており、また目的物の個性が完全に捨象されているので、いわば究極の種類債権と理解すればよい。したがって、どの通貨（強制通用力のある貨幣のことである）で支払うか（1万円札か1000円札か等）

も原則として債務者の任意に委ねられている（402条①項[5]）。ただし当事者が支払い通貨を指定した場合はもちろんそれに従う（同条①項ただし書）。外国通貨で支払う合意をしたときも同様である（同条③項）。なお、外国通貨で債権額を決めておいた場合も、債務者は日本円で支払うことができ、この場合は、弁済地における弁済時の為替相場に従って換算する（403条[6]）。

　②**金銭債権と貨幣価値の変動**　　金銭債権はインフレーションなどで貨幣価値が変わっても、100万円の債権なら100万円を支払えばよいのが原則である（**名目主義**）。ただし、例外として貨幣価値が極端に変動した場合は、信義則上債権額の変更や契約の解除が認められることがある。これが「**事情変更の原則**」と呼ばれるもので、第一次世界大戦後のドイツで判例によって認められた（たとえば戦争前の契約で100マルクとあったのを戦後の弁済時に1万マルクと読み替えるなどという契約内容の改訂を裁判所が認める）。わが国でも、第二次世界大戦後のインフレ期などに問題になった例があり、最高裁は抽象論としてはこの原則の適用可能性を認めたが、結論的には否定した（最判昭29・1・28民集8巻1号234頁等。なお下級審では認めた例もある。その後の判例等、詳細は債権各論で学ぶ[7]）。

　③**金銭債権にならない例外**　　その他、貨幣が取引の対象となっていても、収集のための購入など、金銭債権にならない場合があることに注意したい。たとえば、陳列や装飾の目的で特定の貨幣（000001番の1万円札、など）について売買や貸借の取引をする場合は、純然たる特定物債権であり、金銭債権としての特質はまったくない。また、たとえば収集の目的で「明治40年発行の1円紙幣」などを取引の対象とする場合は、（それがある程度の量古銭市場に存在するとすれば）いわゆる種類債権になる。

---

[5]　ただし、500円以下の貨幣は、1回の支払いに20枚までしか強制通用力を認められていないから（通貨の単位及び貨幣の発行等に関する法律7条）、100万円を全部10円硬貨で払うなどというのは、相手が合意しない限り認められない。

[6]　この場合、債務者の支払いがないときは、債権者としても外国の通貨・日本の通貨どちらでも請求できる（最判昭50・7・15民集29巻6号1029頁は、この関係を、債権者が内容を任意に決定できる「任意債権」であるとする）。

[7]　なお、池田『新標準・各論〔第2版〕』第2章I(4)参照。

⑵　元本債権と利息債権

　金銭の貸し借り（金銭消費貸借）の場合には、元金（借受金）を弁済し、それ以外にも合意があれば、借受金を使用した期間に応じた利息を支払わなければならない[8]。この場合の借受金を返還させる債権が元本債権であり、利息を支払わせる債権が利息債権である。利息債権は、一定の利率で利息を生じさせる合意によって貸主に発生する、基本権たる利息債権と、その基本権たる利息債権によって毎月（毎年）発生する具体的な利息金の債権である、支分権たる利息債権に分けられる。たとえば基本権たる利息債権は、元本債権と切り離してそれだけを譲渡するということはできないが、支分権たる利息債権は、何月分の利息債権を譲渡するというようにそれだけを切り離して処分できる。この区別に関しては、弁済の充当（改正法489条）で問題になる他、以下のいくつかの規定が置かれている。

　①**約定利率と法定利率**　　利息を取るのは当事者の自由で、その利率の決定も本来はまったく自由なのだが、貸主と借主の経済的な力関係から、その約定利率が非常に高く設定されると、借主が不当に不利益を被ることになる。そこで利率の上限を特別法が制限している（利息制限法1条、出資取締法5条）。また、法律に規定があって利息が発生する場合や、当事者が利息を付けることは決めていたが利率までは決めていなかった場合は、民法が、原則として年3パーセントとし、それに関わらず3年を1期として1期ごとに変動するという利率（**法定利率**）を定めている（改正法404条）。これは金銭債権一般について基準とされるので、債務不履行や不法行為による損害賠償の場合の損害賠償を払うべき時期から実際に払った時までの遅延賠償についても適用される（419条①項）。なお、このような法定利率は、経済状態によっては実際の市中金利と大きく乖離することがあり、わが国ではこれまで年5分（5%）の固定金利を規定していて、乖離の弊害が大きくなってきたので、諸外国の傾向にならって、平成29年改正法から、3%に下げたうえで変動利率を採用したものである[9]。

---

[8]　民法上、金銭の貸し借り（金銭消費貸借契約）は、特約がなければ無利息である（589条）。もちろん通常は利息の定めをして契約がなされる。

②**単利と複利**　　利息の算定方法としては、当初の元本に対してのみ利息が繰り返し付いていく単利と、利息が順次元本に組み入れられて、増加した元本に対して利息が付いていく複利がある（法律学では**重利**ともいう。当然複利のほうが利息が増える）。民法は、当事者間の合意がない限り単利によるものとし、例外的に利息の支払いが1年以上遅延し、かつ債権者が催促してもなお支払いがない場合に限って、利息の元本への組み入れを認めている（法定重利。405条）。もちろん、合意があれば、前記特別法の範囲内で複利と約定することは自由に認められる。

(3)　利息の法的規制とその展開──利息制限法

　先に掲げた利息制限法による制限利息を超過した金銭消費貸借契約がなされ、実際にその額の利息を支払ってしまった場合はどうなるか。これまでの利息制限法は、1条①項で、元本額が10万円未満ならば年2割、10万円以上100万円未満ならば年1割8分、100万円以上の場合は、最高限の利息を年1割5分と規定し、それを超える超過部分は無効としていたが、同じく1条②項で、「債務者は、前項の超過部分を任意に支払ったときは、同項の規定にかかわらず、その返還を請求することができない」としていた。そのため、この任意に支払った超過部分について、判例は、債務者を保護するために、超過部分は元本に充当される（最大判昭39・11・18民集18巻9号1868頁。これを否定していた最大判昭37・6・13民集16巻7号1340頁を変更した）とし、さらに元本充当の結果、なお過払いが生じている場合には、その分の返還請求を認めるに至った（最大判昭43・11・13民集22巻12号2526頁）。そしてさらに平成18（2006）年の法改正で、上記の1条②項はそれ自体が削除されるに至ったのである（新法は、平成20年の改正を経て平成22（2010）年6月に完全施行された）。

9　商法では、民法の原則を修正して、商人間の金銭貸借では利息は当然に発生することになっており（商法513条①項）、また当事者が利率を合意していなかった場合の商事法定利率は従来は年6分と規定されていたが（改正前同法514条）、平成29年改正によりこの商法514条は削除され、民事と異なる商事法定利率の規定はなくなった。

⑷　**利息の法的規制とその展開──貸金業法**

　利息制限法は、利息に関する一般法であるが、これに対して昭和 58
（1983）年に制定された「貸金業の規制等に関する法律」（平成 19（2007）
年の改正で名称も「貸金業法」となった）というものがある（一般に、サラリー
マン金融を略したサラ金という言葉が流布し、サラ金法などと俗称されること
もある）。この法律では、貸金業者の登録制などを定めたのであるが、高
利に対する罰則は甘く、かつその 43 条で、貸金業者が貸付契約の内容を
明らかにする書面および利息損害金の受取証書を交付している場合、「債
務者が利息として任意に支払った額が、利息制限法第 1 条第 1 項に定める
利息の制限額を超える場合において、……当該超過部分の支払は、同項の
規定にかかわらず、有効な債務の弁済とみなす」という規定を置くに至っ
た。しかしこの「みなし弁済」の規定はその後社会的に問題となった[10]。

　ことに、債務者およびその保証人に脅迫まがいの取り立てを迫る事件が
続発したりしたことをきっかけに、平成 12（2000）年には、出資取締法、
貸金業法、利息制限法等が改正され、高利を取った業者に対する刑罰金利
が引き下げられる等の改正がなされ、判例も貸金業法 43 条のみなし弁済
の規定の適用を制限する方向で判例法理の形成がすすみ（たとえば最判平
16・2・20 民集 58 巻 2 号 475 頁は、約定に基づく利息天引きの場合はみなし弁
済規定の適用がないとした。また、みなし弁済の要件[11] としての①支払いの任

---

[10]　上述のように、利息制限法の制限利息は年 15〜20% であるが、これには罰
則規定がなく、他方、刑事罰の対象となる出資取締法（「出資の受入れ、預り金
及び金利等の取締りに関する法律」）の上限金利は 29.2% であったため、貸金
業者の多くは、この 2 つの金利の間（法的に不透明という意味でグレーゾーン
と呼ばれた）の利息を取って貸付けをしたのである（その後最高裁がグレーゾー
ン金利を事実上認めない判決を出したことなどを受けて、本文後述のように平
成 18（2006）年に法改正がなされ、グレーゾーンは消滅することになった）。
[11]　要件というのは、それが全部そろえば何かが成り立つとか発生するとかいう
もので、一般には成立要件のことをいう。なお、厳密にいうと、ときには成立
要件と有効要件（成立したものが有効になる）が異なる場合もあることに注意
したい。ちなみに「条件」という用語は、民法では「もし……ならば」という
ものについて使う（民法総則で学ぶ）。50 頁の〈用語解説〉参照。

意性、②書面交付等の手続の遵守につき、まず②については最判平11・1・21
民集53巻1号98頁が厳格な制限を課し、①についても最判平18・1・13民集
60巻1号1頁が特段の事情のない限り支払いの任意性を認めないという基準を
示した)、結局、先の利息制限法と同じ平成18年の法改正によって、貸金
業法は本格的に修正され、貸金業者は利息制限法を超える利息の契約を禁
じられ（同法12条の8）、同法43条はそれ自体が削除されることになった
（これも経過措置と平成20年の改正を経て平成22（2010）年6月に完全施行さ
れた）。

(5) 金銭債権と非金銭債権

　金銭の支払いを目的とする債権以外の債権は非金銭債権ということにな
るが、これらは、たとえば一定の目的物の引渡しを請求する債権であった
り、一定の役務すなわちサービスを提供させる債権であったり、さらには
たとえば移転登記のような一定の法的手続を要求できる債権だったりする。
これらの非金銭債権については、特定の行為や給付を請求する債権という
意味で「**特定債権**」と呼ばれることがある。これは、すでに学んだ「特定
物債権」とは異なる概念であるので注意したい。

Ⅳ　選択債権

(1) 定義

　複数の給付の中から特定の給付を選択して給付することを内容とする債
権を選択債権という。たとえば、ヨーロッパ旅行か現金100万円かとか、
P社製の車かQ社製の車かどちらか1台を給付するというようなもので
ある。選択債権といえるためには、選択する目的物にそれぞれ個性がある
ことが必要である（個性がない場合は種類債権になってしまう）。民法には比
較的多くの条文が置かれ、論理的には面白い点もあるが（たとえば条文の
事案へのあてはめの訓練にも向いている）、実際にはこういう債権はそれほ
ど多いわけではない。

(2) 選択権

選択債権においては、誰が給付を選択する権利（選択権）を持つのかが重要である。原則は、当事者が合意で選択権者を決めればよい。選択権者が決められていないときは、民法は債務者が選択権を持つと定めている（406条）。債権者または債務者が選択権を持つときは、相手方に意思表示をして選択権を行使する（407条①項）。第三者に選択権を与えてもよく、第三者が選択権を持つときは、その者が債権者・債務者のどちらかに意思表示すればよい（409条①項）。第三者が選択できないとか、選択しないというときは、民法は選択権は債務者に属するとした（409条②項）。選択権が行使されると、債権は契約の当初に遡って、初めからその選択された内容のものだったことになる（411条。つまり、遡及効がある）。

(3) 選択権の移転と特定

選択権者が選択権を行使しないので、相手方が選択を催促したがなお一定期間内に選択されなかったという場合、選択権は相手方に移転すると規定されている（408条）。また、選択債権の目的物の一方の給付が不可能になった（たとえばP社製の車のほうが事故で廃車になった）ときは、その不能の理由が選択権を有する者の過失による場合は、給付は法律上当然に残りのQ社製の車に特定する（410条）。つまり、渡す側に選択権があってその渡す側の過失でP車を廃車にしたら、目的物はQ車に特定する。しかし、選択権のない者（第三者の場合も含む）の過失による場合は（条文に規定されていないので）残りのものに特定するわけではない。

学習の Know How

法律学習、ことに民法学習で大事なことは、一つひとつの条文を学ぶ際に、具体的な事例を思い浮かべることである。その訓練を民法410条でしてみよう。

410条は、（不能による選択債権の特定）という見出しがあって、「債権の目的である給付の中に不能のものがある場合において、その不能が選択権を有する者の過失によるものであるときは、債権は、その残存するものについ

て存在する」と規定している。選択債権自体は実際にはそれほど世の中に多くあるわけではないだろうが、たとえば、AがBに、「P車かQ車のどちらかを（私が選んで）お前にやる」と言ってBが承諾した場合、これは贈与契約であり、選択権がAにあることになる。もしAがBに「P車かQ車のどちらかおまえの好きなほうをやる」と言ってBが承諾した場合は、選択権がもらうBの側にある贈与契約ということになる（まずこういう事例を思い浮かべられるかがポイントである）。

このケースをそれぞれ民法410条に当てはめるとどうなるか。①選択権がAにある前者の場合に、AがP車を運転して事故を起こし、P車を廃車にしてしまった（贈与の履行が不能になった）ときは、「選択権を有する者の過失」に当たるのだから、受贈者Bの債権は残存するQ車に特定する。これはすんなりとわかるだろう。

②では、選択権のあるAの過失ではない場合はどうなるか。これもまず事例を思い浮かべる必要がある。たとえば、第三者が駐車してあったP車に追突してP車を廃車にしてしまったとき、である。この場合は、410条の「その不能が選択権を有する者の過失によるものであるとき」に当てはまらないので、債権は、その残存するものに特定はしないのである（こういう、条文の論理的な読み方ができることが次に重要である）。ではどうなるかといえば、Aとしては、もちろん残ったQ車を渡してもよいが、（Q車を手元に残したければ）なおP車を選び、その追突した第三者にP車の損害賠償を請求して得た金銭をBに渡してもよいことになろう。さらに言えば、BがP車に試乗して事故を起こしてP車を廃車にした場合も、同様に410条に当てはまらないのだから、Bの債権はQ車に特定することはなく、Aは廃車になったP車をそのままBに給付したことにすれば足りるというわけである。

選択権がもらう側のBにある場合も上記の裏返しで考えておこう。こういう訓練を日頃からしておくと、試験で事例問題が出たときに、「事例への適用条文の当てはめ」がスムーズにできるのである。

─〈用語解説〉─

法律行為・準法律行為・事実行為

　民法総則で学ぶ用語であるが、法律行為は、「意思表示を要素とする法律要件」などと定義される。つまりは、当事者の意思表示によって、その意思表示に従った法律効果（法律上の権利義務の形成、変動等）が発生するもの（法律が、当事者の意思表示通りの法律効果の発生を認めるもの）である（したがって、「行為」といっても身体的な行動とは関係がない）。たとえば、「この品物を1万円で売る」「この品物を1万円で買う」という2つの意思表示を構成要素として契約という法律行為が成立すると、1万円の代金債権（代金債務）とその品物の引渡債権（引渡債務）が発生するという法律効果が生まれる。法律行為には、「**契約**」の他に「**単独行為**」（遺言等）、「**合同行為**」（会社設立行為等）があるが、圧倒的に多いのは契約である。

　これに対して「人を殴る」「物を拾う」などの単なる行動（所為）に対してどういう法律効果が発生するか（あるいは、発生しないか）は、当事者の意思とは関係なく、さまざまな法律がその行動をどう評価するかによって決まる。こういう、本人の意思と無関係な行動は「事実行為」と呼ばれる。

　その中間に、本人の意思的な行為なのだが、本人がその法律効果を発生させることを狙ってしているかどうかにかかわらず、法律がその意思的行為に一定の法律効果を付与するものがあり、これらは「準法律行為」と分類される。たとえば、契約通りに貸金を払ってほしくて催告をすると、それによって（さらに相手方が支払わない場合）契約の解除権が発生する（541条）。また、債権を譲渡したときにそれを譲渡人から債務者に通知することによって譲受人は債務者に対して債権行使ができるようになる（467条）。このような場合の「催告」や「通知」が準法律行為の例である（つまり、このような場合の催告や通知は、それがあることによって権利変動などの法律効果が発生するものではなく──催告は、その後の解除権行使で初めて法律関係が変わる。債権譲渡通知は、対抗要件というだけであって、権利移転は譲渡契約のほうで起こっている──、本人がその意思通りの法律効果の発生を意欲してするものとはいえないので、意思表示とは評価できず、観念の通知などと呼ばれるものとなる。そうすると、法律行為は意思表示を要素にしているものでなければならないから、これらの催告や通知は「準法律行為」という名称で呼ばれるのである）。参考文献として、池田真朗「準法律行為」池田真朗＝吉村良一＝松本恒雄＝高橋眞『マルチラテラル民法』（有斐閣・2002年）19頁以下。

第 3 章　債権の効力

　本章は債権の効力を説明する。人と人を結ぶ債権は本来どんな力を持ち、債権者は権利の実現のためにどんなことができるのかを学ぶ。強制履行は、相手方が債務の履行をしない場合にそれを法の力で強制するもので、3 つの方法がある。なお、この場合、いくら自分が権利者であるといっても、人が自ら相手方の履行を強制する「自力救済」は近代民法では一切認められていないことに注意したい。次の債務不履行は、法が「債務不履行」と評価して解除や損害賠償という効果を認めるに至る要件を学ぶ。この債務不履行にも 3 つの態様がある。債務不履行の効果のうち、解除は債権各論で学ぶが、ここでは必要な範囲で言及しておくこととする。

I 債権の効力・序説

(1) 学習の内容

　債権は、特定の人が特定の人に対して一定の給付（作為や不作為）を請求できる権利である。したがって、債権というものは、債務者の給付があって初めて実現するものであることになる。そうすると、請求される債務者が、その通りの債務を素直に履行してくれれば、債権は実現されるので問題がないのだが、債務者が履行をしなかった場合はどうなるか。ここで「債権の効力」として学習するのは、このような場合の、①債権を強制的に履行させる力およびその方法（債務の強制履行）と、②債権のそのままの履行ができなければそれを金銭的に償わせる力およびその方法（債務不履行の損害賠償）を学ぶことが中心になる。これらはいずれも債権の債務者に対する（債権本来の）効力ということになるが、債権にはさらに、③その実現を債務者以外の第三者が邪魔してきたときにどのような力があるかという問題もある（債権の対第三者効力）。これについても簡単に学んでおくことにしよう。さらに、④債務者が履行しようとしているのに債権者が受け取らない、というようなケースも実際にありうる。これ（債権者の受領遅滞）についてもここで学習する。

　なお、民法典では、「第 2 節　債権の効力」の中に、423 条以下で債権者代位権、詐害行為取消権というものが出てくるが、これは債権の本来的効力の問題とは少しずれる別の問題（債権の効力というより、債権者が何をなしうるかの問題）なので、「責任財産の保全」という別の章立てをして第 **4** 章で説明する。

(2) 債権の基本的効力

　契約や不法行為によって発生した債権は、（民法上債権と呼べるものとして）基本的には次の効力を持っている。①債務者に給付を請求できる力（請求力）、②給付されたものを正当に保持できる力（給付保持力）、③債務者が請求に応じないときはそれを裁判所に訴えて、履行せよとの判決を得ら

れる力（訴求力）、④判決が出てもまだ債務者が履行しないときは、法の助力を得て強制的に実現できる力（執行力）、である。

　一般に債権と呼ばれるものは、これらの力をすべて備えているものだと考えてよい。しかし、なかには例外的にこれらの一部を持たないものもある。債務者が任意に給付してくれればそれを保持できる（給付保持力はある）が、自分から請求したり訴えて取ったりできない（請求力や訴求力がない）債権も考えられ、こういうものを「**自然債務**」と呼ぶことがある[1]。また、判例は当事者が強制執行はしないと約束した債権の存在を認めたことがあるが、この場合は、訴訟を提起して権利を認めさせるところまではできるが（訴求力まではある）、最後の履行の強制はできないということになる（ただし現実にはこれらの例外は数が少ないので、あまり気にしなくてよい）。

(3)　債務と責任の関係

　少し難しい話になるが、債務というのは、もともと債権者に対して何らかの給付をすべき法的義務という意味であるから、その義務を負う結果、債務者の財産が強制執行の目的となることを意味する「**責任**」とは歴史的に区別されている。もっとも、一般にはこの2つが重なりあっていることも多いのだが、たとえば、債権者A債務者Bとして、第三者CがBの債務を担保するために、自己の不動産にAのために抵当権を設定した、という場合には（こういうCを**物上保証人**という）、Bが期限に支払わなくてもCはAに対して支払いをする債務はなく、ただ自己の不動産に設定した抵当権を実行されてしまうだけである。つまりCは債務は負っていないが責任がある、ということになる（**債務なき責任**）。上述の、強制執行を

---

[1]　このような自然債務の例として、飲食店の女性従業員の歓心を買うために独立資金の援助を約束した男性客の債務を、男性が自ら進んで履行すれば債務の履行となるが、女性の側から履行を強制できるような性質のものではない「特殊な債務関係」とした大判昭10・4・25新聞3835号5頁（カフェ丸玉事件）が挙げられるが、この事案は、そもそも法的な拘束力のある契約がいまだ成立していない、あるいは、心裡留保による無効（93条①項ただし書）によって解決が図られるべき、事案であったとも考えられる。

しない特約のある債務というのは、逆に、債務はあるが責任がない（**責任
なき債務**）という例になる。

Ⅱ　強制履行

(1)　強制履行の方法

　債務が任意に履行されない場合には、債権者は原則として法の助力を得
て債権の内容を強制的に実現することができる（ただし法の助力を得ない**自
力 救 済**すなわち力ずくで債務者を強制したり自分で債務者の金庫を開けてお金
を取ってきたりすることは許されない。そういう場合はその強制行為が不法行
為〔709 条以下〕になることもある）。その強制履行の方法としては、以下の
3 種類がある（民法および民事執行法にその定めがある）。

　①直接強制　　これは、債務者の意思にかかわらず、国家機関が債権の
内容を直接的・強制的に実現するものである（414 条①項）。具体的には債
権の存在を証明する判決などをもとに、裁判所に強制執行を申し立て、執
行官に執行をしてもらう。金銭の支払い（民事執行法 43 条以下）や物の引
渡し（同法 168 条以下）のような「与える債務」の場合に適した強制方法
である。

　②代替執行　　これは、第三者に債権の内容を実現させて、その費用を
国家機関が債務者から取り立てる方法である（414 条①項、民事執行法 171
条）。たとえば、債務者がなすべき工事をしようとしないという場合に、
他の業者にやらせて、かかった費用を債務者に請求するというものである。
したがってこの方法を取りうるのは、「なす債務」のうち、債務者本人が
行わなくても債権の内容の実現が可能な債務に限られるということになる。
たとえばブロック塀の工事であればどの建築業者でもできるが、画家が絵
を描く債務ということになれば、代替執行はできない[2]。

　③間接強制　　これは、債務を履行するまでの間、裁判所が債務者に対
して一定の金銭の支払義務を課すことによって、債務者を心理的に圧迫
して、間接的に債権の内容を実現させようとするもの（414 条①項、民事執
行法 172 条）である（この金銭は、国庫に帰属するのではなく債権者に支払わ

れる)。具体的には、たとえば、家の立ち退きを命じる判決において、判決主文に「立ち退きをするまで、被告は原告に対し、本判決送達の日から1日あたり金〇〇円を支払え」と付け加えられる。立ち退きや工事中止などのように「何かをやめる」債務とか、「何かをしない」債務すなわち不作為債務の場合には、原則としてこの方法による以外強制の手段がない。しかし、音楽家の演奏する債務のように債務者の自由意思が重要な債務については、この方法によって心理的強制を図るのは適当でないとされる。

(2) 強制履行の要件と効果

当然のことであるが、債務者が債務を履行しないことがすべての強制履行の共通の要件である。不履行をしている債務者の帰責事由などは問題にならない(つまり、履行しないことに債務者の故意や過失があるのかどうかは関係がない)。各種の強制履行の具体的内容については、民事執行法が詳細に定めている。強制履行の効果は、国家機関による債権内容の具体的実現である。実際に執行官が債務者のところにおもむき、目的物の占有を取得してそれを債権者に引き渡すなどということになる。

(3) 強制履行手段の相互関係

3種の強制履行の相互関係については、かつての判例・通説では、①直接強制、②代替執行、③間接強制の順序で行うべきと考えられてきた(民事執行法でもその旨の規定が置かれていた)。すなわち、直接強制が可能な場合は間接強制は許されず、直接強制が適当でない場合は、他人が代わって履行できる限り、代替執行がされるべきで、間接強制は許されないとしていたのである(わが国では、債務者の自由意思の尊重との関係で、間接強制に

---

2 なす債務のうち、同意、承諾、通知など、意思表示またはそれに準じるもの(たとえばある事実のあったことの通知や、その事実の存在の承諾など、準法律行為といわれるもの。前章末尾29頁の〈用語解説〉参照)をなす債務について、債務者が行わないという場合は、そのような債務の履行を命ずる判決をもって、それらの意思表示等がなされたものとみなされる(判決代用という。民事執行法174条①項)。

は消極的だったのであるが、フランスのように、以前からこれをもっと広く用いている国もある）。しかしわが国でも近時の有力説は、直接強制よりも間接強制のほうが人格の尊厳を害するとはいえないと主張しており（実力行使を伴う直接強制のほうが債務者に与えるショックも大きい等）、平成15（2003）年7月の民事執行法改正によって、強制執行の実効性を確保するという理由から、間接強制の適用範囲が拡張され、物の引渡債務（本来は直接強制によるべきとされていたもの）や代替的な作為債務についても、間接強制を認めることになった。

Ⅲ　債務不履行

(1)　総説

この債務不履行とその効果としての損害賠償のところでは、日本民法の規定に沿って基本的なことをまず理解しよう。国によってはこの分野でいろいろ窮屈な規定を置いているところがあり（特にドイツ）、その外国の議論をそのまま（日本とは関係のないことまで）持ち込んで説明をしようとしてわかりにくい説明をする学説もあることに注意したい[3]。

(2)　債務不履行とは

要するに、契約から発生した債務の本旨（本来の趣旨）に沿った履行がされない場合を債務不履行というのだが（415条）、そのパターンは一般に3つの種類に分けられて説明されてきた。①約束の期日に履行がされないという履行遅滞と、②履行ができなくなったという履行不能、③その他履

---

[3]　外国の規定や制度を学ぶ第一義的な意味は、わが国の民法が作られた際に外国法から継受したものがあれば、その、日本法の規定のもとになった母法国の規定を、日本法の規定の解釈論のために検討するというところにある。成り立ちにおいて関係のない規定を比較検討するのは、わが国の規定を改良したりするときの参考などにはなるが、二次的な作業である。ちなみに日本民法は、編別の仕方をはじめドイツ民法草案の影響を受けている部分も多いが、内容的にはフランス型の規定も多く、この債権総論では、はっきりフランス民法（あるいはボワソナードの旧民法）の影響を受けた部分のほうが多いといえる。

行はされるにはされたのだが、どこか不完全なものになっている不完全履行（不良品だったとか、数が足りないとか、一部壊れていたとか、さまざまなものがありうる）、の３つである。ただ、これに対して、それはドイツ流の説明の仕方で、もっと一元的に説明すべきだという見解が最近では強くなっている。平成29年の改正でも、そのような三分法での説明を避けているようである（しかしいずれにしても、これはわかりやすくするための説明手法に過ぎない面も強く、あまりそのあたりの学理にこだわる必要はなかろう）。

　ここで注意したいのは、平成29年改正で、この債務不履行の基本概念について、従来の考え方から変更があったことである。それは、大きく以下の２点である。①これまでは、民法上の債務不履行として後述する解除や損害賠償を請求するためには、債務者の「帰責事由」（「責めに帰すべき事由[4]」）というものが成立要件と考えられてきたのだが、改正法では、契約関係に入った債務者は、当然その義務を誠実に履行すべき立場にあると考えて、「帰責事由」というものを成立要件として問わないことにした。契約当事者間の、相互拘束力の重視と言ってもよい（ただし、まったく帰責事由が問題にされなくなったわけではなく、どこから見ても「帰責事由」がない場合には免責する、という免責要件として残ることになった）。②さらにこれまでは、「帰責事由」が債務者の「過失」と結び付けて説明されてきた面があったのであるが、不法行為と違って、契約の場合はいわゆる「過失責任主義」[5]（過失があったから責任を負わせる）の問題ではないので、「過失」の概念と切り離すことにしたのである（これは条文上それほど明瞭なわけではないが、改正法の立法に当たった学者たちが理論的にこだわっているところである）。

---

[4] ちなみに、平成16（2004）年改正までの民法の条文では、「責ニ任ス」などとあって、送り仮名や濁点がついていなかった。この場合、「責」は「せめ」と読む。「セキ」と読んではいけない。ほかにも、たとえば「訴」1語の場合は、「ソ」ではなく「うったえ」と読む。これらは平成16年改正で現代語化されて読みやすくなった。

[5] 私人の自由な経済活動を保障するために、行為者側に故意か過失という落ち度がないかぎり責任を負わないとする考え方。本来、不法行為の損害賠償責任を説明するためのものである。

(3) 債務不履行の 2 つの効果

債務不履行があった場合、不履行をされたほうの契約当事者は、2 つの手段を取ることができる。それが、損害賠償と契約の解除である。民法では、債務不履行の損害賠償については、415 条以下に規定しており、契約の解除は、いわゆる債権各論の分野である契約総則の 540 条以下に規定している。したがって、この部分では、債権総論と債権各論をつなげて学習する必要がある。

(4) 解除概説

契約の解除については債権各論で学ぶが[6]、概略だけをここに述べておく。「**解除**」とは、当事者の一方が、自分だけの意思表示によって、相手方に対して、契約をなしにする宣告をすることである。両当事者の合意による「**解約**」とは異なる。本来、契約には拘束力があるのだから、それを一方的にやめる、という解除ができるには相当の理由がなければならない。その理由のほとんどは、相手方の約束違反、つまり債務不履行であり（他に、各種の契約についていくつか固有の解除原因を法律の条文で規定してある場合に当てはまったときにも解除ができる）、さらに、当事者が「こういう場合には解除する」と約束していたときは、それに当てはまる状況になれば解除ができる。前者を法定解除、後者を約定解除という。

民法は、解除するということを、一定の場合に「**解除権**」という権利が発生して、その権利を意思表示によって行使する、というふうに構成している（540 条）。そして、法定解除権の発生する一般的な場合が、相手方の債務不履行の場合というわけである。

解除の効果は、一般には、契約を初めからなかったことにする。こういう効果を、初めに遡るという意味で、「**遡及効**」という。したがって、もし一方（あるいは双方）の当事者がすでに履行をしていたとしたら、それは元に戻されることになる。たとえば、時計の売買契約で、時計は渡したのに代金が催促しても支払われないので売主が解除する、というのであれ

---

[6] 池田『新標準・各論〔第 2 版〕』第 2 章 V。

ば、時計は元の売主に返されなければならない。これを**原状回復義務**という。もっとも、継続的な契約（賃貸借など）については、解除に遡及効がなく、契約は、解除の時点からただ将来に向かって、効力が消滅するということになる。

(5) 損害賠償と解除の関係

そうすると、債務不履行をされたときには、契約の解除と損害賠償との2つの手段が取れるわけだが、その2つの関係はどうなるか。外国では、この2つの二者択一（一方を選択したら他方は主張できない）という規定を置いていた国（2002年までのドイツ）もあるのだが、日本では、フランスなどと同様に、どちらも（両方ともでも）主張することができる（545条④項）。なぜなら、契約を解除すれば、理屈の上ではすべてなかったことに戻るといっても、いったん契約してから解除するまでの間の状態があったことによる損害というものも考えられるからである。

(6) 債務不履行の成立要件

債務不履行については、条文に正確に全部まとめて書いてあるわけではない（☞学習の Know How）。ここでは、その要件の1つひとつを少し詳しく考察しておこう。

学習の Know How

　法典は教科書ではない。また、一定の角度から必要な規定だけをまとめて配列する必要がある。そこで、参照すべき規定が何か所かに分かれることもあれば、条文には原則とか当然の前提とかが書かれていない場合がある。民法典の場合は特にその原理原則を省いた傾向が強い（ボワソナードの旧民法典が教科書的すぎるとして修正した経緯もある）。立法技術としてはわかるのだが、勉強する場合に六法だけ読んでもよくイメージがつかめないのはそういう理由がある。**書かれていない原則も多い**ことを覚えておきたい。

---

　①債務の本旨　　条文では、債務不履行の損害賠償の要件として（前述

の3類型をまとめた形で）「債務者がその債務の本旨に従った履行をしない
とき又は債務の履行が不能であるときは」としている（415条①項）。した
がって、債務不履行になるかどうかは、それぞれの債務においてまずこの
「債務の本旨」がどういうものだったかを検討することから始まるが、
「債務の本旨に従わない」ことの具体的な現れ方は、上の履行遅滞、履行
不能、不完全履行の3類型にまとめられるのだと考えておけばよい。

　②免責事由（帰責事由）　上に述べたように、平成29年改正法415条
①項本文では、単に本旨に従った履行がなされないという客観的な事実が
あればまず債務不履行は成立する。ただ、同条ただし書は、「ただし、そ
の債務の不履行が契約その他の債務の発生原因及び取引上の社会通念に照
らして債務者の責めに帰することができない事由によるものであるときは、
この限りでない」と規定した。これは改正法による新しいルールである。

　つまり、これまでの民法では、（規定の仕方が必ずしも明瞭ではなかったの
だが）債務者に「帰責事由のあること」が民法上の債務不履行（債権者が
損害賠償や解除を要求できる）の成立要件とされていた。それが改正法では、
成立要件ではなく、帰責事由がまったくなければ債務者が債務不履行の責
めを免れる「免責要件」として規定されたのである。

　では具体的にどのようなものが免責事由となるのか。大地震や戦争の勃
発などという、いわゆる不可抗力とされるものは、もちろんそれに含まれ
よう。また、「契約その他の債務の発生原因及び取引上の社会通念に照ら
して」とあるので、たとえば契約上一定の外国からの食材の輸入という限
定がされていたときにその国からの物資の輸入が政府によって禁じられた、
などという場合も含まれることになる。「取引上の社会通念に照らして」
ということは、債務者の主観によって決まるものではないということを意
味しよう。

　なお、平成29年改正法では、債務者が履行を遅滞しているうちに当事
者双方の責めに帰することのできない事由で履行不能が生じた場合、その
履行不能は債務者の責めに帰すべきものとみなすという、みなし規定を新
設したので（413条の2①項）、この場合には債務者は415条①項ただし書
の主張ができなくなる。

③立証責任　そうすると、先にも述べたように、415 条が規定している債務不履行の効果は、損害賠償を請求することができる、というだけであるので、以下には、債務不履行の損害賠償請求権を成立させるための立証責任について検討することにしよう。

上述の成立要件からすれば、①最初に必要なのは、債権債務の存在である（たとえば、売買契約によって代金債権が発生している等の証明）。②つぎに、その債務の不履行の立証（払われるべき金銭が期日に支払われていない等）と、③それによる損害が発生していることである。そして、④社会通念からして帰責事由がないということの証明の問題、ということになる。

そうすると、この①から③は、債権者が主張立証するべきものということになる。そして、④は、債務不履行の責めを免れるために債務者が立証すべきもの、ということになる[7]。

ちなみに、ここが不法行為（709 条以下）と債務不履行では逆になる。つまり、債務不履行の場合、当事者は信義に従い誠実に履行する義務をすでに負っているのだから、債権者側は債務者の不履行の事実だけを述べて契約解除や損害賠償請求をすればよい。これに対して債務者側は、賠償請求等を免れようとするのならば、「自分には帰責事由がなかった（つまり、免責事由がある）」という立証をしなければいけないのである。したがって、債務不履行においては、帰責事由がなかったという立証責任は債務者にある（これに対して不法行為では、原則としては被害者すなわち賠償請求をする者（損害賠償債権者）が、不法行為者（損害賠償債務者）に故意・過失のあったことまでを立証しなければならない）。

---

[7]　このように、当事者が訴訟で何を根拠に何を立証し、それに対して相手方が何を立証して反論し、という仕組みを学ぶのが「要件事実論」というものである。これについては、かつては司法試験の合格者が司法研修所で学んだが、現在ではその導入部分は法科大学院で学ぶようになっている。池田『新標準・各論〔第 **2** 版〕』第 **2** 章 **Ⅲ** の Plus One も参照）。

★Plus One「履行補助者の故意・過失」論の終焉

　これまでの民法教科書では、「履行補助者の故意・過失」論を紹介するものが多数あった。これは、平成29年改正前の債務不履行に帰責事由が要件とされていたことを前提として、契約の債務者が履行補助者とか履行代行者と呼ばれる者を立てて自分の代わりに履行させた場合について、その類型ごとに、誰の過失かを考えて債務者本人の責任範囲を検討しようとした議論なのであるが、場合によって、債務者本人の責任を不当に限定する機能を果たす面があって（自分でやっていれば債務不履行なのに他人を選任したらその選任監督に過失がなければ免責される等）批判されていたことと、そもそも今回の法改正で、契約責任が過失責任主義と明瞭に区別されたことによって、理論的に立ち行かなくなり、ほぼ過去の議論となったと言える。今後は、他人を債務の履行に利用したことも含めて、合意された債務内容が契約の趣旨にしたがって実現されているのかいないのかを判断すればよい、ということになろう。

---

(7)　債務不履行に基づく損害賠償の類型別の考察

　①履行遅滞　　履行遅滞の場合には、約束の期日が来ても履行されない、ということが要件であるから、その約束の期日すなわち「**履行期**」がいつ到来するのかが重要である。履行期の定め方については、民法412条が規定している。ⓐ当然のことであるが、何月何日と期限が確定しているときは、そこが履行期である（同条①項）。ⓑ債務の履行期について不確定な期限が定められているにすぎないときは、債務者が期限の到来した後に履行の請求を受けた時又はその期限の到来を知った時のいずれか早い時が履行期である（同条②項。たとえば、家具の売買で引渡日を買主の新築中の家屋の完成した日とした場合は、売主が家屋の完成を知った日である）。ⓒ債務の履行期を定めておかなかった場合は、債務者が履行の請求を受けた時が履行期になる（同条③項[8]）。

　履行遅滞の場合に、損害賠償（415条の①項）を請求する内容は、履行が遅れたために発生した損害（たとえば、家屋に入居が遅れたのでその間ホ

テル住まいをした宿泊費）である。こういうものを「**遅延賠償**」という。

②**履行不能**　履行不能については、物理的に履行できなくなる（たとえば特定の目的物が焼失した）場合のほか、取引通念上不可能と判断される場合も含まれる。土地の売買で、売主が2人の買主P・Qに二重譲渡し、買主Qが先に移転登記まで済ませてしまった、という場合は、Pの債務は履行不能となる。履行不能の場合の損害賠償は、本来の給付（履行）に代わる金銭を賠償するのであり、こういうものを「**塡補賠償**」という（415条②項1号）。

③**履行拒絶**　債務者が明確に履行を拒絶する意思を表明しているときは、本来の履行請求に加えて、履行に代わる賠償を請求できる（415条②項2号）。これは平成29年改正による新設規定であるが、学説の有力説の考え方を取り入れたものである。

④**解除または解除権の発生**　契約が解除された場合や、債務の不履行によって契約の解除権が発生したときも、履行に代わる賠償を請求できる（415条②項3号）。これも平成29年改正による新設規定であるが、前者は、契約の解除と損害賠償は並存しうることは545条④項にも明示されて

8　ただし、米や金銭などを借りる消費貸借契約では、（借りたものはいったん消費してしまうので、借主はこれと同等同量のものをあらためて用意してから返す必要があることから）期限の定めがない場合でも、催告後相当期間が経過して初めて履行期が到来することにされている（591条①項）。逆に使用貸借の場合は、（ただ貸しなので借りる側が恩恵を受けているのだから）期限を定めていなくても契約の目的に従った使用収益を終えた段階で（あるいはそれ以前でもそれに足るべき期間の経過によって）返還の履行期が到来するとされている（597条②項）。池田『新標準・各論〔第2版〕』第**3**章**V・VI**。

また不法行為による損害賠償請求の場合は、判例は不法行為と同時に履行期が到来しているとし（たとえば、最判昭37・9・4民集16巻9号1834頁。弁護士費用についても同様であることにつき、最判昭58・9・6民集37巻7号901頁）、学説もこれを支持している（したがって、加害の時から履行期なので、つまり損害発生と同時に履行遅滞となっているわけであるから、支払いまでに間があったらその遅延賠償もしなければならない）。

なお、不当利得の返還は、期限の定めのない債務であり、請求によって遅滞に陥ると解されている（大判昭2・12・26新聞2806号15頁）。

いる（従来からの規定である。契約が解除されても損害は残りうるので、その賠償請求は認められるべきであるからである）。ただ後者は、解除権を行使する前の段階で、本来の履行の請求権と塡補賠償請求権の並存を認めるということになる（上記の②項2号と同様である。つまり、改正法は、理論的に言うと、元の履行請求権が不能や解除によって損害賠償請求権に転化するという伝統的な立場を採用してはいないということである）。

⑤**不完全履行**　不完全履行においては、履行期に履行は一応なされたが、どこか不完全なところがある、というのである。これは、上記の類型からもれるものすべてが含まれる類型ということになり、便利ではあるが内容は多様である。考えておくべきポイントをいくつか挙げておこう。

ⓐ給付された目的物が不完全な（たとえば、欠陥がある等）場合は、それが完全なものにできる（追完可能）なら、履行遅滞のケースと同様に、債権者としてはまず債権の内容に沿った完全履行を請求すればよい（具体的には、完全なものに直してもらう修補請求や、完全なものに取り替えてもらう代物請求ができる[9]）。もちろん、追完された場合も、遅延したための損害が生じていれば、上記の遅延賠償を請求できる。追完が不能であれば、履行不能のケースと同様に、塡補賠償を請求するしかない。

ⓑ給付された目的物が不完全だったために、他にも損害が及んでしまったという場合（たとえば、買ったヒヨコが病気で、買主の飼っていた他のヒヨコにも病気が移って皆死んでしまった場合）は、積極的債権侵害として、債務不履行責任のほかに不法行為責任も成立しうる（次の⑻請求権競合を参照）。

ⓒ先に説明したことの証明責任に関していえば、帰責事由がないという点は債務者に立証責任があるが、債権者側は、「不履行の事実のあったこと」だけは自ら主張しなければならない。そうすると、履行遅滞や履行不能の場合はこれは一目瞭然なのだが、不完全履行の場合は、「履行が不完

9　したがって、不完全履行の範疇に入るものの多くは、まずは、債務不履行責任の特則である、契約不適合責任（売買契約について562条以下）の問題として処理されることになろう。契約不適合責任についての詳細は、債権各論で学ぶ（池田『新標準・各論〔第2版〕』第3章Ⅲ参照）。

全であったこと」を債権者が立証しなければならないことになる。そこで、前章で学んだ医師の診療債務のような手段債務（第**2**章 I (3)）の場合には、この不完全履行の立証が実際には微妙な問題になる。

(8) 請求権競合

　たとえば、医師の治療ミスで患者が死亡したという場合は、民法709条の不法行為も成立するし、また、医師と患者の間に医療契約が成立しているので、その医療契約の債務不履行も成立する。このように、同一事象について、債務不履行の損害賠償請求権と不法行為の損害賠償請求権等の、複数の請求権が成り立つケースがある。このような場合を「請求権競合」という。請求権競合に関しては、いくつかの学説があるが、基本的には、異なった複数の成立要件を満たす事象が成立すれば、そのどちらを規律する規定も使えると覚えておけばよい。これが、判例・通説のとる「請求権競合説」と呼ばれるものである（「請求権競合」の問題における「請求権競合説」というのでは、何のことか内容がわからないが、この説は要するにどちらの請求権も使えるという説である）。具体的にいえば、債務不履行の損害賠償請求権と不法行為の損害賠償請求権では、立証責任や時効期間などに違いがあるので、債権者（被害者）としては、両方の請求権の成立要件を満たすのなら、主張立証しやすいほうから使えばよいということになる。ただ、損害額100万円の事故で、債務不履行も不法行為も成立する場合に両方の請求権を使って200万円取れるというわけではないのはもちろんである。その100万円の損害の回復の法的手段として、2通りの請求権が使えるということにすぎない。

　なお、「請求権競合説」以外の少数説には、法条競合説と規範統合説があるが、いずれもとりえない。法条競合説は、両者は法律上条文が競合しているだけで、実際には不法行為の規定は誰にでも適用される一般法であるのに対し、債務不履行の規定は契約関係に入った当事者だけを規律する特別法であるから、特別法である債務不履行の規定だけが使えるというものであるが、不法行為と債務不履行が一般法と特別法の関係に立つという主張が正しくない。たとえば、民法の売買契約の規定と商法の売買契約の

規定は、前者が規定する誰でもできる売買契約を商人がした場合に限定するのが後者、ということで一般法と特別法の関係に立つが、不法行為と債務不履行は、それぞれ別の要件を持つ異なった制度である（数学的にいえば、不法行為の集合の中に債務不履行が含まれるわけではない）。また規範統合説は、請求権の個数は1個であるという理解から出発するもので、その出発点そのものは、訴訟法的な観点からは理由があるといえるものの、実際の解釈論としては、債務不履行と不法行為の両方の規定から、賠償請求者にとって都合のよい部分をそれぞれとって1つの請求権を構成しようとしたりするもので（全規範統合説）、これは被害者保護の政策論としては成り立っても、あるべき（公平な）解釈論とはいえない。

⑼　債務不履行をめぐる現代的課題

　ここでは、近時、債務不履行をめぐる周辺問題として取り上げられるようになった論点をいくつか挙げておこう。

　①契約締結上の過失　　遠隔地の建物の売買契約を締結したところ、実はその建物は契約成立時には火災によってすでに焼失していた、という例を考えてみよう。この場合、平成29年改正までの考え方は、引渡義務は原始的に不能であり、原始的に不能の内容を目的とする契約は効力を生じないし、その売買契約に基づく債権債務は成立しないというものであった。ただその上で、買主が、その無効の契約を有効と信じたために発生した損害についてはどう処理するべきか、たとえば、建物が入手しうると信じたためにかかった費用（たとえば、その建物に備え付けるための家具の購入費、引っ越し契約のキャンセル費用等）をどうするか、を論じてきたのである。これについては、信頼利益の損害賠償として買主から売主に賠償請求を認めるというのが、ドイツの学説であり（契約締結上の過失による責任）、わが国でも従来から、この考え方を取り入れて、信義則に基づく責任としてこの賠償責任を認めようとする学説が有力であった。

　しかし、最近では、契約の重視、つまり合意したことへの責任追及の重視という観点から、原始的に不能でも無効と扱わず、むしろ有効として処理する考え方がヨーロッパなどで強くなり、これを受けて、平成29年改

正では、契約成立時に債務が原始的不能であっても有効で、損害賠償の請求を妨げないとの規定が置かれた（412条の2②項）。そのため、上記の問題は、今後は415条以下の、損害賠償の一般法理によって処理されることになろう。

　他方で最近になって、この契約締結上の過失の考え方を、契約交渉の中途拒絶の場合などに認めようとする判例・学説が現れてきた。つまり、原始的不能ではないが、たとえばマンション購入契約などで、買主が、（設計変更などを促したりして）ほぼ確実に購入するという期待を売主に持たせながら、自己の都合で契約締結直前で交渉を破棄したような場合は、信頼利益の損害賠償として売主から買主への請求を認めようとするものである。これを主張する学説は、この責任を一種の契約責任として（本来契約は成立していないのだが）認めようと論じてきた。契約交渉段階の一種の付随的義務に違反したと構成するのである。しかし判例は、このような場合は従来から不法行為責任として認めてきていた。そして最高裁では「契約交渉段階の信義則上の注意義務違反」としてこの賠償責任を認めるものが現れていたが（最判昭59・9・18判時1137号51頁）、これは契約責任として認めたのか不法行為責任として認めたのか、はっきりしないものであった。この点について、最近になって最高裁は、時効が問題になった事例で、契約締結前の契約責任はありえないとして、不法行為責任であることを明言した（最判平23・4・22民集65巻3号1405頁）[10]。

　②安全配慮義務　　雇用契約においては、使用者の主たる債務は被用者に対して賃金を支払う債務であり、被用者の債務は使用者の指揮命令に従って労務を提供することである。それでは、雇用契約において使用者は被用者の生命・健康について特別の注意義務を付随的に負うか。自衛隊員が基地内で自衛隊の車両にひかれて死亡した事件について、最高裁は安全配慮義務という考え方を示して、信義則を根拠としてこのような特別の注意義務を認めた（最判昭50・2・25民集29巻2号143頁）。このような付随

---

[10]　事案は、契約締結前の説明義務違反の問題である（後述③説明義務・告知義務も参照）。

的義務を認めることの実質的な意義は、ⓐ消滅時効とⓑ過失の立証責任の点にある。ⓐは、不法行為の損害賠償債権は、損害と加害者を知った時から3年で時効にかかるが（724条1号）、一般の契約上の債権なら時効期間は権利行使できることを知った時から5年（166条①項1号）、行使できる時から10年である（同条同項2号）。つまり、損害と加害者を知った時からたとえば4年たったら、不法行為の損害賠償請求権は時効にかかっているが、契約上の債務の不履行に基づく損害賠償債権ならまだ時効にかかっていない、ということである（前掲最判昭50・2・25は、まさにこの3年を経過してから訴訟が提起されたものである）。ⓑについては、不法行為ならば被害者側（債権者側）が、加害者の故意・過失を立証しなければならないのに対し、債務不履行ならば、債務者の故意・過失の立証責任は債権者側にはなく、ただ債務者側が、自分には帰責事由がなかったという立証をできなければ損害賠償を免れないのである（立証責任が債務者側にある）。したがって、一般には債務不履行で訴えるほうが債権者には負担が軽いと考えられる。

　これらの実質的理由から、判例は安全配慮義務を認めたと考えられるが、今日の学説も多数説はこの概念構成を肯定する。

　なお、最高裁は、対象となる契約関係を雇用に限定せず、請負（最判平3・4・11判時1391号3頁）やこれに類似する船舶の運行委託契約（最判平2・11・8判時1370号52頁）などについても、安全配慮義務を肯定している。

　③説明義務・告知義務　　いくつかの契約では、締結段階あるいは履行段階で、一方当事者から他方の当事者に対して、目的物や契約内容についての説明義務や告知義務が存在すると理解されるものがある。この義務は、専門の売主対消費者とか、医師対患者というように、一方の当事者に情報や専門知識が偏在する状況で想定されると考えればよい。こういう機能の商品ならば購入しなかった、こういう危険のある手術ならば同意しなかった、というように、情報や専門知識を持たない側の当事者が適切な判断をすることができない、ということのないように、このような義務を想定するのである。しかし、特別法に一定の規定が置かれている場合を別とし

て[11]、消費者や患者の保護のために相手方に私法上の義務として説明義務・告知義務を認めても、これに違反した場合には損害賠償責任等が生ずるとすることができるかどうかが問題となる。この問題も、医師の説明義務などは医療契約の締結後進行中の問題となることも多いが、ケースによっては契約締結以前に信義則を理由として契約法上の義務を認める点で、前述の契約締結上の過失の問題と共通する。なお、説明義務違反を理由として不法行為による損害賠償を肯定した下級審判決は以前から存在し（たとえば宅地建物取引業者の説明義務違反について、大阪高判昭58・7・19判タ512号137頁）、最高裁で明示的に不法行為とした判決が前出の最判平23・4・22である。

――〈用語解説〉――

停止条件・解除条件

　民法総則で学ぶ用語であるが、本文で述べたように、民法では「条件」というのは、英語でいえば if……の意味で使うのであって、condition の意味ではない。

　「もし来年3月に大学を卒業できたらこの車をやろう」というのは、贈与契約であるが、3月に卒業できるまでは契約の効果が発生しない。こういうものを停止条件という。逆に、「今君に10万円学費としてあげるが、もし来年3月に留年したら返してくれ」という贈与契約では、契約の効果は今発生するのだがもし3月に留年すると、そこで贈与の効果がなくなってしまう（だから元に返さなければならなくなる）。こういうものを「解除条件」という。

　本章の後半では、まず、債務不履行の効果の1つである、損害賠償について学ぶ（債務不履行のもう1つの効果である解除については、すでに概説し

---

[11]　宅地建物取引業法では、宅地建物取引業者の、不動産の買主に対する重要事項説明書の交付を義務づけている（同法35条）。また、同法や特定商取引法（平成12（2000）年改正前の訪問販売法）、割賦販売法などにおいては、一定期間買主の自由な撤回権（クーリング・オフ）を認めるが、この権利について売主は買主に書面で告知すべき義務がある。

たように、詳細は債権各論で学ぶことになる）。損害賠償の範囲に関しては、日本民法の規定の構造（通常損害と特別損害）を正確に理解したい。また、債務不履行の類型によって、損害賠償の中身がどう異なるのかも把握しておく必要がある。つぎに、債権者のほうが約束通りに受領しないという、受領遅滞の場合を学ぶ。この受領遅滞については、債権者が債務の履行を受領しないことで「債権者の債務不履行」があるということになるのかどうかを確認しながら学習しよう。

Ⅳ 損害賠償

(1) 学習の内容

　損害賠償は、債権各論で学ぶ「不法行為」（709 条）によってももたらされる効果であるが、ここでは、債務不履行の効果としての損害賠償を検討する。たとえば、住宅の売買で売主の責任で引渡しが 2 週間遅れ、買換えで旧住居を売ってしまった買主は結局その期間家族でホテル住まいをさせられた、という場合を考えてみよう。「売主の責任で引渡しが遅れた」のは債務不履行（履行遅滞）になる。そこで買主は、債務不履行の効果の 1 つとして損害賠償が請求できることになる。ここで学習するのは、その場合に、どういう範囲の損害が賠償の対象になるのか、対象となった損害についていくら取れるのか、等の問題であるが、教科書によって、「損害賠償の範囲」とか「因果関係」などという用語の意味・使い方などが、必ずしも一致していないように思われる。学説もいろいろあるところだが、大筋を見失わないように、整理しながら説明したい。

　なお、損害賠償の方法は、わが国では、債務不履行の場合も不法行為の場合と同様に、原則は金銭による賠償である（417 条）。

(2) 損害

　①損害の発生　　損害がなければ賠償もないのが当然であるから、債務不履行によって債権者が何らかの不利益を受けたことがまず必要である。損害は、財産的損害と精神的損害に分けられ、債務不履行の場合はほとん

どが財産的損害の問題であるが、債務不履行でも精神的損害（慰謝料）がまったく問題にならないわけではない。財産的損害は、財産が実際に減少してしまったという場合（積極的損害という）、増えるはずの財産が増えなかったという場合（消極的損害という）に分かれる。後者はたとえば、買主がその目的物を使って営業利益が上げられたのにそれが得られなくなったというようなケースで、そういうものを、「得べかりし利益」とか「逸失利益」などという。

　②因果関係（事実的因果関係）　　上の損害は、債務不履行があったことによって発生したものでなければならないのはもちろんである。不法行為の場合と同様に、いわゆる「因果関係（原因と結果の関係)」がそこに必要である（これを、後に出てくる理論上の表現と区別するために特に「事実的因果関係」と呼ぶことがある)。それゆえ、購入した新居の引渡しが遅れた場合でも、その間にあらかじめ予定していた観光旅行に出掛けたというときには、その旅行費用は債務不履行によって発生した損害とはいえない。また、医療過誤などのケースが債務不履行の問題として争われる場合は、この事実的因果関係の存否がまず第1に重要な争点となる（たとえば、患者が死亡したのは、医療ミスがあったためなのか、適切な治療をしたのだが単にその効果がなかったためなのか、というように)。

(3)　賠償の対象となる損害の範囲

　①規定の基本構造　　さて、債務不履行と事実的因果関係にある損害といっても、因果の連鎖をたどっていくとその賠償しなければいけない損害は無限に増大する可能性がある。たとえば、建物の引渡しが遅れたのでホテルに宿泊していたらそのホテルに火災が起こって負傷し、入院した病院で不適切な処置を受けたので後遺症が残り、そのためにそれまでの職業を続けられなくなって失業し、そのために家庭不和となって離婚して……という具合である。こういうときに、最初の引渡しを遅滞した債務者の賠償すべき損害はどこまでなのか。この問題については、立法的に条文の上で限定をするやり方（**制限賠償主義**という）と、条文の上では限定をつけないやり方（**完全賠償主義**という）があり、日本は前者である（後者にはドイ

ツなどがある)。

わが国のやり方は、まず、事実的因果関係のある全損害を、通常生ずべき損害(**通常損害**)と、特別な事情によって生じた損害(**特別損害**)とに分け、通常損害はすべて賠償されるべきものとし、特別損害については、それを債務者(条文では「当事者」となっているが、債務者の意味に考えてよいと解釈するのが判例・通説である。大判昭 12・11・15 判決全集 4 輯 22 号 14 頁)が予見していたかまたは予見すべきであった場合(これを「予見可能性があった」場合という)にのみ、賠償すべき範囲に含めるとするのである(416 条)。

● 損害賠償の範囲

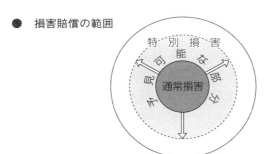

②**通常損害・特別損害**　それでは、何が通常損害で何が特別損害なのか。残念ながら、これは一般的・抽象的には決めることができない。そのケースごとに、債務の内容、当事者の態様(たとえば債権者が商人か消費者か)、目的物の性質、等から総合的に判断をしなければならない。一例を挙げれば、建物の引渡しが遅れたのでホテルにやむをえず宿泊した場合の宿泊費は、多くの場合は通常損害ということになろうが、近隣にビジネスホテルがあるのにわざわざ遠くの豪華なシティホテルに泊まったという場合は全額が通常損害として認められるわけにはいかないだろう。目的物の転売利益(買主がもっと高い値段で別の買主に転売する約束をしていたのに遅れで転売がキャンセルされ、もうけが得られなくなった)などというのは、買主が素人である場合は一般に特別損害となろうが、買主がその目的物を扱う商人であった場合は、状況によっては通常損害に含められる場合もあるかもしれない。

③予見可能性　　特別損害は、債務者に予見可能性があった場合に限り賠償範囲に含められる。債務者が、自分の不履行によってこんな損害が発生するとあらかじめ想定していた場合だけでなく、予見できたはずである、という場合までが含まれる。たとえば、トラックの売買で買主が運送業者であった場合は、買主がこのトラックを使って営業利益を上げるだろうことは、売主は多くの場合当然予見すべき事柄であろう。なお、債務者に予見可能性があったという立証は、債権者がしなければならない（予見可能性の立証責任は債権者側にある、という言い方がされる）。

　もっとも、当事者の状況等から、そもそもトラックの売買ならば、予見可能性などといわなくても引渡しが遅れた日数の営業利益分を当然に賠償請求できると認められる契約もあろう。そこからわかるように、通常損害というのは、そもそも予見可能性の立証などが問題にならずに賠償請求が認められるものであり、特別損害は債権者が債務者の予見可能性まで立証して初めて賠償請求できる損害であると表現することもできる。

　なお、416条②項の予見可能性の判断基準時期については、学説上議論のあるところだが、判例は、契約時ではなく債務不履行時であるとしている（大判大7・8・27民録24輯1658頁、最判昭40・4・16裁判集民事78号615頁）。

④理論的問題　　先に述べたように、わが国では制限賠償主義の規定によって、まず通常損害の範囲を当然の賠償の対象とし、特別損害については予見可能性があれば賠償の対象になるとしている。しかしこれを判例と過去の通説は、「**相当因果関係**」という言葉を使って説明した。これは、完全賠償主義の規定を持つドイツにおいて、すべての損害を賠償させるという原則を貫くと債務者に過重な負担を強いることとなるために、賠償範囲を制限する必要から判例・学説が考え出した「相当因果関係の範囲内に限る」という論理を、日本法の説明にも持ち込んだもので、沿革的には正しい説明ではない。ただ、多くの教科書にも載っているし、何よりも判例がこういう論法を不法行為の損害賠償の場合について現在でも採用しているので、ここに簡単に説明しておく。

　相当因果関係説は、債務不履行・不法行為に共通する損害賠償の範囲を

制限する原理として、相当因果関係という概念を用いる。その大方の見解を要約すると、相当因果関係のある損害というのは、その債務不履行から一般に生じるであろうと認められる損害をいい、さらに債務者の知りまたは知りうべき事情は、その相当因果関係判断の基礎になるとする。そして、416条は相当因果関係説を採用したものであるとし、416条は不法行為の損害賠償の範囲についても制限原理として類推適用されるというのである。判例は現在でも基本的にこの構成を維持しているが、今日の有力学説は、このような相当因果関係での説明を否定し、単純に416条の適用によって賠償範囲が制限されるとしている。

　判例がなぜこのような説明をするに至ったかを解説しておく必要があろう。最初にこのような論理を示したリーディング・ケースは、富喜丸事件という、船舶の衝突沈没による不法行為の損害賠償の事件であった（大連判大15・5・22民集5巻386頁）。不法行為のほうでは、日本でも特に賠償範囲を制限する規定がなく、被害者保護のために、生じた損害はすべて塡補させる、いわば完全賠償主義なのだが、事件が起こったのがちょうど第一次世界大戦勃発の頃で、その後短時日に船の価格やチャーター料が大変に騰貴した。この沈没させられた富喜丸の船主は、その事故当時の船舶価格等を基礎に損害額を算定して賠償請求したのではなく、事件後の騰貴した価格で賠償請求した。裁判所は、それを否定して事故当時の価格に基づく賠償だけを認めるためにこういう論理を持ち出したのである。したがって、具体的な判決の結論はこれでよかったのだが、言わずもがなの論理構成をした感は否めない[★]。

★Plus One 判例と現実の紛争処理

　富喜丸の衝突沈没事故が起こったのは、大正4年4月28日である。所有者は、富喜丸の大正6年8月中の市場想定価額190万余円を基礎に損害額を算定して訴えた。これに対して、大正4年4月段階の同船の価額は、裁判所の認定では10万9150円である。なぜこれほどの多大な違いが生じたのか。世界史の勉強をした人は思い出してほしい。原審（控訴審）判決は、「当時（大正6年8月）ノ船価ハ独逸ノ潜航艇ガ無警告撃沈ナル暴挙ヲ為シタル為

商船ノ需要激増シ之ニ因リテ生ジタル異常ノ暴騰価額ナルコトハ顕著ナル事
実ニシテ……」と説示している。このように、オリジナルの判決文を読めば、
当該紛争の適切な解決のためには、裁判所は富喜丸所有者の主張を退けなけ
ればならず、またそのための論理（相当因果関係説）を考えなければならな
かったことが、明らかに読み取れるのである。

　さらに、今日の有力学説の批判を受けながら判例が相当因果関係説を維持
しているのはなぜか。おそらく、有力学説による損害額の算定方法よりも、
後述する基準時概念を使っての相当因果関係説による損害の金銭評価のほう
が、裁判官にとって明瞭で使い勝手が良いのではないだろうか。

　オリジナルにあたって判例の紛争処理の実態を理解することが重要である。
また学説の批判を受けながら維持されている判例については、それなりのメ
リットや使いやすさがあるということも知るべきである。

(4)　賠償の内容

　①履行遅滞と損害賠償　　履行遅滞の場合の賠償は、すでに述べたよう
に通常は履行が遅れたことによって発生した損害に対応する遅延賠償であ
る（最終的に履行はなされた場合）。つまり、臨時の代替物の調達費用（建
物引渡しの遅延によるホテルの宿泊費用とか、車の引渡し遅延によって支出し
たレンタカー代等）とか、履行が遅れたことによって得ることができな
かった利益（トラックがあれば1日10万円の営業利益を上げられた等）がそ
の賠償される損害の内容である[13]。

　なお、金銭の履行遅滞の場合は、少なくとも法定利率分の損害は当然に
発生すると考えられており（419条①項）、債権者は損害の発生について一
切の立証責任を免れている（同条②項）。つまり、金銭の履行遅滞の場合
は、遅滞の事実を述べるだけで少なくとも法定利率分の賠償は請求できる。

13　ただし、たとえば買主はトラックがあれば1日10万円の営業利益が上げら
れたが、一方買主は1日2万円で同種のトラックを容易にレンタルできて、そ
れで1日10万円の営業利益を上げえたのに何もしなかったという状況が認めら
れる場合は、後述(5)の過失相殺も考慮する必要があろう。

②履行不能と損害賠償　履行不能の場合は、本来の給付に代わる塡補賠償を請求することになる（改正法 415 条②項 1 号）。もっとも、売買契約でまだ代金を払っておらず、引渡債務のほうが履行不能になっても買主はただ契約を解除して代金債務を免れればそれ以上損害が発生しない場合もある（同じ物をすぐに他で買えるなどという場合）。

　もし買主が目的物をまた他の人に転売して利益を上げることにしていて、そのことについて売主に予見可能性があったとか、もともと買主は商人なので何割増かの金額で売却するだろうことは当然だったというような場合は、その転売利益までが得べかりし利益として塡補賠償の対象になる。したがって、たとえば 100 万円の品物が手に入らなかった場合の損害賠償が転売利益を含めて 130 万円になる、ということもある。

③損害額算定の基準時　さらにこういうことが考えられる。100 万円の品物の履行不能によって 100 万円の損害賠償が請求されることになったが、当事者間でもめているうちにその 100 万円の品物の市場価値が 120 万円に上がったとする。この場合、債権者はいくら請求できるのか。

　この答に関しては、まず損害の概念についての 2 つの発想が分かれる。ⓐ判例および相当因果関係説では、損害をすなわち債権者の財産の減少ないし不増加の金額（あるべき状態との差額）でとらえるので、この場合は損害の拡大ということになる。ⓑ最近の相当因果関係を否定する説では、損害を物の滅失なら滅失という事実ととらえるので、この場合も事実には変わりなく、ただその損害を賠償させるための金銭的評価の資料が変わったにすぎないという。

　ⓐの判例等の考え方では、具体的には以下のようになる。価格の騰貴は、賠償すべき損害の範囲の拡大である。原則として履行不能となった時点の損害（100 万円）が通常損害であり、その後の価格上昇による損害（20 万円）は特別損害である。したがって、債務者に債務不履行時に価格上昇の予見可能性があれば 120 万円まで賠償請求が認められ、予見可能性がなければ 100 万円の賠償にとどまる[14]。

　これに対してⓑの考え方では、これは損害の拡大ではなく、したがって無限の連鎖的損害拡大を制限するための賠償範囲の問題ではないとして、

債権者がそもそもどのような利益を取得する可能性があったかという利益取得の可能性を基準として損害額を算定すべきであるという（この考え方では基準時の問題にはならない）。

(5) 賠償額の調整

①過失相殺　債務不履行のあった場合に損害の発生または拡大について債権者にも過失（落ち度）があったときは、裁判所は公平の見地からそれを考慮して損害賠償の責任や賠償額を調整（具体的には軽減）する（418条[15]）。つまり、過失を割合で数字化して、損害額が 100 万円でも、100 万円まで損害を増やしたのには債権者側にも 2 割の寄与過失があったと考えられるなら、賠償額を 80 万円に軽減する。これが過失相殺である（裁判官は、職権で、つまり、当事者が過失を構成する事実を主張し裁判官がそれを認定したのであれば、債務者側の過失相殺の主張がなくても、過失を考慮しなければならない）。ただしこれは、第 **7** 章 V で学ぶ、債務の消滅原因としてのいわゆる「相殺」とはまったく別の概念であることに注意を要する。

②損益相殺　損害額の調整としてはもう 1 つ、損益相殺というものがある。これは、債務不履行によって債権者がかえって利益を受けた部分がある場合、それを損害額から差し引くことである。たとえば農耕用家畜の

14　ここまでは先の富喜丸事件判決（前掲大連判大 15・5・22）で示されていたが、さらに判例は、この目的物がいったん 140 万円まで騰貴してから 120 万円になった場合（この 140 万円を「**中間最高価格**」という）は、債権者がその最高価格で売却したはずなどという利益取得の確実性が認められた場合にのみ中間最高価格の請求が認められる、という（最判昭 37・11・16 民集 16 巻 11 号 2280 頁、最判昭 47・4・20 民集 26 巻 3 号 520 頁）。

15　これは、不法行為の場合もほぼ同様であるが、不法行為のほうの 722 条②項と比較すると、債務不履行の 418 条では責任自体も斟酌の対象とするように書いてある（したがって責任の否定もできる）のに対し、不法行為のほうでは責任自体を全面的に否定することは文言上できない。また 418 条では「これを考慮して……定める」と考慮することが必要である形になっているが、722 条②項では、「考慮して……定めることができる」と、裁量的に規定されている（裁判官は過失を認定した場合も過失相殺はしてもしなくてもよいことになる）。ただ、このような区別については、学説には合理性がないと批判するものもある。

引渡しが遅れて債権者は稼働できなかった損害を被ったが、逆にその期間の飼育費を支出しないで済んだ場合などがその例である。これは条文はないが当然に認められている。これも「相殺」というが実は「控除」である[16]。

　③**中間利息控除**　　たとえば、向こう5年間の逸失利益、などというように、債務者が、債権者に将来生じる利益について損害賠償を支払う場合、その算定される賠償額のうちから、将来生じる利息をあらかじめ控除する中間利息控除が、平成29年改正法によって明文化された（417条の2）。これは、民法ではそもそも金銭は運用によって利息を生むものという発想に立っており、そうすると、たとえばこれから毎年100万円の損害が5年間にわたって生じる、というケースで、合計賠償金額500万円を今、一度に全額受け取れるとすると、債権者は（2年目以降の損害分も今賠償金をもらえて運用利益が得られるわけで）もらいすぎということになってしまうので、それらを差し引いて支払わせる、というのが中間利息控除の考え方である。

　この中間利息の控除割合については、従来から判例は法定利率によるべきとしており（最判平17・6・14民集59巻5号983頁）、それで改正法は、「その利益を取得すべき時までの利息相当額を控除するときは、その損害賠償の請求権が生じた時点における法定利率により、これをする」と定めたのである[17]（417条の2①項。債権者が将来において負担すべき費用の賠償額算定についても同条②項で同様）。

---

[16]　火災保険をはじめとする各種の損害保険金を控除すべきかどうか争われることが多いが、本文の家畜の飼育費とは異なり、保険金の取得は、債権者が自己の保険料負担のもとに意図的に設定した保険契約によるものと考えれば、損益相殺になじまないといえよう。控除否定例として、最判昭50・1・31民集29巻1号68頁。

[17]　第2章Ⅲ(2)ですでに学んだように、法定利率は、改正法によって、従来の年5分（5％）の固定利率から、3パーセントを基準としての変動利率に下げられた（404条参照）。したがって、逸失利益の保険金の支払いなどについても、中間利息控除の金額が改正によって従来よりも少なくなるので、債権者が実際に得る賠償金の額が増える（保険会社等の負担が増える）結果になる（なお、これは日本のように、一時金で賠償する慣行の国で起こることであって、毎年の延べ払いを原則にしている国では中間利息控除自体が問題にならない）。

⑹ その他の特殊問題

①損害賠償額の予定　債務不履行による損害賠償をめぐっては、賠償額等をめぐって紛争が起きることがしばしばある。そこでそのような紛争を避けるために、債権者・債務者間で、将来もし債務不履行が起こったときの損害賠償額についてあらかじめ合意しておくことがある。これが損害賠償額の予定であり、このような合意も公序良俗に違反する内容でない限りは契約自由の原則からして有効である。また、この賠償額の予定は、高めに設定しておけば、債務者は債務不履行に陥らないよう努力するので、債権の実現を促進する効果もある。このような賠償額の予定が合意されていた場合は、実際の損害額とは無関係に債務者はこの予定額を支払わなければならない（420条①項[18]）。また、賠償額を予定したからといって、履行請求や解除ができなくなることはない（同条②項）。

なお、ここでふれておかなければならないものに、「**違約金**」がある。違約金というのは、違約したときの罰金という意味と、この損害賠償額の予定という意味と、2通りありうるが、民法は後者の損害賠償額の予定と推定することにした（同条③項。推定だから、当事者が反対の証明ができればくつがえる）。もし違約罰だったということになると、債権者は、債務不履行があれば違約金を無条件で請求でき、そのうえ、実損害についての賠償を別に請求できることになる。

②賠償者の代位　債権者が損害賠償としてその債権の目的たる物または権利の全部の賠償を受けたときは、賠償した債務者はその物または権利について、当然に債権者に代位する（422条）。つまり、まるまるの賠償をしたら、賠償をした債務者は、もとの債権者の地位にとって代われる。この、「もとの債権者の地位にとって代わる」というのが「代位」である。たとえば、物を預ける寄託契約で、受託物を盗まれてしまった預かり主

18　この損害賠償額の予定については、平成29年改正以前の規定では、裁判所はその額を増減することはできないとされていた。ただそうすると、不当に高い賠償額が予定されていても裁判所は介入できないので、外国では裁判所による減額を認める立法例も多かった。今回の改正で、裁判所は、公序良俗違反等で違約金の規定を無効にしたり減額したりすることができるようになった。

（受寄者）が預け主（寄託者）にその物の価額の全額を賠償したときは、預かり主が以後その盗まれた物の所有者になる、というものである。代位そのものについての詳細は、第**7**章Ⅱ(7)で499条以下の「弁済による代位」のところで説明する。

賠償者代位の効果は、法律上当然に発生するので、当該の物または権利が法律上当然に債務者に移転する。債権者の譲渡行為も、その譲渡の対抗要件具備も必要ではない。物または権利とは、債権の目的であったもの自体（たとえば、前例で盗まれた寄託物の所有権）だけでなく、取引上、物または権利に代わるもの（たとえば、前例で寄託者の第三者に対する損害賠償請求権）をも含むと解されている。もっとも、借家人が賃借家屋を焼失させて家主にその賠償をしても、借家人は家主が加入していた火災保険金の請求権に代位することはない[19]。

③**代償請求権**　債務者が、履行不能に陥ったのと同一の原因によって目的物の代償となる権利や利益を得た場合、債権者は、自己の被った損害額の限度で当該権利・利益の償還を請求できる（改正法422条の2）。従来から判例・学説が認めていたものが改正法で条文化されたものである。たとえば、判例が認めるものとしては、目的物が火災で焼失した際に、債務者に対して火災保険金が支払われる場合、その保険金請求権は、「同一の原因」から生じた利益と考えられ、債権者は、支払われた火災保険金を、自己の損害額の限度で償還請求することができるというわけである。

Ⅴ　受領遅滞

(1)　問題の所在

ここまでは、当然のことではあるが、債務者が約束通りの履行をしない場合の債権の効力を扱ってきた。それでは、債務者が約束通り履行しようとしているのに、債権者が約束通り受け取らず（あるいは受け取れず）、履

19　逆に借家人がまだ賠償を支払っていない状態で保険会社が家主に保険金を支払った場合は、保険会社は家主の借家人に対する損害賠償請求権について、当然に被保険者（家主）代位する（保険法25条）。

行が遅れた状態になっているという場合はどうなるか。こういう場合も実際にある。たとえば、約束の日に品物を持っていったのに置き場所がないからといって受け取ってくれないとか、支払いをしようと思うのに居所を教えないなどという場合である。さらには工場で従業員が就業しようとしているのに（従業員は労務の提供をするという立場では債務者である）、経営者（労務提供を受けるという意味での債権者）が工場をロックアウトして就業させないという場合もこの例になる。これらの場合、債務者のほうには遅滞の帰責事由がないので債務者の債務不履行が成立しないのは当然であるが、債権者の行動は法的にどう評価されるのか。

　この点について、平成29年改正前の条文は、その債権者は債務者の履行の提供があった時から「遅滞の責任を負う」とだけ規定していた（改正前413条）。ただ、この、遅滞の責任を負うとはどういう意味かが説明されていなかった。この点、改正法では、注意義務の軽減（特定物の引渡債務について）と、履行費用の増加分が債権者の負担となることとを規定したが（改正法413条①項②項）、後述するように、これで受領遅滞の効果をすべて説明しているわけではない。

　さらにこの問題は、第7章Ⅱで学ぶ弁済のところの492条の規定とも関連する。492条は、「弁済の提供の時から、債務を履行しないことによって生ずべき責任を免れる」と規定している。つまり、債務者が弁済を提供すれば（弁済の提供については、第7章Ⅱ(3)のところで詳しく説明するが、「現実の提供」と「口頭の提供」の2つの方法が493条に規定されている）、その時点から債務者は債務不履行によって生じるであろう責任を免れるというのである。この規定と413条の関係も問題になる。

　考え方のポイントは以下の点にある。つまり、受領遅滞は債権者の債務不履行といえるのかそうでないのか、ということである（**学習のKey Point**）。

学習の Key Point

受領遅滞は債権者の債務不履行になるのかどうか。それによって効果としての債務者の取りうる手段が違ってくる。

⑵　受領遅滞の法的性質

受領遅滞の法的性質については、学説には①法定責任説、②債務不履行説、③折衷説、の 3 説がある。

①法定責任説（従来の通説）　債権者は給付を受領する権利を有するだけで、給付を受領しなければならない義務を負うものではないから、受領遅滞は債権者の債務不履行ではなく、公平の観念から認められた法定責任であるとする。この説では、受領遅滞には、弁済の提供と同一の、消極的な効果だけが認められる。

②債務不履行説（かつての有力説）　債権者にも受領義務が認められ、受領遅滞は債権者に帰責事由のある場合は債権者の債務不履行であるとして、いわゆる債務者の債務不履行の場合と同様の積極的な効果を認め、債務者側から契約を解除したり損害賠償を請求したりできるとするもの。

③折衷説（最近の有力説）　基本的には法定責任説に立ち、債権者は一般的には受領義務を負わないが、一定の契約における債権者（売買の買主・請負の注文者・寄託の寄託者）には、信義則に基づく付随義務として引取義務を認めるべきだとする。そして引取義務のある債権者の受領遅滞は、債務不履行として、債務者からの解除や損害賠償請求を認めるというものである。実際、売買・請負・寄託の場合は、債権者が引き取るという協力をしないと債務が完遂できないので、この説には説得力がある。

これに対して判例は、古くから法定責任説を採っていると理解されてきた。ただ、近年の最高裁判決には、折衷説とも理解できるものがある（最判昭 46・12・16 民集 25 巻 9 号 1472 頁は、硫黄鉱石の売買契約に関して買主の鉱石についての信義則上の引取義務を認め、その不履行としての損害賠償を認めた。これは折衷説を採ったものともみられるが、当事者の特約として引取義務を認めたもので、法定責任説は維持されているとの見解もある）。

④改正法の態度　これらの学説の議論に対して、改正法は何ら対応を示さなかった。つまり、受領義務の有無という問題については何の言及もしていないので、その点は今後も各契約における個別判断ということになり、学説の議論もそのまま残ることになる。

(3) 受領遅滞の要件・効果

①要件　ⓐ債務の本旨に従った弁済（履行）の提供があったこと。ⓑ債権者が受領を拒否するか、受領が不可能であること、が要件である。ⓒ債権者に帰責事由があることを要するかについては、平成29年改正法までの議論の状況は、法定責任説では不要、債務不履行説では必要（債務不履行なのだから当然）とされ、折衷説では論者によって不要説と必要説がある、というものであったが、平成29年改正により、債務不履行の成立要件として帰責事由を必要としなくなったため、この要件は設定不要ということになろう。

②効果　まず、消極的効果として以下のものがあることは異論がない。ⓐ目的物保管義務の軽減——債務者は、それまで目的物の善管注意義務を負っているが（400条）、受領遅滞があった後は、その債務の目的が特定物の引渡しであるときは、債務者は、履行の提供をした時からその引渡しをするまで、自己の財産に対するのと同一の注意をもって、その物を保存すれば足りる（改正法413条①項）。「自己の財産に対するのと同一の注意」というのは、659条の無報酬の受寄者の注意義務と同じ表現で、低いレベルの注意義務でよいということである。ⓑ増加した履行費用の負担——受領遅滞のために増加した履行費用（目的物の保管費用等を含む）は、債権者の負担とする（改正法413条②項）。ⓒ危険の移転——改正法で新設された413条の2②項は、債権者の受領遅滞の場合で、履行の提供があった後に当事者双方の責めに帰することができない事由によってその債務の履行が不能となったときは、その履行の不能は、債権者の責めに帰すべき事由によるものとみなされると規定した。この表現はいささかわかりにくいが、さらに改正法は、売買のところの567条に、目的物の滅失等における危険の移転[20]の条文を置き、その②項で、上記と同様の状況で、買主は、目的物の滅失又は損傷を理由として、履行の追完の請求、代金の減額の請求、損害賠償の請求及び契約の解除をすることができず、また買主は代金の支

---

[20]　いわゆる危険負担については、債権各論で学ぶ。池田『新標準・各論〔第2版〕』第**2**章Ⅲ(3)参照。

払いを拒むことができない、という明文規定を置いたのである。したがって、受領遅滞の後に不可抗力によって目的物が滅失して履行不能になった場合には、債権者が危険を負担することになる。具体的には、債権者は給付を得られないが代金を支払わなければならないということである[21]。

積極的効果としての債務者から債権者に対しての解除・損害賠償は、債務不履行説ではここが眼目となるのだが、すでに述べたように法定責任説では認められず、判例も否定的である（請負契約において受領遅滞を理由とする請負人の解除権を否定したものとして、最判昭 40・12・3 民集 19 巻 9 号 2090 頁がある）。

VI　債権の対外的効力

債権は本来、債権者・債務者間のみの相対的な効力を内容とするものである。しかし、債務者以外の第三者が債権を不当に侵害したりするときなどには、債権にも一定の対第三者効力（対外的効力）を認める必要が出てくる場合がある。

たとえば、賃貸借契約において、無権利者による侵害に対して、（賃借権に対抗力があれば）賃借権自体に基づく妨害排除請求権が認められるのはその一例である（賃貸借については債権各論で学ぶ）。これは、賃借権（特に不動産賃借権）が、給付請求権であるだけでなく利用権の性質も持つものであるため、それだけ物権に近い効力が認められるのだと理解すればよいだろう。

さらに、厳密にはその債権そのものが対外的効力を持つというわけでは

---

[21]　それでは、雇用（労働）契約において工場が類焼して作業ができなくなるのは（他から起こった火事で焼けるのだから、使用者にも被用者にも責任がない）、受領不能か履行不能か（それによって危険負担つまり賃金請求権の存続の有無が変わる）。またその区別の標準はどこにあるのか。これは難問であるが、誰の支配領域で起こったことかを基準にする等の学説がある。参考文献として、奥田昌道『債権総論〔増補版〕』（悠々社・1992 年）226 頁以下、遠田新一「受領遅滞の問題点」民法の争点 II （ジュリスト増刊・有斐閣・1985 年）22 頁以下を挙げておく。

ないが、契約上の債権を第三者に違法に侵害された（たとえばCがDから購入する契約をしていたものをEがわざと横取りする目的でDと契約した）場合には、第三者(E)の不法行為が成立して損害賠償を請求できることがある[22]。この場合はその不法行為に対する損害賠償の形で、債権は代償的に対外効を持ちえたことになる。

〈用語解説〉
持参債務と取立債務

　約束された債務の内容が、いわゆる「与える債務」の中でも、債務者が債権者のところへ届ける債務なのか、債権者が取りにくる債務なのかという区別である。これによって、種類債権の集中の時期が異なるし（第2章 II(2)参照）、受領遅滞の成立要件としての弁済の提供の有無の判断が変わる（本章 V参照）。つまり、持参債務ならば届けたところで初めて債務者はなすべきことを終えたことになるが、取立債務ならば、梱包等をして引渡しの準備をして通知するだけでよい。

---

[22]　ただ、このような取引的不法行為の場合には、一方で取引社会の自由競争の保障という問題もあるので、不法行為の成立には、通常の不法行為の成立要件としての故意・過失よりも厳しい要件が必要で、過失では足りず故意を必要とし、しかも強度の違法性があることを要件とするというのが多数学説の見解である。

第4章　債権者の権能
（責任財産の保全）

　　本章では、債権者が自分の債権を保全（確保）し実現するために、債務者に対して干渉できるという制度を学ぶ。民法典ではここも「債権の効力」の節に含まれているが、ここは実際には「債権者の権能」についての規定と考えるとわかりやすい。ただし注意してほしいのは、他人の財産処分に干渉するのであるから、必要最小限の範囲にとどまるということである。そのための制度（方法）として、債権者代位権と詐害行為取消権がある。この2者の違いについても留意したい。後者の詐害行為取消権は前者よりもいっそう強力な方法といえるが、平成29年の改正では、破産法とのバランスも考慮されたりして、かなり条文数も増え、難しくなっている。なお、本章を学ぶ上でのキーワードは、責任財産という名の「風船」である。

I 序 説

(1) 責任財産とは何か

　債権は、特定の人が特定の人に特定の給付を請求できる権利である。そうすると、債権というものは、いくら法律上権利があっても、それを債務者が履行してくれなければ実現できない。ここまではすでに学んだ通りである。

　さて、たとえば誰かに融資をしようとする者がいるとする。その時、まず何を考えるかといえば、どうしたら確実にそれを返済してもらえるか、ということだろう。そのためには、いわゆる担保を取ればよい。たとえば債務者が持っている適当な不動産があれば、それに抵当権を設定して登記しておき（こういうものを「**物的担保**」という。抵当権については物権法の中の担保物権法で学ぶ）、もし期限に返済がされなければそれを実行して不動産を競売にかけ、その売上金から貸金債権の分を回収するのである。あるいは、債務者の知り合いの人を保証人に立ててもらい、保証契約をして（こういうものを「**人的担保**」という）、もし債務者が返済できなければ保証人に返済してもらう（保証については第**5**章**Ⅴ**で学ぶ）。このように担保があればまずは安心である。問題は、そういう担保を取っていない債権者である（こういう債権者を「**一般債権者**」という。取引先への売掛代金をまだ回収していない人など、世の中には無担保の債権者も多数存在する）。

　一般債権者の債権は、債務者の財産が十分にあれば、（もつれて強制履行までに至ることはあるとしても）実現できるだろう。けれども、債権者が当てにする債務者の財産は、ちょうど風船がふくらんだりしぼんだりするように、その時どきで増えたり減ったりする。この、一般債権者の債権を実現する原資になるべき債務者の財産の総体を、「**責任財産**」という。債務者はその責任財産の中から弁済をするのである。そうすると、その責任財産の風船が小さくしぼんだり、破裂（破産）してしまうと、一般債権者の債権は実現できなくなってしまうことになる（単純化していえば、100万円貸してある債務者の責任財産が100万円以下になったら、債権の回収は図れな

くなる）。

⑵ 責任財産の保全とはどういうことか

そもそも責任財産を構成する債務者の財産は、債務者がもちろん自由に処分できるものである。けれども、もし債務者がその責任財産の風船を、ふくらむはずなのにふくらませずにしぼむに任せていたり、さらにはわざとしぼませようとしたりしたときも、そのままでは自分の債権の実現が危うくなる一般債権者は、何も手出しができないのだろうか。ここで、この責任財産の保全の制度が必要になってくる。一般債権者が、自分の債権の実現性を確保するために、債務者の持っている債権の行使等に干渉できる制度、それが、これから学ぶ債権者代位権と詐害行為取消権（債権者取消権）なのである。ただし、本来は債務者が自由にできる財産処分に対する干渉なのだから、これらを使えるのは、（代位される債権が可分つまり金銭のように分けられるものであるときは）「自分の債権を保全・実現するため」の必要最小限の範囲にとどめられることを覚えておかなければならない（👆学習の Key Point）。

> ### 学習の Key Point
> 債権者代位権と詐害行為取消権は一般債権者に許された債務者の財産処分への干渉であるから、原則として自己の債権を保全・実現する限度でのみ許される。

II 債権者代位権

⑴ 債権者代位権の意義

A は、B に対して 100 万円の債権を持っている。しかし B は、C に対する 100 万円の債権以外にめぼしい財産を持っていない。けれども B のこの債権は長年放置されていて間もなく時効[1]にかかってしまうとしよう。このような場合に、A は、B の地位にとって代わって、C に対して債務の

弁済を請求して取り立てることができるのである。このように、債権者が、自己の債権を保全し実現するために、債務者に代わって債務者の権利を行使しうる権能を債権者代位権という（423 条以下）。

● 債権者代位権

A
（債権者）
債権（100万円）→
B
（債務者）

債権者代位権の行使
（弁済の請求、取立て）

債権
（100万円）

C
（第三者）

　注意しておくが、代位権は代理権とは異なる。民法総則で学んだように、代理というのは、たとえばAがBの代理人となって、Cに対して本人Bの債権を行使するのであるが、この場合は、Aは「Bの代理人である」ということを明らかにして（顕名という）、Bのために、Bの権利を行使するのである（効果は当然Bに帰属する）。これに対して、代位権のほうは、Aは、法が定めた自分の権利として、A自身のために、Bに成り代わってBの債権を行使するのである（自己の名で債務者の権利を行使する、ということになる。大決大 11・8・30 民集 1 巻 507 頁）。

　歴史的にいうと、この制度は、フランス民法で強制執行をする準備段階として考えられていたものであるが、それを参考にして取り入れた日本では、強制執行制度が完備しているので一見必要がないようにもみえる。ところが、実はそうではなく、独自の、そしてある意味では強制執行よりも便利な手段として、実務ではかなり重宝に用いられているのである。それはどういうことかというと、債権者代位権は、本来わが国では、明治民法

1　民法総則で学んだように、一般の民事債権は、権利を行使することができることを知った時から 5 年、行使することができる時から 10 年放置しておくと、消滅時効にかかる（166 条①項 1 号、2 号）。

制定の当初から、債務者が何もしてくれない場合に債権者が債権実現のために取れる手段として考えられていた[2]。その後の学説によって、いわゆる責任財産の保全つまり債務者の風船をしかるべき大きさに保つことにその目的があると強調されるに至ったのだが、判例と実務は、広く金銭債権およびそれ以外の特定の給付を内容とする債権の実現のための手段としてこの制度を活用し、現代では、後に述べるように、代位権を行使した結果、優先弁済を受ける機能を果たす場合もある。しかも債権者代位権は、強制執行と違って債務名義（権利があると認めた確定判決などを指す。民事執行法22条）がなくても使えるし、裁判外で行使できるという利点があるのである（ただし、民法改正論議の中では、このような独自の利点を持つことに対して批判をする意見も強かったが、結果的にこの制度の独自性は、改正前よりも縮少されたもののある程度維持されたといえる）。

なお、この債権者代位権のところは、平成29年改正で、それまで423条1カ条しかなかった規定が、423条の7までの計8カ条に増えていることが大きな特徴である。ただそのほとんどは、いわゆる判例リステイト（これまで判例法理で認められていたことの条文化）であるが、中には後述する423条の5のように、これまでの解釈と全く異なる新しいルールも加えられている。

(2) 債権者代位権の要件

債権者代位権の要件は、①債権者の債権（被保全債権）を保全する必要性があること、②債務者自身が自分の権利を行使していないこと、③原則的に債権者の債権の履行期が来ていること、である。

①保全の必要性（無資力要件）　ここでは、3段階の説明が必要になる。まず第1段階である。債権者の被保全債権が貸金債権や売掛金債権のよう

---

[2]　池田真朗「債権者代位権擁護論」法学研究（慶應義塾大学）84巻12号33頁以下。本論文は、明治民法の立法沿革の考察から、当初の債権者代位権は、（後代の学説が説いた）「責任財産の保全」よりも「債権者の債権の実現手段」として構想されていたとして、制度趣旨の再認識から、後述の優先弁済効などの独自性を肯定的に評価するものである。

な金銭債権である場合、この金銭債権が保全される必要があるということは、とりも直さず、債務者の責任財産の風船が被保全債権よりも小さくなってしまっているということで、これを一般に債務者の「無資力」の状態という（この場合の無資力とは、一文なしという場合はもちろんだが、債権者に弁済するのに十分な財産がない状態を指す。たとえば被保全債権が100万円なのに債務者の財産が50万円しかなくなれば、これは無資力の状態である）。したがって、金銭債権を保全する場合には、この債務者の無資力が要件になる。

　次に第2段階である。債権者代位権によって保護される債権者の債権は、金銭債権に限らない。たとえば、賃借権（この場合は賃借した土地などを利用可能な状態で貸しつづけさせることが債権の内容）のような特定債権の保全のためにも代位権は使える（この場合の**「特定債権」**というのは、第2章Ⅱで学んだ「特定物債権」とは異なる概念であることに注意を要する。「特定債権」というのは、一般の金銭給付を目的とする債権以外の、「特定の給付を請求する債権」という意味で用いられる）。たとえば、Aの賃借地にCが不法に侵入してプレハブの小屋を建ててしまったとき（賃借権が605条の登記を経ていたりして対抗力を持つ場合は、Aは賃借権に基づいて妨害排除できるが、対抗力のない賃借権の場合はAは自らCを排除することはできないことになる）[3]、本来は、Aは賃貸人である土地の所有者Bに、Cを追い出してもらうところなのだが、もしBが何もしてくれなくても、Aは、Bの持つ、所有権に基づく妨害排除請求権を代位行使してCを排除できる。そうすると、この場合は所有者Bの資力の有無は関係がない。そこで、特定債権保全のために債権者代位権が使われる場合（こういう場合を今日の学説は一般に債権者代位権の**「転用」**というが、もともと明治民法の起草者は、債権者代位権は特定債権保全のためにも使えると考えていたのであるから、転用という表現は実は適切ではない）には、無資力要件は不要ということになる（「保全の必要性」という要件は必要だが、それは無資力要件という問題ではな

3　賃貸借については、債権各論で学ぶが、池田『新標準・各論〔第2版〕』第3章Ⅶ参照。

い、ということである）。

　普通はここまで理解していればよいのだが、さらにいわば第3段階というべきものがある。たとえば、AがBに甲土地を売る契約をし、履行前に死亡し、Aの子X・Yが甲土地を共同相続したとしよう（この場合、X・YはAが売買契約をした状態で甲土地を相続したのだから、甲土地をBに引き渡して登記を移転し、Bから代金を受け取るという権利義務を承継する）。Xは早く代金がほしい。しかしYが登記移転をすることに同意しない。X・Yは共同相続人だから、2人の印鑑がそろわないと移転登記ができない。Bは当然のことながら同時履行の抗弁（533条。詳細は債権各論で学ぶ[4]）を行使して、登記と引換えに代金支払いをすると主張する。この場合、Xは、自己のBに対する代金債権（これはもちろん金銭債権）を保全するために、つまりBの同時履行の抗弁を消すために、BがYに対して持っている移転登記請求権を代位行使して、Yにハンコをつかせることができるのである（最判昭50・3・6民集29巻3号203頁）。そうすると、この場合は、Xの被保全債権は金銭債権だったのに、債務者Bの資力の有無は関係がなく、無資力要件は要らないということになる。

　いずれにしても、保全の必要性は、他の代替手段があるかどうかという基準で考えるということで統一的に理解すればよい。

　②債務者自身の権利不行使　　債務者自身が、債権者代位権の対象となる権利を行使していないことが第2の要件である。この点は条文からは明らかではないが、判例・学説上異論がない。そもそも代位権は債務者の財産の自由処分に対する干渉なので、必要最小限に限定されるべきだから、すでに債務者がその権利の行使を始めているときは、もはや債権者は介入できないと考えるのである（なお、債務者が訴訟を起こす等の権利行使を始めているのだが、そのやり方が拙劣で、このままでは十分に利益を得られない、などという場合には、債権者はその訴訟に補助参加するなどの行動が採れることもある。訴訟参加は、民事訴訟法で学ぶ）。

　③被保全債権が履行期にあること　　原則として、債権者の被保全債権

4　池田『新標準・各論〔第2版〕』第**2**章Ⅲ(2)。

は履行期が来ていなければならない（423条②項本文。つまり、債権者が債務者に対して履行を請求できる時期になっていなければならない。なお、代位権の対象となる債務者の権利は履行期が来ていなければならないのは当然である。債務者が請求できないものを債権者が代われるはずがない）。これは、本来代位権が強制執行を準備するためのものと考えられていたので、執行をかけられる時期になっていることが原則として必要、というわけである。

　ただし例外として、保存行為、つまり債務者の権利関係を変動させずただ債務者の財産の減少を予防するという行為なら、弁済期前でも代位権の行使ができる（423条②項ただし書）。たとえば、債務者の所有する不動産でまだ登記していないものを保存登記するとか、債務者の債権の時効の進行を更新させる（一度ゼロにする）こと[5]などである（なお、平成29年改正以前は、このほかの例外として、履行期が未到来でまだ請求はできなくても今から保全の必要があると裁判所が認めたという場合にも代位権が使えるという規定があったが（裁判上の代位）、この例外規定は利用度が低いという理由で廃止された）。

　以上①から③に見たように、債権者代位権が行使可能となる要件は、債権者の債権（被保全債権）と債務者自身の債権の双方にかかわるのであるから、現実の事案においては、この「被保全債権」と「代位行使される債務者の権利」の両者を確認してから分析にかかる必要がある（↻**学習の Know How**）。

---

[5]　民法総則に規定されるところだが、裁判上の請求があって確定判決等で権利が確定したり、権利の承認があったりしたときは、時効期間の計算はいったんゼロに戻って、再度新たに進行を始める（平成29年改正法147条、152条）。これが、改正法の規定する時効の「**更新**」である。改正前は「**中断**」と呼んでいたものが修正されたものである。呼称が変わっただけでなく、概念から変更になっているので注意したい（新しい「**完成猶予**」の制度とセットにして学ぶ必要がある）。

学習の Know How

債権者代位権の問題が**出たとき**には、必ず債権者の**被保全債権**と、代位権の対象になる債務者の権利（**被代位権利**）を決定して、それからそれらが要件に当てはまるか、行使の対象になるか等を考察しよう。

(3) 債権者代位権の客体（被代位権利）

①概説 債権者代位権の客体（対象）となる債務者の権利については、民法 423 条①項ただし書が、一身専属権は債権者代位権の対象とならないと規定している。また、差押えの許されない権利も代位行使できない（423条①項ただし書。後述参照）。さらに、強制執行力のない債権の場合は、債権者代位権を使って実現することはできない（改正法 423 条③項。先述のように、代位権は本来強制執行準備のためのものなのであるから、もともと強制執行力のついていない債権の場合は使えないということである）。しかしその他の権利については、広く（債権に限らず）債権者代位権の対象となりうるのが原則である。

②債権者代位権の客体にならないもの 一身専属権というのは、文字通りその人の身にだけ専らに属する権利であるので、代位行使はできない。厳密にいうと、それには帰属上の一身専属権と行使上の一身専属権がある。帰属上の一身専属権に当たるものは（その人にしか帰属しないのだから）そもそも譲渡や相続の対象にもならないとされている（896 条ただし書）ので、当然代位行使できない。行使上の一身専属権というのは、行使が権利者の意思に委ねられているもので、これも 423 条は代位行使できないとしているわけである。具体的にいえば、純粋に身分上の権利（たとえば離婚や認知などに関する請求権）は、帰属上も行使上も一身専属権である。これに対して、名誉毀損による慰謝料請求権は、判例が相続性を認めているので（最大判昭 42・11・1 民集 21 巻 9 号 2249 頁）帰属上の一身専属性はないが、行使上の一身専属権である（ただしこれも、本人が請求して額が決まったような場合は〔その後は普通の金銭債権になるため〕、一身専属性はなくなる。最判昭 58・10・6 民集 37 巻 8 号 1041 頁）。

次に、差押えが認められていない債権というものがある。これは、給料債権（民事執行法152条①項2号）、国民年金の受給権（国民年金法24条）、恩給の受給権（恩給法11条）などである。これらは、それを受け取る権利者の生活・生存に直接結び付いているものであるため、権利者の債権者が差押えをすることが禁じられているのである。そうすると、債権者代位権を行使しようとする債権者をA、債務者をBとすると、たとえばBが勤務先のC会社に対して有する給料債権は、もともと、Bの責任財産を構成しない（責任財産の風船に入らない）ものと考えられる。だから、これも債権者代位権の対象にならないのである（改正法423条①項ただし書）。

③債権者代位権の対象となる権利の例　具体的に、判例で認められた代位行使可能な権利（被代位権利）としては、移転登記請求権（大判明43・7・6民録16輯537頁）、抹消登記請求権、妨害排除請求権（大判昭4・12・16民集8巻944頁）、訴訟の提起、消滅時効の援用などがある★。このうち、第三者対抗要件たる登記や登録の請求権を実現するために債権者代位権が使えることは、改正法423条の7に明記された（これを「転用」場面の明記と説明するものがあるが、先述のようにそもそも明治民法の起草者は登記請求権を代位権行使の例に挙げているのであって、「転用」という説明自体が適切ではなく、当然の規定に過ぎない）。なお、423条の7は、登記や登録をしないと第三者に対抗できない財産を譲り受けた者に認められるものであって（たとえば土地がAからB、BからCと売却されて、AからBへの移転登記がまだなされていない場合に、CがBのAに対する移転登記請求権を代位行使できるということである）、前3条すなわち423条の4、5、6が準用される（423条の2の代位行使の範囲と、423条の3の債権者への直接引渡しの規定は準用されない）。

┌─**★Plus One　抵当権価値維持請求権と債権者代位権**─────────

　AがBに融資をし、Bが自己所有の不動産に抵当権を設定しているケースで、目的不動産をCが不法占拠しており、BがCを排除してくれない（つまりBとCがなんらかの理由で結託している）場合、かつての判例は、抵当権は非占有担保であるとして、A自身の抵当権に基づく妨害排除請求も、

AによるBの所有権による妨害排除請求の代位行使も認めていなかったが、その後、判例を変更し、抵当権の交換価値の実現が妨げられている場合には、抵当権者はその状態を是正して抵当権の価値を維持する請求権を有するとして、AにBのCに対する所有権に基づく妨害排除請求権を代位行使することを認めた（最大判平11・11・24民集53巻8号1899頁。ただし、このような権利が債権として承認されるかどうかも問題であり、判旨は「民法423条の法意に従い」と表現して認めている）。しかしながら、その後、抵当権に基づく妨害排除請求（上記判決も傍論で認めていた）を正面から認める判例が現れたので（最判平17・3・10民集59巻2号356頁）、今後は代位権構成をとる必要はなくなったといわれている。

(4) 債権者代位権の行使

①行使の方法　先に述べたように、被保全債権の弁済期が未到来のときは行使できないが、弁済期が来ている場合は、裁判外において自由に行使することができる。また、これも先述のように、債権者は、債務者の代理人としてではなく、自己固有の権利を行使するのであるから、債権者自身の名義で代位権を行使する（債権者は、債務者の代位行使される権利の上に、法定の管理権を持つものと解される）。

②行使の範囲　債権者代位権は債権の保全のために例外的に債務者の財産処分への干渉が認められるのだから、被代位権利が可分の場合、その行使の範囲は、債権保全のために必要最小限の範囲に限られる（改正法423条の2。改正前の判例法理を明文化したものである）。たとえば、債権者Aが債務者Bに対する100万円の債権を保全するために、BがCに対して有する150万円の債権を代位行使して取り立てる場合、取り立てられるのは100万円の範囲に限られる。

③相手方の地位　ここでひとつ大事なことは、債務者Bの相手方Cにとっては、Bの権利をその債権者Aから代位行使された場合でも、B自身から行使された場合と有利・不利の違いがあってはならないはずということである。つまり、相手方Cは、Bに対して有する抗弁をすべてA

に対しても対抗しうる（改正法423条の4）。たとえば、CはBに対して同時履行の抗弁が使える立場にあるのだとすれば、Aに対してもその抗弁ができる、ということである[6]。これも、従来から異論のないところである。

　④**行使の態様**　　債権者Aは、債務者Bの権利を代位行使する場合、代位の対象となる権利が、BのCに対する不動産の登記請求権である場合には、必ず「Bに登記せよ」としか言えず、「Aに直接登記せよ」とは言えない。これは、登記法のしくみからしても、責任財産の保全ということから考えても当然である。

　しかし、たとえばそれが債権や動産の給付であった場合は、その相手方Cに対して、「A自身に給付せよ」と請求しうると解されてきた（従来からの判例法理であり改正法423条の3で明記された）。これは、「Bに給付せよ」としか言えないとすると、もしBが受け取らないなどという場合に困ってしまうから、などと説明されている（これに対して、判決による移転登記のような場合にはBが受け取らないなどということは考慮する必要がない）。それではAは「A自身に給付せよ」と言って金銭や動産を取り立てたらそれが直接そのまま自分の物になるのか。この点は、次の効果のところで論じよう。

(5)　**債権者代位権の効果**
　①**債務者自身による処分権能の持続**　　ここが、平成29年改正によって、改正前の判例・多数説と反対の規定になったところである。債権者が被代位権利を行使した場合であっても、債務者は、被代位権利について、

---

[6]　では、債務者Bの相手方Cが、たまたまBにではなく債権者Aに対して何か抗弁を持っていたという場合（たとえばCはAに貸金債権がある）、AがBの権利を代位行使してきたとき、Cとしてはその A に対する抗弁を行使できるであろうか。これは、あくまでもBの権利が行使されているのだと考えれば、もともとCはBに対しては何も抗弁を持たないのだから、たまたまAが請求してきたからといって、Aに対する抗弁を持ち出すことはできないというべきであって、そのようなCの抗弁は主張できないこととなろう（改正法423条の4が「相手方は、債務者に対して主張することができる抗弁をもって、債権者に対抗することができる」と規定したのは、その趣旨を含むものと考えてよかろう）。

自ら取立てその他の処分をすることを妨げられない。またこの場合においては、相手方も、被代位権利について、債務者に履行をすることを妨げられない（改正法423条の5）。

改正前の判例法理では、債権者が代位権を行使したら、それを知った後は債務者は自分からその権利を行使したり消滅させたりできないとされていたのであるが、改正法では、債権者が債務者の権利を代位行使したからといって、債務者の処分権限がこれによって制限されるものではないという立場を採用したわけである（実際、代位権行使は差押えと同様の効果を生ずるものではない[7]）。

②効果の帰属（優先弁済効の承認）　債権者は代位権を自己の名で行使できるのだが、仮に制度の目的が債務者の責任財産を保全することにあるとしたら、その結果は本来は他の一般債権者の利益にもなるはずである。そう考えると、債権者は自己のところに取り立てた財産でもそのまま直接債権者個人のものにできる（優先弁済効がある）わけではないことになりそうである。一方、債権者代位権を債権者の債権実現手段と考えれば（沿革的にはこの見方も理由がある）、優先弁済効があることはおかしなことではない。

実際、代位行使の目的が不動産（その登記移転）なら、先に述べたように債務者Ｂのところに登記を移せと請求できるだけだから、さらにそれに強制執行する（競売してお金に換え、そこから債権を回収する）わけで、その場合は、他の一般債権者も配当加入といってその強制執行に参加できる[8]。そうすると、自己のところに動産を取り立てた場合も、いったん債

7　差押えがされた場合は、支払いが差し止められるので、債務者の相手方が弁済することもできなくなるが、代位訴訟が提起された場合は、支払い差止めの効果はなく、その意味で相手方から任意に債務者に対して弁済することはなお可能とされていた。

8　もし代位権を行使した債権者Ａが100万円の一般債権者で、配当加入してきた債権者Ｐが50万円の一般債権者だったとしよう。取り立てた動産が競売によって100万円でしか売れなかった場合は、ＡとＰは2対1の割合で100万円を分け合うことになる。

務者の財産の中に返して、あらためて強制執行することになる（この場合
も他の一般債権者は配当加入できる）。

　ただ、取り立てたものが金銭であった場合は（代位債権者は金銭を直接受
け取れることにつき大判昭10・3・12民集14巻482頁）、代位債権者は同じ
ように受領した金銭を債務者に引き渡す債務を負うことになるが、それと
自己の債権とを相殺できると解されている（通説）。その結果、代位債権
者は事実上他の一般債権者に優先して満額の弁済を得られることになる。
この取扱いには学説上批判もあるが、多くの学説は、全員の一般債権者の
利益になるようにさせる手続規定を欠くことからくる、やむをえない欠陥
と考えているし、また一部の学説はそれを積極的に肯定している（民法起
草時の沿革からみれば、肯定説にも理がある）。さらに実務では、この優先弁
済効こそが債権者代位権のメリット（利用価値）であるという意見もある。

　この点が民法改正論議では見直しの対象とされたが、結論としては、優
先弁済効は、（発現場面が）縮小されつつ維持されたといえる。その理由は、
立法担当者によれば以下のように説明される。①前述のように、423条の
3で、代位債権者の直接取立て・受領権限を認めたため、金銭を受領した
代位債権者による相殺を通じての被保全債権の事実上の優先弁済を止める
ことができない形になっている。②ただし、債権者が被代位権利を行使し
て直接の金銭の支払いを求めたとしても、改正法では、新たに423条の5
を置いたので、相手方は債権者・債務者のいずれにも履行することができ
る。そして、債務者に履行した場合は、被代位権利はそこで消滅するので、
もはや相殺を通じて被代位債権の事実上の優先弁済が受けられないことに
なる。③その結果、改正前民法と比べると、事実上の優先弁済効が認めら
れる場面が縮小されたことになる、というのである。

　③代位行使の訴えを提起した場合の訴訟告知　　これは、民法の問題と
いうよりも訴訟法の問題になるのだが、改正法423条の6は、債権者が被
代位権利の行使に係る訴訟を提起したときは、「遅滞なく、債務者に対し、
訴訟告知をしなければならない」という規定を置いた。これは、債権者代
位訴訟を提起する代位債権者は、民事訴訟法でいう法定訴訟担当の地位に
あるので（民事訴訟法115条①項2号参照）、その判決の効力が債務者に及

ぶことから、債権者に、訴訟提起をしたことの債務者に対する告知を義務づけることによって、債務者が代位訴訟に関与する機会を保障したものである。債務者の対応策としては、共同訴訟参加（民事訴訟法 52 条）や独立当事者参加（民事訴訟法 47 条）があるが、詳しくは民事訴訟法に譲る[9]。

Ⅲ　詐害行為取消権

(1)　詐害行為取消権の意義

　A は、B に対して 1000 万円の債権を持っている。しかし B は、時価2000 万円相当の甲土地以外にめぼしい財産を持っていないという状況で、この甲土地を息子である C に贈与して無資力になってしまったとしよう。つまり B は、自分が A に対して債務を弁済するための原資となるはずの土地を自ら処分して、自分を資力不足の状態にしてしまったのである[10]。前述のたとえでいえば、B は、自分の「責任財産の風船」をわざとしぼませてしまった（というよりは、自ら風船を割りにかかった）、ということになる。このような場合に、民法は、A は、B の C に対する甲土地の贈与を取り消し、甲土地を B の責任財産（A やその他の債権者が追及していける財

---

[9]　なお、詳しくは述べないが、従来から、債権者の提起した代位訴訟の判決は、それに参加しなかった債務者や他の債権者にどのような影響を与えるかという学説上の議論があった（代位訴訟の審判対象〔訴訟物〕は、債務者の権利、つまり債務者の請求権や所有権などである。判決が確定すると、訴訟物たる権利の存否もまた確定し、当事者間でその権利関係を繰り返し争いえないという効力〔既判力〕を生ずる。通常、判決の効力は、民事訴訟法の規定により、訴訟当事者間においてのみ生ずるのが原則だが、代位訴訟の場合、この既判力が債務者に及ぶか否かが問題となるのである）。ちなみに、ボワソナード旧民法では債権者代位権をすべて裁判上行使するものとしており、債務者は告知を受けることになるので、旧民法では代位訴訟の効果は債務者に及ぶことが明確だった（池田・前掲注 **2** 論文 98 頁参照）。

[10]　親子間の贈与であっても、B・C は法律的には別の権利主体であるから、きちんと契約すれば権利は子に移転して、親 B の債権者は子 C に対しては（C がB の保証人になっているというような別の法律的な理由がある場合を除き）親B に対する債権を請求できない。

産）として取り戻すことができるという制度を置いた。

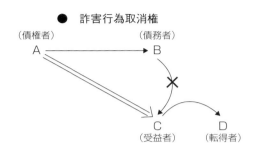

　このように、債権者が、自己の債権を保全するために、債務者の財産処分行為を取り消し、逸出した財産を責任財産の中に戻しうる権能を詐害行為取消権という（424条）。上の例でいえば、Bが甲土地をCに贈与してしまった行為が一般債権者たるAを害する（Aの債権を実現できなくする）ので、この行為（これは財産権を目的とする法律行為に限る）のことを「詐害行為」というのである。詐害行為取消権は「債権者取消権」とも呼ばれる。

　すでに学んだ債権者代位権が、AがBの権利を代わって行使するものだったのに対して、この詐害行為取消権のほうは、AがBのした財産処分行為を取り消す、つまりなかったことにできる（その正確な意味は後に述べる）というのであるから、制度の働きとしては、取消権のほうがいっそう強い機能を持つものといえるだろう。それは、代位権の場合、債務者は責任財産の風船を「ふくらまないままにしていた」のに対し、取消権の使われる場合は債務者が風船を「わざとしぼませた」ということで、行為の態様としてこちらのほうが程度がひどい、ということと対応する。この点から、たとえば要件面での両者の違い（代位権は裁判外でも行使できるのに、取消権は後述のように裁判上でしか行使できない等）が導かれる（♡学習のKey Point）。

　この制度も、債権者代位権と同様に、フランス民法に由来する。ただ、日本では後述するようにフランス民法にはない部分がある。なお、この詐

害行為取消権は、フランスでは強制執行を準備するための制度として置かれたという沿革から、強制執行制度の完備している日本では不要ではないかという学説もあったが、日本ではこれまで独自の発展を遂げてきた。

学習の Key Point

　債権者代位権では責任財産の風船は「**ふくらまないまま（あるいは、放っておくとしぼむ）**」なのに対し、**詐害行為取消権**では風船は「**債務者がわざとしぼませた**」ことになる。だから代位権では債権者が代わってふくらませ、取消権では抜けた空気を戻して入れるのである。この違いが両制度の要件、効果にも反映されている。こういう、**基本的な制度の相違から規定内容の差を理解しよう**。

(2)　詐害行為取消権の規定と平成 29 年改正

　平成 29 年改正前の条文は、424〜426 条の 3 カ条のみであり、その解釈・適用は判例法理の積み重ねで明らかにされてきた。平成 29 年改正法では、それが 424 条、424 条の 2〜424 条の 9、425 条、425 条の 2〜425 条の 4、426 条と、合計 14 カ条という膨大な増加になっている。その内容は、判例をリステイトした部分も多いが、これまでの判例・多数説と異なる新しい考え方を導入したところもある（また、破産法との整合性を考慮したと思われる部分もある）。

　一般に、平成 29 年改正は、国民にわかりやすい改正を目指したとされているが、この詐害行為取消権のところは、全体として、明瞭にはなったが、必ずしも一般市民にわかりやすい改正になったとは言えない（平成 29 年改正は、市民法としての民法改正ではなく、取引法としての民法改正というべきものであり、この詐害行為取消権の部分はそれを如実に表しているといえる）。

(3)　詐害行為取消権の法的性質と基本構造

　詐害行為取消権の法的な性質については、当初から争いがあった。要するに、詐害行為を取り消す権利か、逸出財産を取り戻す権利かというもの

である。明治の末年以降、判例は、取消しと取戻しの両方を含んだ権利であるとし（折衷説、大連判明44・3・24民録17輯117頁）、その後学説も多数がこれに賛成してきた。したがって、債権者は取消しと取戻しの両方を請求してもよいし、取消しだけを請求してもよい（たとえば贈与契約は締結されたが目的物はまだ受贈者に引き渡されていない、というのであれば取消しだけすれば足りる）。

改めて条文を見てみよう。424条①項本文は、「債権者は、……裁判所に請求することができる」としており、この詐害行為取消権は、必ず裁判で行使する必要がある、訴訟上の権利である[11]。まずこの点で、裁判外でも行使できる債権者代位権と異なる。さらに、424条本文は、債権者Aが誰を被告として訴えるのかは書いていないが、上述のように、行為の取消しと目的物の取戻しを求めるのであるから、被告とすべきは、目的物が移っている（あるいは移ることになる）受益者C（つまり債務者Bのした詐害行為で利益を受ける相手方）または受益者からさらに移転を受けた転得者Dということになる。以上がまず理解すべき基本的な構造である。この訴訟の効力が債務者にどう及ぶか等の問題は、後に述べる。

⑷ **詐害行為取消権の要件**

詐害行為取消権の要件は、2つある。①取消しの対象となっている債務者の行為が、財産権を目的とするものであって、債権者を害する行為（詐害行為）であること（客観的要件）と、②債務者および受益者（さらには転得者）が債権者を害する事実を知っていた（詐害意思）こと（主観的要件）である。

①**詐害行為の意義（客観的要件）** ⓐ財産権を目的とする行為 　まず、詐害行為取消権の対象となるのは、財産権を目的とする行為であって、財産権を目的としない行為はその対象とならない（424条②項）。つまり、たとえば婚姻、離婚、養子縁組などの家族法上の行為は詐害行為取消権の対

---

[11] 　これは、この詐害行為取消権の歴史的な性格であり、ボワソナード旧民法では、「廃罷訴権（はいひそけん）」という用語で規定されていた。

象範囲にならないというのである[12]。

ⓑ債務者の財産の減少と債権者の不満足　次に、財産権を目的とする行為が詐害行為になるためには、一般に、その行為によって、債務者の財産が減少し、その結果、債権者の債権が完全な満足を得られなくなることが必要と解されている。だから、1000 万円の債務を負っている者がたとえ 2000 万円の自己所有の土地を誰かに無償で贈与したとしても、まだ 1000 万円以上の財産を保有しているのであれば、この贈与は詐害行為にならない。

ⓒ債権成立後の（または債権の発生原因成立後の）行為　さらに、詐害行為というためには、基本的にはその行為が、債権者の債権の成立後になされたものであることが必要である（債権者の債権が成立する前の行為は、その債権者を害するわけではない）。したがって、B の C に対する土地の贈与契約が A の債権の成立前になされているとすれば、たとえその移転登記が債権成立後であったとしても、（贈与契約締結によって土地の所有権は C に移転済みで、登記はそれを第三者に対抗する対抗要件にすぎないのだから）この贈与は A に対する詐害行為にはならない（最判昭 55・1・24 民集 34 巻 1 号 110 頁）。同様に、債権譲渡（後の第 **6** 章 II で学ぶ）の場合は、債権譲渡の譲渡契約（それによって債権が移転する）の詐害行為性が問題になるのであって、その後の第三者対抗要件としての確定日付ある通知という行為を詐害行為として取り消すということはできない（最判平 10・6・12 金判 1061 号 14 頁）。

　さらに言えば、債権自体はまだ成立していなくても詐害行為のあった以前にすでにその債権が発生する原因が存在していたという場合まで拡げてよいというのが、改正法 424 条③項（平成 29 年改正で新設）である。たとえば、詐害行為の前に債務者と結んでいた保証委託契約に基づいて詐害行為後に保証債務を負ったという場合の求償権債権などがそれに当たる。

---

[12]　ただ、詳しくいうと、親族法（民法の親族編に規定する）の中でも、たとえば離婚に伴う財産分与など、財産関係の問題が出てくる。しかし判例は、財産分与の形を借りた不相当な財産処分でなければ、詐害行為にはならないとしている（最判昭 58・12・19 民集 37 巻 10 号 1532 頁）。

ⓓ強制執行可能な債権　　なお、その詐害行為取消権で保全される債権は、強制執行により保全することができるもの（執行力のある債権）でなければならない（平成 29 年改正法で追加された 424 条④項）。先述のように、もともと詐害行為取消権は、強制執行を準備する目的で置かれたものであるから、強制力を欠く債権を保全するために用いられるのは不適切と考えられたためである（ただし、強制力を欠く債権——たとえば、当事者間で強制執行まではしないと合意して金銭消費貸借をした場合の弁済請求権のようなもの——は実際には多いわけではない）。

②詐害意思（主観的要件）　　主観的要件は、債務者についてのものと受益者についてのものが考えられる。

ⓐ債務者の詐害意思　　詐害行為を取り消せるためには、債務者がその行為の当時、それによって債権者を害することを知っていたことを必要とする。害するというのは、通説的には、債務者がその行為によって一般債権者の債権の共同の担保になっている自分の責任財産が減少することを認識していれば足り、特定の債権者を害する意図があることまでは必要がないとされる。わかりやすくいえば、債務者 B の債権者が A のほかに P・Q・R と合計 4 人いて、4 人の合計債権額が 1000 万円だとすると、B は自分のある財産を C に贈与すると残りの財産が 1000 万円以下になり、債権者のうちの誰かが満足を得られなくなるとの認識があればよい（特定の A を害そうという意思までは必要ない）ということである。なお、従来の判例も基本的にはこれと同趣旨であるが（最判昭 35・4・26 民集 14 巻 6 号 1046 頁）、判例の場合は、後述するように客観的要件と主観的要件を相関的に判断するので、行為のほうの詐害性が弱い場合は、より強い詐害の意思を要求してきたようである（最判昭 48・11・30 民集 27 巻 10 号 1491 頁）。

ⓑ受益者の悪意　　これに対して、受益者のほうは、受益の当時「債権者を害することを知らなかった」場合には、債権者はその行為を取り消すことができないと規定されている（424 条①項ただし書）。つまり受益者のほうは債権者を害する意図までは必要なく、債権者が害されることを認識していれば十分である（こういう「ただ知っている」というのを「悪意」とか「単純悪意」とかいう[13]）。受益者に認識がなければ債権者は取り消せな

いわけだが、その立証は受益者側でしなければならないと考えられている。なお、改正前の424条ただし書は、「利益を受けた者（受益者）又は転得者」として、転得者もここで一緒に扱っていたが、改正法では、受益者と転得者とでは認識や利害状況が異なることが多いとして、両者を分けて規定している。これは、破産法における否認権（後述）の規定に倣った修正とされている。

　ⓒ転得者の要件　　転得者の主観的要件（転得者に対して詐害行為取消請求ができる要件）は、改正法424条の5に、場合分けをして規定された。まず、債権者は、受益者に対する詐害行為取消請求ができることを前提に、①受益者から直接取得した転得者であるときは、その転得者が転得の当時、債務者がした行為が債権者を害することを知っていたとき、②他の転得者からさらに転得した者であるときは、最後の転得者を含むそれまでのすべての転得者が、それぞれ転得の当時、債務者がした行為が債権者を害することを知っていたときに、詐害行為取消請求をすることができる、というのである。

　さらに、立法担当者によれば、これらの転得者の悪意については、受益者を訴える場合と異なり、立証責任は債権者側にあるという。これは改正前の424条の下での学説の考え方からの変更であり、目的物が転得者にまで渡ってしまうと、実際には取消しのハードルは高くなろう。また、改正前では、受益者が善意でも転得者が悪意ならば転得者に対して取消請求ができるという考え方が学説では有力であったが（そうしないと、事情を知らない第三者に一度取得させれば〔いわゆるダミーを入れれば〕詐害行為取消しを阻害できることになってしまうという理由である）、今回の改正法424条の5では、まず受益者に詐害行為取消しが請求できることが前提になっているので、このダミーを入れて詐害行為取消しを妨げる事案は防げないことになる。実際には転得者は事情を知らないケースが多いという前提で、法

13　民法総則で学んだと思うが、法律では、「悪意」とは知っていること、「善意」とは知らないことを意味し、「害意」というのが人に損失等を与えようという意図を指す。だから、法律の文章で「誰々は悪意だった」というのは、事情を知っていたという意味であって、「悪気があってわざとやった」という意味ではない。

的安定性を考えた規定のようである。

③従来の判例における客観的要件と主観的要件の相関判断　従来の判例は、行為の詐害性が強ければ債務者の詐害意思はただの認識でよく、行為の詐害性が比較的薄い場合は、債務者のはっきりした詐害の意図を要求するようである。では、どういう行為が詐害性が強い（または弱い）とされてきたのかを類型的に見ておこう（もちろん実際にはケース・バイ・ケースで総合的に判断するしかないのだが）。

まず最も詐害性が強いのが、ⓐ贈与のような無償での財産移転である。では有償での（対価を得ての）財産譲渡はどうか。これでも、たとえばⓑ不動産の売却は、不動産を消費しやすい金銭に変えるところから（相当価格の売却であっても）詐害行為とされることが多い（大判明39・2・5民録12輯136頁）。では、弁済行為はどうか。弁済は本来の負債を消滅させるのだから、資産も減るが責任財産が全体として減るわけではない。したがって、ⓒ契約の内容通りの弁済（本旨弁済）は普通は詐害行為にならない（最判昭33・9・26民集12巻13号3022頁）。ただ判例は、特に特定の債権者と意思を通じて、その者だけに弁済し、他の債権者は害してしまう、という意思があれば、詐害行為になりうるとする（最判昭39・11・17民集18巻9号1851頁）。次に、ⓓ代物弁済はどうか。つまりこれは、現金1000万円の債務に代えて土地で弁済する、というようなことである（詳しくは第**7**章Ⅲで学ぶ）。この代物弁済の場合は、実は債務額よりも高額のものが代物弁済として給付されることが多いので、本旨弁済と異なり、詐害行為とされるケースが一般である（最判昭50・7・17民集29巻6号1119頁）。また、ⓔ一部の債権者だけに後から担保を供与するというのはどうか。これも、担保権を設定しただけでは財産は減らないわけであるが、期限に支払いができなかったときは、その担保を取った債権者が優先して回収できてしまうので、このような一部債権者への担保供与も詐害行為とする判決が多い（大判明40・9・21民録13輯877頁、大判昭12・9・15民集16巻1409頁）。

④平成29年改正による各パターンの条文化　しかし、以上に見たような判例上の相関判断では、ケース・バイ・ケースの判断になってしまう。それを改良して、法的安定性・予測可能性を高めるために、平成29年改

正法は、代表的な各パターンについて条文を置いた。

ⓐ相当の対価を得てした財産の処分行為の特則　たとえば、債務者が自己所有の不動産を相当価格で売却した場合、その者の財産の総体は、不動産が金銭に変わっただけで減少したわけではない。けれども上述の判例法理を入れて、改正法424条の2は、債権者は、以下のすべての要件に該当する場合に限り、詐害行為取消請求をできるものと規定した。①その行為が、不動産の金銭への換価その他の当該処分による財産の種類の変更により、債務者において、隠匿、無償の供与その他の債権者を害することになる処分をするおそれを現に生じさせるものであること。②債務者が、その行為の当時、対価として取得した金銭その他の財産について、隠匿等の処分をする意思を有していたこと。③受益者が、その行為の当時、債務者が隠匿等の処分をする意思を有していたことを知っていたこと、である（同条1号～3号）。つまり、通常の詐害行為取消請求の要件を強化して、隠匿等のおそれという客観的要件と、債務者が隠匿等の意思を持ち、かつ受益者もそれを知っていたという、主観的要件を必要としたわけである。

ⓑ特定の債権者に対する担保の供与等の特則　債務者がした既存の債務についての担保の供与または債務の消滅に関する行為（いずれも責任財産の総体に変化はない）について、改正法424条の3は、状況を2つに分けて規定した。すなわち、債務者が支払不能に陥った中でそのような行為に及んだ場合と、まだ支払不能に至っていない段階での、支払義務なしにした行為とに分けて整理したのである。

まず同条①項は、支払不能に陥った中での行為について、債権者は、以下の要件のすべてに該当する場合に限り、詐害行為取消請求をすることができると規定した。①その行為が、債務者が支払不能の時に行われたものであること（支払不能とは、「債務者が、支払能力を欠くために、その債務のうち弁済期にあるものにつき、一般的かつ継続的に弁済することができない状態をいう」と定義される。同項1号）。②その行為が、債務者と受益者が通謀して他の債権者を害する意図をもって行われたものであること（同項2号）。

さらに同条②項は、（未だ支払不能に至っていない段階において）その担保

供与または債務消滅に関する行為が、債務者の義務に属しない（つまり、しなければいけない行為ではない）か、またはその時期が債務者の義務に属しない（つまりまだ弁済期が来ていない等）場合において、債権者は、以下の要件のすべてに該当する場合に限り、詐害行為取消請求をすることができると規定した。①その行為が、債務者が支払不能になる前30日以内に行われたものであること（同項1号）。②その行為が、債務者と受益者が通謀して他の債権者を害する意図をもって行われたものであること（同項2号）、という2点である。

　つまりここでは、これまで民法典では用語として採用されていなかった「支払不能」という要件（これは破産法*にそろえたものである）と、債務者と受益者（すなわち「特定の債権者」）との間の「通謀」が要件とされたわけである。

┌─ ★Plus One **詐害行為取消権と否認権** ─────────────

　詐害行為取消権と似た制度として、破産法や会社更生法、民事再生法などで認められている否認権というものがある。詳しくはそれぞれの法律で学習してほしいが（3法をまとめて「倒産法」として講義をしている大学もある）、ことに今回の平成29年民法改正では、詐害行為取消権と破産法の否認権を近づける（要件を共通化する）という方向性の改正が行われた。改正法424条の3では、弁済その他の債務消滅行為の時点で債務者が支払不能であったことを詐害行為取消権行使の客観的要件とすることで、基本的に破産法上の本旨弁済に関して採用されている規律（破産法162条①項1号）と同じ規律を採用することによって、破産法上の否認権が否定されるにもかかわらず民法上の詐害行為取消権が肯定されるという「逆転現象」を回避したと説明されている。ただ、民法と破産法は法の目的が異なるのであるから、2つの法律における類似の制度の基準をそろえなければならないという必然性は必ずしもない。もっとも、法曹や倒産関係の実務に携わる法務部員などにとっては、同一の基準で要件がそろっていたほうが、紛争処理の際の予見可能性が高いということはいえる（そういう意味では、ここも明らかに、市民のための民法改正というよりも、取引のプロのための民法改正であるといえよう）。

ちなみに同じ改正法424条の3が取消権行使の主観的要件として通謀的害意を挙げたのは、従来の判例法理を明文化したもので、こちらは破産法よりも要件が重くなっている。

©過大な代物弁済等の特則　　次に、本来の債務の内容に代えて別の物を給付する合意をして債務を消滅させる代物弁済等については、改正法424条の4が、受益者の受けた給付の価額が、その行為によって消滅した債務の額より過大であるものについて（つまり例えば1000万円の借金の弁済に代えて1300万円相当の土地を給付する）、前掲424条に規定する詐害行為の要件に該当するときは、債権者は、424条の3①項の規定にかかわらず、その消滅した債務の額に相当する部分以外の部分（つまり価額が超えている部分）については、詐害行為取消請求をすることができると規定した。

(5)　詐害行為取消権の行使

①行使の方法　　民法424条は、詐害行為取消権は、裁判上行使されるべきことを明らかにしている。先に述べたように、他人のした行為を取り消すというのは重大なことだから、裁判所に請求して取り消してもらうのである。判例では、必ず自分から訴えなければならず、相手から訴えられた訴訟の中で抗弁（反論）として持ち出すのではだめだとされている（最判昭39・6・12民集18巻5号764頁）。そのときの請求の仕方は、後の効果のところでも述べるが、取り消して動産や金銭の引渡しを要求したいという場合は、債権者は直接自己への引渡しを相手方に請求できるとしている（大判大10・6・18民録27輯1168頁、最判昭39・1・23民集18巻1号76頁）。

②財産の返還または価額の償還の請求　　すでに述べたように、債権者は、詐害行為取消請求において、債務者がした行為の取消しとともに、その行為によって受益者に移転した財産の返還を請求することができる。改正法424条の6①項は、その旨を明示した。さらに同項は、受益者がその財産を返還をすることが困難であるときは（たとえば目的物を他に転売して

しまっているような場合）、債権者は、その価額の償還を請求することができることも明示した。また同条②項は、転得者に対しても受益者に対してと同様な請求ができることを明示した。

なお、少し細かい説明をすると、受益者に対する現物返還請求には、受益者に引き渡された物の返還請求の場合と、受益者に交付された金銭の支払請求の場合が含まれるが、転得者に対する現物返還請求は、転得者に引き渡された物の返還請求を指し、転得者に対する金銭の返還請求は、「価額返還」のカテゴリーになると説明されている。

③行使の相手方（被告と訴訟告知）　詐害行為取消訴訟の相手方について、判例は古くは債務者および受益者（転得者）を相手としなければならないとしていたが（大判明38・2・10民録11輯150頁）、その後、債務者を相手とする必要がないとし（前掲大連判明44・3・24民録17輯117頁）、さらに、受益者（転得者）のみを被告とすべきであって、債務者に対しては取消権を行使できないとするに至った（大判明44・10・19民録17輯593頁）。

そこからさらに悪意の転得者Dが生じている場合（Cがすでに事情を知っているDに売ったりしている）には、転得者に対して取消権を行使し、行為の取消しと財産の返還を請求できるが、その場合、DではなくCに対して、財産の取戻しに代わる賠償を求めることも認められている（判例〔前掲大連判明44・3・24〕・通説）。

これらの判例を踏まえて、改正法424条の7①項は、受益者に対する詐害行為取消請求に係る訴えの場合の被告は受益者、転得者に対する詐害行為取消請求に係る訴えの場合の被告は転得者、と明示した。

さらに同条②項は、債権者は、詐害行為取消請求に係る訴えを提起したときは、遅滞なく、債務者に対し、訴訟告知をしなければならない、と規定した。これは、改正法での新しい規定であり、後述する改正法425条で、詐害行為取消しを認容する確定判決の効力が債務者に及ぶと定めた（改正前は、債務者には及ばないと理解されていたのを変更した）ことによる措置である。債務者に効力が及ぶのであれば、債務者に知らしめて手続保障を図る必要があるからである。

④取消しの範囲　先に述べたように、債権者代位権も詐害行為取消権

も、債務者の財産の自由処分に対する干渉であるから、自分の債権を保全する必要のある限度で使える。したがって、債権者が債務者の行為を詐害行為として取り消せるのは、債権者を害する限度ということで、一般には、債権者の債権額が限度となる。それゆえ、詐害行為の目的物が金銭のように可分（分けられること）のものであれば、債権額に相当する分だけが取り消せる（債権額 200 万円の債権者がいて、債務者が現金 1000 万円を受益者に贈与して無資力になったとすれば、贈与のうち 200 万円分だけを取り消すことができる。大判明 36・12・7 民録 9 輯 1339 頁、大判大 6・6・7 民録 23 輯 932 頁等）。改正法 424 条の 8 は、その判例法理を明文化したものと言ってよい。ただし、詐害行為の目的物が不可分の場合（たとえば家 1 軒の贈与）には、たとえその目的物の価額が債権額を超えているものであっても、その行為全体（家 1 軒の贈与全部）を取り消すことが許される（最判昭 30・10・11 民集 9 巻 11 号 1626 頁）（🖐**学習の Know How**）。

　この点につき、さらに述べれば、他人に対する抵当権の設定された不動産の代物弁済が詐害行為となるときの処理について、たとえば最大判昭 36・7・19 民集 15 巻 7 号 1875 頁は、抵当権の設定されている家屋の代物弁済が詐害行為となるときは、その取消しは、家屋の価格から抵当債権額を控除した残額の部分に限って許されるとしている。抵当権者によって優先的に把握されている部分は、もともと共同担保を構成しない（責任財産に入らない）と考えればよい。

　⑤債権者への支払いまたは引渡し　債権者は、すでに述べた 424 条の 6 で、受益者または転得者に対して財産の返還を請求する場合において、その返還の請求が金銭の支払いまたは動産の引渡しを求めるものであるときは、受益者に対してその支払いまたは引渡しを、転得者に対してその引渡しを、自己に対してすることを求めることができる（424 条の 9 ①項。なお、ここで条文が転得者に対しては「引渡し」しか書いていないのは、転得者に対して金銭の支払いを求めるのは、後述の②項の「価額償還」のカテゴリーになるからとのことである）。424 条の 6 ①項②項の後段に規定する価額の償還を請求する場合も同様である（424 条の 9 ②項）。

　なお、取消しの対象が不動産の贈与や廉価売買などである場合には、取

消債権者は登記を債務者に戻させる取消訴訟をして、債務者に戻った不動産を競売にかけてそこから債権を回収するのであって、目的不動産を直接自己に給付させることはできない。

　本条は、従来から判例が認めてきた、債権者の受益者・転得者に対する直接取立権とその受領権とを肯定するものである。したがって、金銭を受領した取消債権者による、（責任財産の保全という意味では考えるべき）いったん債務者の財産に戻すべき債務を、自己の債権とで相殺するということを通じての、いわゆる事実上の優先弁済効を否定できない形になっている。

　この詐害行為取消権の優先弁済効については、従来から多くの議論があったところである。改正前には、改正前425条との整合性の上で優先弁済効について否定的な学説もあったが、実務界からは、この優先弁済効こそが詐害行為取消権の存在意義である（優先弁済効が認められるからこそ使われる）という、積極的に肯定する見解も出されていた。詳細は次の(6)で述べる。

学習の Know How

　裁判所の**公式判例集**に登載されている判例については、是非大学図書館で**オリジナル**にあたってみよう。先の引用にある「**民集**」とは、本書の目次の後に説明したように、**最高裁民事判例集**だが、その場合は「最判……民集」となる。注意したいのは、同じ「**民集**」でも、（これもすでに説明したことだが）「**大判……民集**」ときたらこれは**大審院民事判例集**のことである。さらに古く「**大判……民録**」とあったら「民録」は**大審院民事判決録**のことである。

　(6)行使の期間制限　　詐害行為取消請求の訴えは、債権者が、債務者が債権者を害することを知って行為をしたことを債権者が知った時から2年を経過したときは、提起することができない。行為の時から10年を経過したときも、同様である（改正法426条）。これは、改正前の426条が時効としての期間制限を規定していたのに対して、新たに時効ではない出訴可能期間として規定をしたものである（したがって、時効に関する更新や完成

猶予の規定は適用がない)。理由は、詐害行為取消権は第三者に対する影響が大きいので、法律関係を早期に安定させるためとか、長期間経過後では善意悪意等の立証が困難になるからとされる。改正前の規定は、2年と20年の時効期間制限を規定し、20年のほうはさらに伸びないように判例は除斥期間と解釈していた。今回は長期のほうの期間は民法総則の消滅時効規定の改正に合わせて10年とし、出訴期間としたものである（除斥期間という構成は改正法ではどこにも採用されていない）[14]。

(6) 詐害行為取消権行使の効果

①取消しの効果についての根本的な改正　　この部分は、平成29年改正によって大きく変更されたところである。改正前の民法425条は、詐害行為による取消しは「すべての債権者の利益のためにその効力を生じる」という規定を置いていた。また、従来の判例は、取消しの効果は相対的なもので、取消権を行使した債権者と相手方との間でのみ取消しの効果を生ずると考えてきた。この、「総債権者の利益」と「取消しの相対効（債務者には効力が及ばない)」という、これまでの基本的な考え方が、平成29年改正法では、2つとも捨てられるに至ったのである。

②認容判決の効力が及ぶ者の範囲　　改正法425条は、改正前425条とは全く異なった規定であり、「詐害行為取消請求を認容する確定判決は、債務者及びその全ての債権者に対してもその効力を有する」とした。従来の相対効の考え方を改め、債務者にも効力が及ぶことを明示したのである（改正前の考え方は、詐害行為取消訴訟は債権者と受益者の間の訴訟なので

---

[14]　20年の期間制限は、他にも不法行為の損害賠償請求権の時効に関する724条の規定などにみられる。実は明治民法は制定過程の途中まで、20年を消滅時効の基本期間としており、それを立法の最終段階で、通常の債権については10年という期間（平成29年改正前167条）に改めた。これを詳細に考証し、判例・通説が724条の20年を除斥期間だと解していた点を、これも時効であると反論したのが内池慶四郎『不法行為責任の消滅時効』（成文堂・1993年）である。除斥期間は、民法の条文上に存在する規定ではなく、一定の定められた期間で権利が消滅するという概念である。平成29年改正法では、724条のほうは、上記内池説などが主張していた通りに、長期20年も時効であると明示された。

あって、その結果は債務者と受益者の間の行為そのものの有効性には影響しない、というものであった)。また、改正前の425条にあった、すべての債権者の「利益」の語がなくなっている(総債権者の「利益」のためというと、取消債権者が優先弁済効を享受して、いわば「独り占め」ができることに対して、うまく説明がつかないという批判がされていた)。

そして、判決の効力が及ぶ債務者が対処行動を取れるように、先に述べたように、改正法424条の7②項で、債権者に、訴え提起の段階で債務者への訴訟告知を義務づけたわけである。

また、ここでいう「全ての債権者」には、詐害行為の時または判決確定の時よりも後に債権者となった者も含まれるというのが立法担当者の考え方である。

なお、転得者に対してされた詐害行為取消しの効果は、債務者にも当該転得者にももちろん及ぶわけであるが、転得者の前者(最初の受益者や当該転得者の前にいた中間転得者)には及ばない。それらの者はすでに債務者に対する債権者ではないからである(この点は、以下の⑤で述べる425条の4の解説を参照)。

③債務者の受けた反対給付に関する受益者の権利　そうすると、債務者がした廉価売却等の財産処分行為が取り消された場合は、(債務者と受益者の間の取引行為も取り消されたことになるのであるから)当然に受益者は、債務者に対して支払った対価があれば、その返還を請求できることになる。それを明示的に定めたのが改正法425条の2前段である。そこでは、「債務者がした財産の処分に関する行為(債務の消滅に関する行為を除く。)が取り消されたときは、受益者は、債務者に対し、その財産を取得するためにした反対給付の返還を請求することができる」と規定された(贈与のように無償の、反対給付のない行為の場合はもちろん返還請求の問題にならない)。

さらに同条後段は、債務者がその反対給付の返還をすることが困難であるときは、受益者はその価額の返還を請求することができるとした(これはたとえば、受益者の反対給付が動産でなされ、その後その動産が債務者の下で滅失した場合などを考えればよい)。

なお、本条に規定する反対給付の返還請求は、受益者が詐害行為によっ

て取得した財産またはその価額を取消債権者または債務者に返還すること
が先履行であることを前提としていると考えられる。

④受益者の債権の回復　　債務者が受益者に対してした弁済や代物弁済
などの債務消滅に関する行為が取り消された場合に、受益者が債務者から
受けた給付（代物弁済を含む）を返還し、またはその価額を償還したとき
は、受益者の債務者に対する債権は、元の形で復活することになる。これ
を定めたのが改正法 425 条の 3 である。なお同条のかっこ書が、「第 424
条の 4 の規定により取り消された場合を除く」としているのは、424 条の
4 は代物弁済が過大であった場合にその多すぎた分だけの一部取消しを認
めるものであるのだから、受益者がその取り消された部分だけをたとえば
取消債権者に償還したとしても、受益者が債務者から受けた（債務消滅の
ための）給付を償還したわけではなく、受益者の債務者に対する債権が復
活することはないからである。

⑤詐害行為取消請求を受けた転得者の権利　　先にも触れたように、転
得者 D（さらに E という場合もある）に対してされた詐害行為取消しの効
果は、債務者 B にも当該転得者にももちろん及ぶが、転得者の前者（最初
の受益者 C や当該転得者の前にいた中間転得者）には及ばない。それらの者
はすでに債務者に対する債権者ではないからである。したがって、当該転
得者（以下ここでは D とする）が取消債権者 A や債務者 B に対して現物返
還や価額償還をした場合であっても、当該転得者 D は前者 C に対してし
た反対給付の返還を請求したり、前者に対して有していた債権の回復を求
めたりすることはできないことになってしまう。そうすると転得者は非常
に不利な地位に置かれるので、これを救済するルールが必要になる。それ
が 425 条の 4 である。

　同条 1 号は、425 条の 2 に規定する行為が取り消された場合、受益者 C
に対する取消しであったとすれば受益者が得たはずの、債務者 B に対す
る反対給付の返還請求権またはその価額の償還請求権を、当該転得者 D
が債務者 B に対して行使できるとしたもので、同条 2 号は、425 条の 3 に
規定する行為が取り消された場合、受益者 C に対する取消しであったと
すれば受益者が債務者 B に対して有したはずの債権の行使を、当該転得

者 D に認めるものである。

　もちろん、具体的な額は、当該転得者がその前者から財産を取得するためにした反対給付またはその前者から財産を取得することによって消滅した債権の価額を限度とする（本条柱書ただし書）。

　⑥詐害行為取消権を行使した債権者の直接請求権と優先弁済効　　被告である受益者や転得者に金銭の直接引渡しを請求する取消債権者が享受できる実質的な優先弁済効は、平成 29 年改正後も維持されるが、実際にはその機能する範囲が多少狭められることになる。

　まず、従来の判例の態度を見ておこう。基本的には前述の債権者代位権の場合と同じなのだが、目的物が不動産か、動産または金銭かによって運用が異なる。まず、取消権の対象となる行為の目的物が不動産の場合は、債権者 A は債務者 B 名義への登記の回復を請求することしかできず、直接「A に移転登記せよ」とは言えない（最判昭 53・10・5 民集 32 巻 7 号 1332頁）。B 名義に戻してそこから強制執行することになる。したがって、取消債権者 A 以外の一般債権者も取消債権者の強制執行に配当加入することができる[15]。しかしながら、取消権の対象となる行為の目的物が動産か金銭である場合には、すでに述べたように、取消債権者は、（相手方 C に対して）その結果取り戻す動産や金銭を、「A 自身に給付せよ」と請求しうる（大判大 10・6・18 民録 27 輯 1168 頁以来の考え方である）。なぜそうするかといえば、動産や金銭の場合、債務者（先に述べたように取消訴訟においては被告とはされていない）が受け取らなかったり、行方不明で受け取れない場合などもあるから、取消債権者は、いったん自己のもとに給付をさせることが認められるというのである（これに対して、目的物が不動産の場

---

[15]　詳しくは民事執行法などで学ぶが、強制執行に配当加入できるということは、たとえば債権者 A の債権が 1000 万円で、取消対象不動産が 1000 万円で競売されたとすると、債権者が A だけなら A は強制執行の結果 1000 万円を回収できることになるが、もし他の一般債権者 E（債権額はこれも 1000 万円と仮定する）がこの強制執行に配当加入すると、A と E は、自己の債権額の割合（この場合は 1 対 1）で競売代金を分け合うことになる。つまり、A も E も 500 万円を回収できることになる。

合は、債務者が受け取らないとか受け取れないということは観念できないので、取消債権者は自己に直接登記せよとは言えないのである）。そして、自己のところに動産を取り立てた場合も、いったん債務者の財産の中に返して、あらためて強制執行することになる（この場合も他の一般債権者は配当加入できる）。ただ、取り立てたものが金銭であった場合は、取消債権者は、受領した金銭を債務者に引き渡す債務と自己の債権とを相殺できると解されている。その結果、金銭の場合は債権者は事実上他の一般債権者に優先して満額の弁済を得られることになる。

さらに従来の判例は、取り戻された金銭について、他の債権者は平等割合での分配は請求できないとしており（最判昭 37・10・9 民集 16 巻 10 号 2070 頁）、また、金銭の返還を求める取消訴訟において、取消しの相手方 C も一般債権者の 1 人であった場合、C は自己の B に対する債権額に対応する按分（最近の判決では「案分」と表記される）額の支払いを拒むことは許されない（つまり、A も C も B に対する 100 万円ずつの債権者であった場合、先に C が B と相談して 100 万円を単独で弁済を受けたのが詐害行為であるとして A に取り消された場合、C としては、自分も 100 万円の債権者なのだから A とは 1 対 1 の権利があるとして、半分の 50 万円しか A に返さない、ということはできない）としている（最判昭 46・11・19 民集 25 巻 8 号 1321 頁）。

しかし、これらの判例法理が今後維持されるとしても、平成 29 年改正によって、実質的な優先弁済の場面は若干少なくなるとされる。なぜなら、改正法 425 条によって、詐害行為取消しの効果は債務者にも及ぶので、取消しを認容する判決が確定すれば、債務者も、被告とされた受益者・転得者に対して、逸出財産の返還ないし償還を請求することができる。したがってその場合、被告となった受益者・転得者も、債務者に対して当該財産

---

16 この法改正の結果、被告となった受益者等が、おそらく取引上一定の親密な関係にあった場合が多いと思われる債務者のほうに金銭を支払い、債務者がそれを隠匿・費消するというケースが弊害として出現しうるとも考えられる。改正法施行後の当事者の行動を分析する必要があろう（このような、ルールに対処する人々の行動まで予測して立法や法改正をすべきというのが、私の提唱する「行動立法学」である）。

の返還ないし償還をすることができるわけである[16]。そうすると、取消債権者の直接取立・受領権限は消滅するので、取消債権者としては、勝訴したからといって優先弁済効が確保できるわけではないということになるのである。

★Plus One　ボワソナード旧民法

　フランス人ボワソナードは、パリ大学アグレジェ（正教授への昇進を待つ地位）だった明治6年に、日本政府のお雇い法律顧問として48歳で来日する。その後22年間を日本での法学教育や法典編纂作業に捧げるのだが、彼の最大の仕事が、明治23年公布の日本民法（旧民法）の編纂であった。しかしこの旧民法は、いわゆる法典論争によって、施行されないまま葬られ、穂積陳重（のぶしげ）、富井政章（まさあきら）、梅謙次郎の3起草委員らによる明治民法（財産法関係の大部分は現行民法）の編纂となる（親族・相続の2編は戦後に全面改正されている）。この明治民法の編纂にあたっては、ドイツ民法草案を参照し、全体の編別をドイツ型にしたりしたので、日本民法はドイツの影響が強いと思われていたが、昭和40年代からの個別研究で、半分程度はボワソナードの旧民法の条文がそのまま残っており、フランス民法系の影響のほうが強い部分も多数あることが明らかになった（ことにこの債権総論の部分にその傾向が認められる）。したがって、ボワソナード旧民法の研究は現行民法の解釈にとって大変重要であり、またその重要性は平成29年改正を経てもなお残存しているといえる。

　参考文献として、池田真朗『ボワソナードとその民法』（慶應義塾大学出版会・2011年）、大久保泰甫＝池田真朗他「ボワソナード民法典とは何か」法律時報70巻9号6頁以下。

第5章　多数当事者の債権関係

　本章では、多数当事者の債権債務関係を学ぶ。つまり、たとえば1つの債権について債権者が複数存在したり、債務者が複数存在したりする場合である。この分野は、債権の性質を論じる債権総論の中でも複雑で難解といわれることも多いが、ポイントを理解して学べば道筋を見失うことはない。

　内容は、分割債権・分割債務に始まり、不可分債権・不可分債務、連帯債権・連帯債務、保証債務と続く。ポイントは2点あり、1つは、「債権者と債務者が1対1のときには出てこない問題の整理」であり、他の1つは、当事者特に債務者を複数にすることによる債権の担保力の増大という点である。前者の、1対1のときには出てこない問題の整理というのは、さらに3つの面に限定される。①債権者（側）と債務者（側）の対外関係、②1人の債務者（債権者）に生じた事由が他の債務者（債権者）にどう影響するかという影響関係、③債務者（債権者）側内部の内部関係である。影響関係の学習では、絶対効、相対効という表現の意味を理解しよう。また後者の担保機能は、連帯債務、保証債務と、本章の後ろに出てくるものほど強くなることをあらかじめ頭に入れておきたい。

I 序 説

(1) 多数当事者の債権関係の意義

①一方当事者が複数いる関係
契約などによって発生する債権関係においては、多くの場合は、債権者が1人、債務者が1人という1対1の関係だが、ときには、その一方の側が複数いるということがある。たとえば、A・B・Cの3人が共同で銀行からお金を借りるという場合は、弁済の債務を持つ債務者が3人になる。P・Qの2人が共有するマンションを誰かに貸すという場合は、賃料を受け取る債権者が2人ということになる。こういう、債権（債務）関係の一方当事者が複数いる場合について規定するのが、多数当事者の債権関係である（正しくは多数当事者の債権債務関係というべきだが、表題としては債務のほうを省略している）。

なお、ここで注意してほしいのは、当事者の一方が複数といっても、その複数の人間がたとえば会社のような1つの団体を作っている場合には、その団体（法人）と相手方との1対1の関係になるので、多数当事者の債権関係にはならないということである。ここで勉強するのは、あくまでも1つの債権なり債務なりを、複数の当事者が持ち合う関係である（たとえばA・B・Cの3人が銀行から900万円を借りるという場合なら、A・B・Cの3人ともが、それぞれ独立の法律上の主体として、900万円という債務を持ち合う——その持ち合い方にいろいろある——ということである。これがもしA・B・CがXという会社を作って銀行から900万円を借りるのであれば、X社対銀行という1対1の関係になってしまうので、多数当事者の債権債務関係にはならない）。

物権法では、複数の人間が1つの所有権を持ち合う形態を共有と呼ぶことを学ぶが、ここで学ぶのは、したがって「債権の共有的帰属」ということになる。団体性のはっきりした会社のようなものの場合には、その団体が単一の当事者になり、多数当事者の問題にはならない。なお、団体性の強さから考察すると、中間的なものに、民法上の組合とか町内会のようなものがあるが、こういうものの債権帰属関係もここで学ぶ「債権の共有的

帰属」ではない[1]。

● 債権・債務の共同的帰属

①多数当事者の債権関係（債権・債務の共有的帰属）の図式

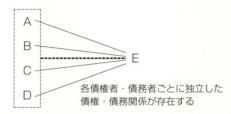

各債権者・債務者ごとに独立した
債権・債務関係が存在する

②当事者が複数でも単一の債権関係となる図式
(a)債権・債務の合有的帰属

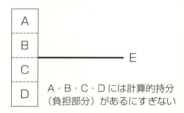

A・B・C・Dには計算的持分
（負担部分）があるにすぎない

(b)債権・債務の総有的帰属

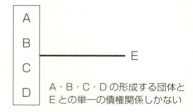

A・B・C・Dの形成する団体と
Eとの単一の債権関係しかない

　この多数当事者の債権関係においては、以下に述べるポイントを頭に置いて、状況を整理して考えていく必要がある。

---

[1] 組合の場合は債権の合有的帰属、町内会や同窓会などのいわゆる「権利能力なき社団」の場合は債権の総有的帰属などと説明される（組合については、債権各論の組合契約のところで学ぶ〔池田『新標準・各論〔第2版〕』第**3**章XII〕。

権利能力なき社団については、民法総則で学ぶ）。これらは、いずれも物権法における所有権の３種の帰属形態である共有、合有、総有に対比させた表現である。野村豊弘＝池田真朗他『民法Ⅲ──債権総論〔第４版〕』（有斐閣・2018 年）122 頁以下参照。ここで簡単に説明しておくと、①組合というのは、たとえば個人経営の引っ越し業者が何人か集まって組合を作って共同で宣伝をしたり注文を受けたりするものなどを例として考えてもらえばよいのだが、組合の権利帰属形態とされる合有的帰属の効果としては、通常次のように説かれる。ⓐ組合の名前で発生した債権・債務は多数者全員に帰属する。各組合員は計算的な割合としての持分（独立の債権・債務としての性質を持たない）を有するにすぎない。ⓑ組合の合有的債権の取立てや処分は全員が共同で（もしくは代表者が他の組合員からの委任を受けて）のみ可能であり、取り立てたものは全債権者（全組合員）の合有となる。ⓒ組合の合有的債務においては、債務者全員（全組合員）が共同して、債務全額につき、履行すべきであり、まず組合の有している合有財産から弁済され、ついで、各人が（計算的な割合としての持分〔債務なら負担部分〕の範囲で）個人の固有財産を引当てとする責任を負う（つまり、たとえば引っ越し組合の名前で電話帳に広告を載せた場合の広告代金は、各組合員が組合に出資した財産から支払うが、それで足りない場合は、各組合員のあらかじめ取り決めていた出資割合で各人が個人の財布から支出して支払う、ということである）。②村落共同体の入会財産や権利能力なき社団の財産の所有形態であるとされる総有的帰属の効果としては、ⓐ総有的債権・債務は、団体自体に帰属し、構成員はそれに対して持分的権利を有しない。ⓑ総有的債権の取立て・処分は団体自体が行い、取り立てたものは総有財産となる。ⓒ総有的債務の弁済は総有財産をもってなされ、原則として個人責任は負わない、などと説明される。権利能力なき社団というのは、たとえば町内会などを考えてもらえばよいので、上の、ⓐからⓒは、たとえば、町内会の構成員が町内会の行事として廃品回収をして業者に廃品を売り、代金債権を得たときは、それは町内会の債権であって、構成員はそのうちの何分の１は自分のものだという主張はできず、業者に代金を請求するのも町内会自体であるということであり、また、町内会が町内会の財産として持っている神輿の修理をした場合は、修理代金は町内会の財産から出し、原則として構成員が出費する義務はないということである（といっても修理業者に代金を支払わなくてもよいということにはならないのは当然なので、原則的に町内会は町内会の財産〔過去に集めた会費〕の範囲内で債務を負えということであり、実際にそれ以上の支出をすることになれば合意のうえでさらに会費を集めるということになろう）。

　つまり、債権の共有的帰属という場合には、あくまでも個人個人が債権債務の主体なのに対し、債権の合有的帰属や総有的帰属の場合には、（会社のような完全な団体性まではないが）組合や町内会などが、それぞれ不完全ながらある程度の団体性を持った主体として現れるということである。

②**3つの場面**　民法はなぜ多数当事者の債権関係を1つの章としてまとめているのかといえば、当事者の一方が複数になると、1対1のときには出てこなかった問題が出てくるからなのである。ではそれはどういう場面においてかといえば、以下の3つの場面である。第1が、債権者が多数の債務者に向かってどういう請求の仕方ができるか、また債務者が多数の債権者に対してどのように弁済をすればよいか、という、相手側に対する「対外関係」におけるバリエーションの問題である。第2が、債務者の1人に生じた事情が他の債務者にどう響くか、あるいは債権者の1人に生じた事情が他の債権者にどう響くか、という、相手側との関係でのメンバー間の「影響関係」の問題である。第3が、たとえば1人の債務者が全額弁済した場合に他の債務者にどう求償できるか、あるいは、全額受領した債権者が他の債権者からどんな請求を受けるか、というような、同じ側のメンバー間の事後処理としての「内部関係」（求償・分与関係）の問題である。

　そうすると、これからいろいろな種類の多数当事者関係を学ぶが、そのどれについても、この3つの場面すなわち①対外関係、②影響関係、③内部関係、を順に見ていけばよいのである（🖑**学習のKey Point 1**）。

⑵　多数当事者の債権関係の機能

　上に見たように、多数当事者の債権関係の規定の意味はまず、当事者複数の場合に出てくる問題の整序にあるが、もう1つ、当事者を複数置くことによって達成できる機能というものがある。たとえば、債務者が1人だけならその債務者が無資力になってしまうと債権が（権利としては存在しても）実現できなくなるが、もしその場合同じ債権について同じように義務を負う債務者がもう1人いれば、債権者としてはそちらの債務者に請求して回収することができるだろう。このように、当事者多数（特に債務者多数）の債権関係は、債権者にとって、その債権の担保の機能を果たすのである。これから出てくるいろいろな種類の多数当事者関係では、簡単にいって、後のほうに出てくるものほど、この債権担保機能が強くなっていると考えておけばよい（🖑**学習のKey Point 2**）。

学習の Key Point

1 　多数当事者の債権関係では、①対外関係、②影響関係、③内部関係の3つを順番にチェックしていけばよい。
2 　多数当事者の債権関係では、**当事者複数の場合の問題の整序**のほかに、**債権担保**の機能が問題になる。

II　分割債権・分割債務

⑴　分割債権・分割債務の意義

　最初の種類は分割債権・分割債務である。これは一番簡単に処理できる。どういうものかというと、民法は、1個の可分給付（金銭のように分けられるもの）につき、2人以上の債権者または債務者がいる場合、別段の意思表示がないときは、各債権者または債務者は、平等の割合で債権を有し、または債務を負うと規定している（427条）。つまり、当事者が複数で、何も決めておかなかったときは、彼らは平等の割合でその債権または債務を分割して持ち合う、というのである（割合についても当事者の特約があればそれに従うが、それがなければ平等である）。

　そして、これが一応原則（基本形態）とされているが、だんだん読み進めていくとわかるように、これは特に分割債務の場合、債権者側にデメリットが大きい（債務者が複数いることで逆に債権の効力を弱める）ので、この原則性をあまり強調することは適当でないという意見が強い。

⑵　分割債権・分割債務の要件と具体例

　上に述べたように、複数の債権者または複数の債務者がいて、当事者が債権債務の性質について何も合意をしていなければ、分割債権または分割債務が成立することになる。たとえば、A・B・Cの3人でDにある品物を30万円で売ったとして、何も約束しないでおけば、A・B・CはDに対して各自10万円ずつの債権を持つことになる。またA・B・Cの3人

でDからある品物を30万円で買ったとして、何も約束しないでおけば、A・B・CはDに対して各自10万円ずつの債務を持つことになる。

しかし最近の支配的見解は、次の効力のところで述べる理由から、特に分割債務に関しては、なるべく制限的に（分割債務にならないように）解釈しようとしている。

たとえば判例の考え方では、金銭債権が共同相続された場合は分割債権になり、金銭債務が共同相続された場合は分割債務になるとされるが（最判昭29・4・8民集8巻4号819頁）、有力説は、金銭債務の共同相続の場合は、組合の債権債務の帰属関係[2]と同様に、全員が共同して債務全額につき履行すべき性質のものであると批判している。

(3) 分割債権・分割債務の効力

①対外関係──独立性　　分割債権・分割債務が成立する場合は、分割されたそれぞれの債権または債務は、相互にまったく独立したものとして取り扱われる。したがって、A・B・Cの3人でDにある品物を30万円で売った場合（代金は分割債権）は、各債権者は債務者Dに対し、分割された自己の債権（特約がなければ10万円ずつ）を単独で行使でき、A・B・Cの3人でDからある品物を30万円で買った場合（代金は分割債務）は、各債務者は債権者Dに対して分割された自己の債務（特約がなければ10万円ずつ）のみを弁済すればよいということになる。

しかしそうすると、分割債務の場合、たとえば債務者のうちの1人Aが借金がかさんで行方をくらましてしまったとすると、債権者Dとしては、残ったBとCには10万円ずつしか請求できないので、Aの部分の10万円が（債権としてはもちろん存在するのだが）そのまま回収不能になってしまう。だから債権者としては、軽々に分割債務とされると、債権の効力が弱まって不利になるのである。これが、分割債務の原則性が批判される理由である。

---

[2]　組合の債権債務の帰属関係といわれる「合有的帰属」については、本章注**1**の記述を参照。

②**影響関係——相対性**　対外関係が完全独立となるため、1人の債権者または1人の債務者について生じた事由は、すべて、他の債権者または債務者には何の影響も及ぼさない。たとえば、前例で債権者DがAを免除した（Aからは取り立てないと意思表示した）としても、B・Cの債務は増えも減りもしない（免除については第**7**章Ⅵ⑵で学ぶ）。このように、他に影響が及ばないことを、相対的な効力しかないという。

③**内部関係——不発生**　①が独立で②が相対的であるから、各債権者または各債務者の間には、回収した債権の分与とか弁済した債務の求償の関係は一切生じない[3]。

Ⅲ　不可分債権・不可分債務

⑴　不可分債権・不可分債務の意義

たとえばA・B・Cの3人で費用を出し合ってDから住宅を購入した場合、A・B・CがDに対して請求できる債権は家1軒の引渡しだから、屋根とか壁とかに分けることができない。逆にA・B・Cの3人が共有していた自動車をEに売るという場合なら、債務の内容は車1台の引渡しだから、これまた部分に分けることができない。このように、複数人が1個の不可分な給付を目的とする債権または債務を有する場合を、不可分債権・不可分債務という。つまりここでは、そういう分けられない給付に複数の当事者が関係した場合に出てくる問題を、整序しようというわけである。

---

[3]　もし分割債務者の1人が、支払う義務のない他の分割債務者の債務を支払った場合は、法律的には「第三者による弁済」という別の問題になる（474条）。その場合の弁済が有効となった後の処理は、どういう理由で他人の債務を支払ったのかによって違ってくるのであって（頼まれて当座の肩代わりをしたのか、もともと借金があったのでそれを帳消しにするためか、など）、ここでいう債権の性質に基づく内部関係の存否とは関係がない（弁済については、第**7**章Ⅱで学ぶ）。

(2) 不可分債権・不可分債務の要件と具体例

不可分債権・不可分債務が成立する要件としては、給付の目的が性質上不可分であること(428条、430条)が必要である。

①性質上の不可分　上のように家や車の引渡債権・債務の場合は事実上不可分であるからこれに含まれるのは当然であるが、法律上不可分とされるものもある（282条の共有地のための地役権の設定がその例）。また、持分に分割することも不可能ではないが取引の実際からみて不可分と考えるのが妥当なものもここに入れられる。判例で認められているものには、共同賃借人における賃料支払義務および契約終了時の目的物返還義務が挙げられる（前者につき大判大11・11・24民集1巻670頁、後者につき大判大7・3・19民録24輯445頁）。たとえばルームメイトと2人でアパートの一室を借りている場合、2人の間では家賃を半分ずつ払う約束ができているとしても、債権者たる大家さんとの関係では、「自分の分だけ（半額だけ）家賃を払います」というわけにはいかないということである（契約が終わって出て行く時に「自分の使っていた場所だけ返還します」というわけにいかないのは当然と理解できるだろう）。その他、共同相続人の所有権移転登記協力義務などがここでの例として挙げられる（親が、誰かに売却してまだ登記を移転していない土地がある状態で死亡したとして、その子供2人が共同相続人になったら、2人は買主に対して移転登記をする義務があるが、これも不可分債務だというのである）。

②分割債権・分割債務への変更　不可分債権・不可分債務の目的たる給付が不可分なものから可分なものに変わると、その債権・債務は分割債権・分割債務になる（431条）。どういう場合を考えた規定かというと、たとえば債務者A・B・Cが不可分債務として負っていた自動車1台の引渡債務が、履行不能になって損害賠償債務に変わったような場合である。ただ、そうすると債権者側から見ると債権の効力が弱まる結果になってしまうのは先に述べた通りである。

(3) 不可分債権の効力

それでは、効力についてはまず不可分債権の効力を検討し、そのあと不

可分債務の効力を見ていこう。

①**対外関係**　不可分の給付につき債権者が複数いる不可分債権においては、各債権者は総債権者のために履行を請求し、また、債務者は総債権者のために各債権者に対して履行をすることができる（428条による432条以下〔連帯債権〕の準用）。つまり、債権者Ａ・Ｂ・Ｃ、債務者Ｄとして給付の目的が車1台だとすれば、Ａは単独で車1台をＡ・Ｂ・Ｃ全員のために請求でき、ＤはＡ・Ｂ・Ｃのうちの誰かに車を引き渡せばＡ・Ｂ・Ｃ全員に対して履行したものとなる。これは当然のことである。ただ、車の例なら当然だが、他の例では少しわかりにくくなる。判例では、家屋の使用貸借で貸主が複数いる例で、終了に伴う家屋明渡請求権は不可分債権だと判示したものがあるが、これは、明け渡すべき債務者が、債権者全員で訴えてこいと主張したのに対し、貸主のうちの1人が全員のために家屋全部の明渡しを請求できる（旧民事訴訟法62条にいう固有必要的共同訴訟に当たらず、全員で訴訟を起こす必要はない）としたわけである（最判昭42・8・25民集21巻7号1740頁）。

②**影響関係**　不可分債権者の1人Ａについて生じた事由は、他の債権者Ｂ・Ｃにどのような影響を与えるか。まず、債権者は単独で全債権者のために債権全部を請求できるのであるから、請求したこと、およびそれに伴う時効の更新、相手の履行遅滞は、全債権者について効力を生じる（つまり、影響する）。このように、すべての当事者に効力が及ぶことを**絶対的効力**があるという（❤学習のKnow How）。また、債務者は債権者の1人に対して全債務を弁済しうるのであるから、弁済、弁済の提供、供託（494条以下）、およびそれに対する債権者の受領遅滞なども、全債権者に対して絶対的効力を生じる。

③**内部関係**　不可分債権者の1人Ａが債務者から債務全部の弁済を受けたとする。不可分債権者相互の内部関係については、民法に明文の規定はないが、Ａはそれを他の債権者Ｂ・Ｃに対して分与するべきことは当然であろう。ただ、分与といってもたとえば車1台のようなものならば実際には共有して共同で利用するということになる。その割合は各場合の事情によって異なることになろうが、特別の事情がなければ全員平等と推定

すべきである。

> **学習の Know How**
>
> **絶対効・相対効**
>
> 　多数当事者の債権関係で**絶対効**というのは各債務者（各債権者）の**1人に生じた事由が他の債務者（債権者）に影響する（効果が及ぶ）**ということで、**相対効**というのは**影響しない**ということである。こういう用語法に慣れておこう。

(4)　不可分債務の効力

　①**対外関係**　　数人が不可分債務を負担する場合の債権者と各不可分債務者との関係については、連帯債務の規定が準用される（430条による436条以下〔連帯債務〕の準用[4]）。つまり民法は、不可分債務の効力については、後述の連帯債務の効力と同じように考えるというのである。そこで、詳しくは本章Ⅳの連帯債務のところで述べることにするが、要するに各債務者は債権者に対し、債務全部につき履行する義務があるということで、逆に債権者は、各債務者に対して同時または順次に全部の履行を請求しうることになる（AにもBにもCにも「全部給付せよ」といえる。もちろん誰かから全部受領すれば終わる）。ただ、連帯債務と同じ全部請求が可能といっても、不可分債務は債務が分割できないことからそう規定されるのに対し、連帯債務は当事者相互の「連帯」の意思がそうさせるという違いがあることにあらかじめ注意しておきたい。

　②**影響関係**　　不可分債務者の1人について生じた事由の影響関係については、規定により、（430条によって、混同についての440条を除いて連帯債務の規定が準用される結果）連帯債務と同様に考えることになる。すなわ

4　用語の知識を確認しておこう。「適用」というのは規定をそのまま当てはめて使うことだが、「準用」というのは、違う制度に別の制度の規定を用いるよう法文が指定するものである。なお、「類推適用」というのは、本来はその規定が当てはまらない（使えない）ものに対して、解釈上、規定の趣旨を類推して使うことである。

114

ち、不可分債務者 A・B・C のうちの 1 人 A が弁済すれば他の B・C の債務も消滅するのであるから、弁済や、供託、弁済の提供、受領遅滞などは絶対的効力を生じる。代物弁済も同様である。また、更改と相殺については、連帯債務の規定（430 条が準用する 438 条と 439 条）によって絶対的効力事由となる。しかしその他の事由については、すべて相対的効力を生じるだけである。詳細は、この後の連帯債務の効力のところで述べる。

　なお混同（債権者と債務者が同一人に帰すると債権は消滅する）は、連帯債務では絶対的効力事由なのだが（改正前 438 条、改正法 440 条）、不可分債務では相対的効力事由としている（改正法 430 条は 440 条を準用しない）。その理由は、たとえば A・B・C の 3 人が D 所有地上の共有建物を撤去する不可分債務を D に対して負っていて、D が死亡して A が唯一の相続人として D の財産を相続し混同が発生した場合を考えてみると、これを絶対的効力事由とすると、A の債務だけでなく B・C の撤去債務もなくなってしまう。したがって、相対的効力事由にする意味がある（B が撤去債務を債権者となった A に対して履行すれば、不可分債務を負う仲間としての A に求償できる。つまり同一人に対して履行して求償するというのが無意味ではないのである）。

　③内部関係　　不可分債務者の 1 人 A が債権者に対して全部の履行をした場合、A は、他の B・C に対し内部的な負担割合（特約がなければ平等）に応じて求償しうる。これについても明文（430 条）によって連帯債務の求償の規定（442〜445 条）を準用することになる。ただしこれも、たとえば履行内容が共有してきた車そのものの給付であれば、A が債権者に渡したことがすなわち B・C も（利用利益を失い）給付をしたことになるので、求償の問題は出てこない。そうではなくて、たとえば車 1 台を A が購入したうえで債権者に給付したのであれば、内部的な負担割合（特約がなければ平等）で購入費を求償できるわけである。

> ### ◁══学習の道案内══▷
>
> 　第**5**章の後半でまず学ぶのは、複数の人間が1つの債務について一緒に債務者になる連帯債務である。多数当事者の債権関係は、ここから、「債権者に対して他人の債務も負担する」という人的担保の要素を持ってくる。そしてそれが次の保証債務につながるのである。また、複数当事者間に生起する問題の整序という意味では、もっとも中心になるのはこの連帯債務の部分である。絶対効、負担部分等の概念もしっかり把握するようにしよう。

Ⅳ　連帯債権・連帯債務

(1)　平成29年改正のポイント──連帯債権規定の新設と連帯債務の絶対的効力事由の削減

　次に、金銭等、目的物が可分の場合の多数当事者債権債務関係を学ぶ。つまり、債権者側もしくは債務者側の複数当事者が、意思表示によって連帯するケースである。まず中心になるのは、債務者が複数いる連帯債務であるが（仲間で金融機関から資金を借りるような場合を想定すればよい）、それと対になる概念として、債権者が複数の場合の連帯債権が考えられる（ただ、この実例は多くない）。連帯債権の概念はローマ法以来認められてはいたが、これまで日本民法には規定がなかった。今回、平成29年改正で、連帯債権について規定が新設された（432条～435条の2）。

　条文の順序では連帯債権が先であるが、本書では、重要性の高い連帯債務から先に説明する。連帯債務については、その基本的な性格付けを変えるような改正（絶対的効力事由の減少）がされていることに注意したい。

(2)　連帯債務の意義

　①意義　　たとえばA・B・Cの3人が共同で事業を始めようと思い、D銀行から3000万円の融資を受け、その弁済については3人が連帯債務者となることをDと約した場合を考えてみよう。こういう場合は、A・B・Cは各自が独立して3000万円全額の弁済義務を負い、D銀行はA・B・Cの誰に対しても3000万円全額までの請求ができる（分けて請求して

もよいし1人に全額請求してもよい）。もちろんそのうちの誰かが全額を弁済すれば他の人の債務も消えるという関係にある。このように、連帯債務とは、債務の目的がその性質上可分である場合において、数人の債務者が同一内容の給付について各自独立に全部の給付をすべき債務を負い、しかもそのうちの1人が全額給付をすれば、他の債務者も債務を免れる多数当事者の債務関係をいう。

したがって連帯債務の場合には、債務者同士の間に、お互いに協力して債務を弁済する（各人の負担すべき割合〔これを「負担部分」という。詳しくは後に説明する〕は内部の約束では決まっていても、債権者との関係では、他の者の負担部分まで弁済しあう）関係があることになる。これは、連帯債務者相互にそういう意思（連帯の意思）があることを前提にして考えられていることである（こういう意思関係を、学者は主観的結合関係とか相互保証関係などと呼んでいる）。そして従来は、連帯債務の特徴は、すべてこの点から発していると説明されてきた（<small>✍</small>学習の Key Point）。お互いに協力して弁済するということは、債権の担保や効力強化に結び付くので債権者に有利な形態であるが（債務者の1人が無資力になっても残りの債務者から全額回収できる）、主観的に結合しているのだから債務者の1人に生じた事由がかなり広く他の債務者にも生じる（いわゆる絶対的効力事由が多い）とされてきたのである。

しかしながら、平成29年改正では、負担部分の概念などは維持しながらも、連帯債務には意思的な結合関係のないような多様なものまでが含まれうるとして、絶対的効力事由を極限まで限定するという改正を図ったのである。その結果、意思的連関を根拠として説明されてきた、連帯債務らしさはかなり失われるに至っている。

　②**性質**　　連帯債務は、債務者の数に応じた複数の独立した債務である。したがって、各債務者の債務の態様や付帯的な条件が違っていてもよい（たとえば、AとBの債務は利息が高くてCの債務は利息が低いというのも可能だし、Aの債務にだけは担保が付いているというのでもよい）。しかし一方で、上の「結合関係」があると想定されてきたことから、後述のように連帯債務者の1人について生じた事由が一定の範囲で他の債務者に影響し

（438〜440 条）、弁済をした債務者は他の債務者に求償をすることができる（442〜445 条）。

学習の Key Point

　平成 29 年改正前の連帯債務の特徴は、連帯の意思に基づく主観的な共同関係が債務者相互にあることを想定して、それを前提に、対外的効力、影響関係、求償関係が規定されているところにあると言えたが、平成 29 年改正は、絶対的効力事由を非常に少なくしたため、特徴がわかりにくくなった。

---

(3) 連帯債務の要件

　連帯債務は法令の規定または当事者の意思表示によって成立する（平成29 年改正法 436 条）。

　①法令の規定による成立　　民法ではこれは少ない。共同不法行為（719条）に「連帯して」と書かれており、民法旧規定では法人の社員・理事の賠償責任についても同様に規定されていたが（旧規定 44 条②項）、これらは近年ではいずれも後述の不真正連帯債務として論じられてきた（商法では、法定の連帯債務となるものが比較的多く規定されている）。

　②当事者の意思表示（契約）による成立　　この場合の契約は、全員一緒でも、個別の契約でもよい。また、連帯債務者となった者の中に 1 人だけ無効や取消しの原因があるような場合でも、他の人の契約は有効である（437 条）（民法総則で学んだように、たとえば連帯債務者のうち 1 人だけ未成年者だったとすると、法定代理人の同意なしに未成年者のした意思表示は取消しができる〔5 条②項〕ので、その者だけが連帯債務者を外れることができる。また成人の場合でも完全な勘違いで連帯債務者に加わったなどという者があれば、その者は錯誤があったとして自分の意思表示を取り消すことができる場合がある〔95 条〕）。ある契約によって成立した債務が連帯債務かどうかは、その契約に示された当事者の意思解釈によって決まる（この場合問題になるのは連帯債務者相互の合意ではなく、連帯債務者と債権者の間の合意である）。この点について、判例では、契約により連帯債務が成立するためにはその旨の明示または黙示の意思表示[5]が必要だとしている（大判大 4・9・21 民

録 21 輯 1486 頁)。判例は連帯の推定には否定的なわけだが、学説には、（債
権者の利益を考えて）連帯債務の成立をもっと容易に認めるべきという批
判もある（しかし、連帯債務の効果はこの連帯の意思があることを前提に規定
されていたものなので、連帯意思が不十分ならば連帯債務にしないという判例
の態度も理由があるといえよう）。

(4)　連帯債務の効力

　それでは連帯債務の効力を見ていこう。ここでも、対外関係、影響関係、
内部関係の 3 者を見ていくのだが、影響関係のところが長くなるので注意
したい（☜学習の Know How）。

学習の Know How

　多数当事者の債権関係では、①対外関係、②影響関係、③内部関係の 3 つ
を順番にチェックしていけばよいのだから、**自分がいまどの債権債務関係の
どこを勉強しているのか**、という、「**自分の現在地**」を確認しながら勉強す
るのが、混乱せずに（また投げ出さずに）学ぶための重要なノウハウである。

　①対外的効力　　たとえば債権者 D が、連帯債務者 A・B・C に対して
900 万円を貸した場合、D は、A・B・C の 1 人または 2 人または全員に
対して、同時でも順次でもよく、900 万円の全部または一部を請求するこ
とができる（436 条）。つまり、D は、A・B・C の各人に対し 900 万円を
請求することも、A・B・C のそれぞれに適当に金額を振り分けて請求す
ることも可能である。ただし、合計して 900 万円以上の弁済を受けること
ができないのはもちろんだから、たとえば A に訴求する前に B から 500
万円の弁済を受けたら、A にも C にも残額 400 万円についてだけ訴求で

5　黙示の意思表示とは、文書でも口頭でも意思を表示していないが、他の事実
からその意思表示をしていると認められる場合をいう（暗黙の了解などという
のとは意味が異なることに注意したい）。たとえば品物を売りつけられた買主が、
「買う」と一言も言わなくても代金を売主の口座に振り込んだ場合は、売買契
約の承諾の黙示の意思表示があったとされるのである。

きるということになる。

　②影響関係(1)――絶対的効力　たとえば、連帯債務者Ａ・Ｂ・ＣのうちＡが債権者Ｄに反対債権を有していて、その債権で自己の債務を相殺すると、Ｂ・Ｃの債務も消滅する（439条①項）。そうすると、Ａが相殺した事実がＢ・Ｃに影響したわけで、その場合、「相殺に絶対効がある」という。

　本来別個独立の債務なら、１人に生じた事由が他の者に影響しないはずだが、先に述べた主観的共同関係がある者の間であれば、このような影響が広く認められてよいという発想で、明治民法の起草者は連帯債務には絶対的効力事由をかなり多く規定していた。しかし、平成29年改正により、絶対的効力事由は、かなり削られることになった。残ったものは以下の通りである。

　ⓐ弁済ないし代物弁済・供託　これらが絶対的効力を持つことは、明文の規定はないが当然である。前の例で、Ａが900万円を弁済しあるいは900万円相当の宝石をもって代物弁済（代わりの物で弁済する契約をして弁済する。482条）をすればＢ・Ｃは債務を免れるし、Ａが900万円を給付したのにＤが受領を拒んだ場合は、Ａがそれを法務局に供託（494条）すれば、Ｂ・Ｃも債務を免れる（弁済、代物弁済、供託についての説明は、本書第**7**章Ⅱ、Ⅲ、Ⅳを参照）。なお、弁済の提供に対する債権者の受領遅滞（第**3**章Ⅴ参照）も、全債務者に対して絶対的効力を生じる。

　ⓑ相殺（改正法439条）　たとえば、900万円の債権者Ｄに対して連帯債務者の１人Ａが500万円の反対債権を持っている場合に、Ａがその500万円で相殺すると、Ｂ・Ｃもその分だけ債務を免れ、以後、Ａ・Ｂ・Ｃは400万円の連帯債務を負担することになる（439条①項）。また、上のケースでＡが自ら相殺をしない場合でも、Ｂ・Ｃは、ＡのＤに対する反対債権のＡの負担部分の限度で、債権者Ｄに対して履行を拒むことができる（同条②項）。つまり、Ａの反対債権のうち負担部分300万円については、Ａが反対債権を持っていることを理由に、Ｂ・Ｃは履行を拒絶できるのである（相殺についての説明は、本書第**7**章Ⅴを参照）。

　ⓒ更改（438条）と混同（440条）　連帯債務者の１人Ａが債権者Ｄと

の間で、従来の債務を消滅させて新債務を発生させる更改契約（513条）をすると、（旧債務は消滅するのだから）他の債務者B・Cは債務を免れる。たとえば900万円の貸金債務を消滅させて、代わりにある製品の給付債務を発生させるというような場合である。ただし更改という制度自体が今日ではそれほど多くは使われない。また、連帯債務者の1人Aが債権者Dを相続したりして、混同（1人の人間が同じ債権の債権者と債務者の立場を合わせ持つ。520条）が生じた場合も、Aは弁済したものとみなされる。したがって、債務は総債務者のために消滅し、混同を生じた債務者は他の債務者に対して求償するという関係だけが残る。しかしこれもごくまれにしか起こらないことである（なお、相殺と更改および混同についての説明は、本書第**7**章Ⅴ、Ⅵを参照）。

　③**影響関係⑵──相対的効力**　　上に述べた以外の事由は、相対的効力しか持たず、他の連帯債務者に影響を及ぼさない（441条）。平成29年改正で絶対的効力事由から相対的効力事由に変えられたものとしては、履行の請求、免除、時効の完成、がある（絶対的効力とする規定がなければ、原則としての相対的効力になる）。①まず、履行の請求は、絶対的効力事由としていた改正前434条が削除された。理由は、連帯債務には意思的な結合関係の弱いもの等、さまざまな種類のものがあるので、およそ連帯債務一般について請求の絶対的効力を認めたのでは、履行の請求を受けていない連帯債務者は知らないうちに履行遅滞に陥ったり消滅時効期間の更新がされたりする不利益があるからということのようである。債務者保護にはなるがその分債権者側の利益は小さくなる。②次に、免除については、絶対的効力事由としていた改正前437条が削除された。これは、連帯債務者の1人を免除する債権者の通常の意思は、他の連帯債務者には影響を及ぼさないというものであろうと考えられたことによる。もっとも、この改正後も、債権者と連帯債務者の1人との間に債務の免除があった場合、弁済をした他の連帯債務者は、免除があった連帯債務者に求償ができることは、改正法445条に明記されている。③連帯債務者の1人についての時効の完成も、同様に絶対的効力事由としていた改正前439条が削除された。これによって、連帯債務の担保的機能の強化を図ったとされる。なお、連帯債

務者の1人に時効が完成した場合に、債権者に弁済をした他の連帯債務者は、その時効が完成した連帯債務者に求償ができることは、上記の免除の場合と同様に、改正法445条に明記されている。

　したがって、改正後は、連帯債務者の1人に請求しても他の連帯債務者に請求したことにはならない（債権管理上の便利さが失われる）。一方、連帯債務者の1人を免除しても、それが他の連帯債務者に影響して債権全額の回収に支障をきたすということはなくなるし、連帯債務者の1人に時効が完成すると他の連帯債務者についても時効完成となるということもなくなる（これらの点は債権者にとって有利になる）。

　その他、従来から相対的効力事由となっていたものとしては、請求を除く時効中断（改正法では更新）事由や時効停止（改正法では完成猶予）事由、連帯債務者の1人の過失、遅滞、1人に対してなされた判決の効力、1人に対してなされた通知の効力、などが挙げられる。

　したがって、平成29年改正によって、ほとんどのものが相対的効力事由となり、その結果、連帯債務にまつわる論点が減少して簡明になったということはいえよう。ただこの改正の結果、連帯債務がより広く使われるようになるかという点は明らかではない（ことに請求の絶対的効力が失われたことは、債権管理上の魅力の減少につながろう）。

　なお、改正法441条ただし書には、「ただし、債権者及び他の連帯債務者の一人が別段の意思を表示したときは、当該他の連帯債務者に対する効力は、その意思に従う」とある。これは、平成29年改正の新設規定であり、相対的効力事由として規定してあるものについて、任意規定であるから絶対的効力事由にもできる、とするものである。ただ、この条文の読み方は、単純に「任意規定であるから絶対的効力にもできる」と読んだら不正確である。債権者A、連帯債務者B、他の連帯債務者C、Dとした場合に、AがBに請求するとして、他の連帯債務者の1人Cが、債権者Aと、そのBへの請求について「Cにも請求したことにする」と意思表示すれば、当該他の連帯債務者Cについては絶対的効力になるというだけであって、AとBが意思表示して「この請求はCに対してもしたことになる」としてもCについて絶対的効力を生じるわけではない。

④**内部関係** ⓐ求償権の存在　　連帯債務者は、主観的な協力関係にあるのだから、1人が弁済その他財産の出捐[6]をして総債務者の共同の免責を得たときは、当然他の連帯債務者に対して負担部分に応じた求償をすることができる（442条①項）。ここで大事なことは、もともと「**負担部分**」というのは固定的な金額でなく、「負担割合」と理解されてきたということである（大判大6・5・3民録23輯863頁等）。具体的にいうと、A・B・Cが900万円の連帯債務者で負担部分が平等であるとすれば、（最終的には300万円ずつを負担することになるのだが）それは「3分の1ずつ」という意味だから、たとえばAが600万円だけ弁済したとしても、BとCに200万円ずつの求償ができるし、同じくAが90万円だけ弁済した場合も、AはBとCに30万円ずつ求償できるのである。

　この点をより明瞭にするために、平成29年改正法442条①項では、弁済等をして他の連帯債務者に共同の免責を得さしめた連帯債務者が求償できる要件として、「その免責を得た額が自己の負担部分を超えるかどうかにかかわらず」「その免責を得るために支出した財産の額（その財産の額が共同の免責を得た額を超える場合にあっては、その免責を得た額）のうち各自の負担部分に応じた額の」求償権を有する、と、改正前の規定に修文を加えたのである（読みにくい条文だが、その意味は上記の例で金額を入れて説明したようになる）。

　ⓑ求償権の制限　　一般には上のように求償権が認められるが、それが制限される場合がある。つまり、自分が弁済することを他の債務者に知らせずに弁済すると他の債務者が不利になることがあるので（債権者に対して持っていた抗弁権を使いそこなったり、知らずに二重払いしたりする）、弁済の事前と事後に通知する義務を課し、その通知を怠って他の債務者に不利

---

[6]　出捐というのは何かしら財産的な支出ないし負担をすることである。これは民法を学ぶ学生の誤字ナンバーワンで、何度注意しても「出損」と書く人が多い。確かに出捐すると損をするのだが、「しゅつそん」という日本語はない。現代語でうまく置き換えたいところだがなかなかぴったりのものがない（似ているところでは「出費」くらいか）。平成16（2004）年の現代語化改正では、443条②項の「其他自己ノ出捐ヲ以テ」を「その他自己の財産をもって」と置きかえて、出捐の語を条文からなくした。

益を与えた場合は求償権を制限することにしたのである（443条）。

　具体的には、まず、他の連帯債務者がいることを知りながら事前の通知を怠った場合、たとえばA・B・Cの3人が負担部分平等でDに対して900万円の連帯債務を負っており、AがB・Cに黙って全額弁済したところ、CはDに対して100万円の相殺可能な債権を持っていたとする。この場合、AはCがDに相殺を主張する機会を奪ってしまったので、本来Cに300万円求償できたところを200万円しか求償できない（そうなった場合は100万円の債権はAからDに請求する。443条①項後段）。同様にAが事後の通知も怠り、その後Cが自分が弁済することを通知して（返事がなかったので）二重払いしてしまったという場合は、Cは自分の第2弁済のほうを有効とみなして逆に求償することができる（443条②項。この規定の意味は、第2弁済者Cが第1弁済者Aに対する関係で自分のした第2弁済のほうを有効なものとなしうるということで、CがAに、求償して回収した場合、AからDに対する不当利得〔703条または704条〕の返還請求の問題が残ることになる）。

　それではAが事前通知も事後通知も怠り、第2弁済者Cも事前通知を怠った（双方ともに過失がある）場合はどうなるか。判例（最判昭57・12・17民集36巻12号2399頁）は、443条は過失のある第2弁済者までを保護する趣旨ではないという理由で、この場合は原則に戻り、第1弁済を有効とするとしている。

　ⓒ無資力者がある場合の求償　　連帯債務者の中に無資力者（償還する資力のない者）がいる場合は、求償者（弁済者）と他の資力ある連帯債務者が、それらの負担部分に応じて負担する（444条）。たとえばA・B・Cが負担部分平等でAが900万円を弁済したところBが無資力であったとすれば、AとCで450万円ずつ負担しなさいということである（AはCに450万円求償できる）。

　この、無資力者が出た場合の求償関係において、他の資力のある連帯債務者の中に、負担部分ゼロの者があった場合はどうなるか（負担部分ゼロの連帯債務者というのは、債権者に対しては全額弁済義務を負うが、自分が債権者に弁済した分は結局他の連帯債務者に全額求償できる。連帯債務者となろ

うとする者の間で、こういう合意をすることももちろん自由であり、実際、債権者に対する信用力を高めるために、「名前だけ加わる」という趣旨で、負担部分ゼロの者が入ることもある）。Aが全額弁済しCは負担部分ゼロでBが無資力であるという場合（AとBの負担部分が平等だったとすれば）、判例には、Bの負担部分450万円をA・Cで平等に負担すべきとしたものもあるが、学説は、この場合はAのみが全額負担すべきとするものが多い。444条の規定からしても、負担部分ゼロの者には原則として求償できないとみるべきではなかろうか。ただし、この例でももともとA・Cともに負担部分ゼロで、Bのみが全額負担すべき立場であったのにBが無資力となり、Aが全額を弁済したというケースでは、A・Cはもともと同等の立場なので、Bの支払うべき900万円はA・Cが平等に負担すべきであるから、AからCへの450万円の求償は認められてよい（平成29年改正法の444条②項。大判大3・10・13民録20輯751頁および学説の通説の見解を条文化したものである）。ただし、もしAに過失があった場合（早く求償すればよかったのに放っておいたところBが無資力になった）は、AはBの負担部分を全部負担しなければならないから（444条③項）、Cに300万円しか求償できなくなる。

　ⓓ連帯の免除と無資力者がある場合の求償　　それほど多く問題になるものではないが、連帯の免除という概念がある。先に掲げた免除とは異なり、債権者が連帯債務者に対し、各自の負担部分だけを超えては請求をしない、と意思表示するものである。いわば連帯債務の「連帯」の要素を排除するもので、したがって、連帯債務者全員に対して連帯を免除すれば、各債務者の債務は分割債務（427条）となり、求償関係もなくなる（これを絶対的連帯免除と呼ぶ）。一部の債務者に対してのみこれをすれば、免除を受けた債務者だけは分割債務者となり、他の者は依然として元の債務全額について連帯債務を負担し、求償関係も残る（相対的連帯免除）。そこで、相対的連帯免除がなされたときの求償関係で無資力者が出た場合が問題になる。民法は、平成29年改正前は、これについて債権者に負担させるという特別規定を置いていたが、29年改正法で削除されたので、求償を受ける連帯債務者の中に弁済の資力のない者が含まれていたときは、上述の

444条のルールに従って処理されることになる。

⑥連帯債務者の1人との間の免除等と求償権　改正法で新設された445条は、改正法で相対的効力事由と変わることになった免除と消滅時効の完成について、連帯債務者の1人に対して債務の免除がされ、または連帯債務者の1人のために時効が完成した場合においても、他の連帯債務者は、その1人の連帯債務者に対して、求償をすることができると明記した（つまり、免除された連帯債務者は、債権者から請求されることはないが、弁済等をした他の連帯債務者から求償はされるということである）。この点に関する解釈上の議論に解答を与えたものである。

(5) 不真正連帯債務

　たとえば、Yの自動車とZのオートバイが衝突し、はずみで歩行者Xに怪我をさせたとしよう。この場合、Y・Zの共同不法行為(719条。債権各論で学ぶ[7])が成立し、XはY・Zの双方に損害賠償を請求しうる。このとき、719条の条文では「各自が連帯して」賠償責任を負うとしているが、YとZはお互いに相談して衝突したわけではないのだから、主観的共同関係はまったくないのである。そこで、近年、このY・Zの債務関係を学説は「不真正連帯債務」と呼び、Y・Z双方が全額の弁済義務を負うものの、主観的共同関係を根拠とするいわゆる絶対的効力事由はないものとし、判例もこの考え方を採用していた（したがって、たとえばXがZを免除してもYには全額賠償義務が残り、被害者の保護が図れるというわけである）。しかしながら、平成29年改正によって、免除など多くの絶対的効力事由が相対的効力事由に移されたため、不真正連帯債務という概念を用いる実益はなくなった（普通に連帯債務の規定を適用して同じ結論に至ればよい）。

(6) 連帯債権

　先にも述べたように、今回、平成29年改正で、連帯債権についての規定が新設された（432条〜435条の2）。その新設の理由は、あまり明らかで

---

[7]　池田『新標準・各論〔第2版〕』第**6**章Ⅳ(6)。

はないが、不可分債権との対比という理論的な整合性が考えられたようである。すなわち、債権者複数のケースで債権の目的が不可分ならば不可分債権、可分ならば連帯債権という整理である。それ以外の、具体的な利用例への対処という理由は立法段階であまり論じられていないようである[8]。

連帯債権の定義自体は、前述の連帯債務の定義と同様である。また、対外的効力（請求の仕方や履行の仕方）についても、連帯債務のそれと同様の規律となっている。しかし、連帯債権における、他の連帯債権者に対する影響関係は、連帯債務の、他の連帯債務者に対する影響関係とは異なる（絶対的効力事由、相対的効力事由が平成29年改正法の連帯債務とは一致していない）ことに注意したい。

すなわち、連帯債権については、絶対的効力事由に、更改（433条）、相殺（434条）、混同（435条）が挙げられるところは連帯債務と同じなのであるが、連帯債務と異なり、免除（433条）が絶対的効力事由に加わっているのである。これは、免除を相対効にすると、他の連帯債権者は、債務者に対して債権全体の履行を請求できることになるが（たとえば連帯債権者がA・B・Cと3人いて債務者がD1人としたときにAがDを免除したケースを考えればよい）、これにより得た全体利益のうち、免除をした連帯債権者に分与すべき利益の部分は債務者に償還しなければならなくなる（不可分債権における429条参照）。しかし、可分債権における連帯債権の場合はそのような手続を踏むのは迂遠であると考えられたためという。

---

[8]　近年、一部の学説は、後述する債権の二重譲渡（第**6**章参照）において、対抗要件たる確定日付のある通知が、複数、債務者に同時に到達したケースで、優劣が決定できないこれらの譲受人が持つ権利を、連帯債権（あるいは主観的結合関係がないので不真正連帯債権）になると説明したものがあるが、今回、それらの議論に解決を与える趣旨で規定が置かれたというような記述は見当たらない。

> ## ⟨⟪学習の道案内⟫⟩
>
> 　これから学ぶ保証債務や、次章以下に学ぶ債権譲渡、その後の弁済（債権の消滅）等は、みな実際の取引の中で大変重要な位置を占める。最近は、会社や銀行の中でも法務部門が大変重要になってきているが、それら企業法務や金融法務と呼ばれる分野でも、これらの知識は必要不可欠となっている。
> 　一方で、保証債務は日常生活の中でも必須の法律知識といえる。知人の債務の保証人になってくれと頼まれることもあるだろうが、これが実はよくよく注意しなければならないことなのである。保証債務における付従性や補充性などの性質、普通保証と連帯保証の相違等、しっかり学習しておきたい。
> 　「保証」については、世間の常識として誰もが一応知っているはずだが、正確な知識があるかというと、いささか疑問である。そこで学習に入る前にチェックテストをしておきたい。
> 　〔第1問〕 BはAから、Z銀行からお金を借りるので保証人になってほしいと頼まれた。さて、Bは誰と保証契約をするのか。
> 　〔第2問〕 前例で、Aからは、他にも保証人がいるから安心してと言われたが、契約後に、他の保証人はいないことがわかった。さて、Bは保証人をやめられるか。
> 　〔第3問〕 前例で、Aに判を押してと言われた箇所には「連帯保証人」と印刷してあった。さて、BはZ銀行の弁済請求を受けたときに、「債務者Aのほうに先に請求してくれ」と言えるか。
> 　現在持っている知識で考えて、とりあえず答を出してから以下を読んでほしい。

V　保証債務

(1)　保証債務の意義

　①意義　　たとえば、ZがAに融資をする場合、Zは貸金の回収を確保するために、Aから物的担保や人的担保を取る。**物的担保**というのは、たとえばAの不動産に抵当権を設定したり、Aの所有する品物に質権を設定したりするものであるが、A以外のBやCにも債務を負わせてAが弁済できなければBやCから回収できるようにするのが人的担保である。物的担保は確実性があるが、債務者が適当な担保物を持っていないと設定できない。これに対して**人的担保**は、第三者の資力を引当てにするので担保力の変動の危険も大きいが、比較的容易に設定できる利点がある。保証

は、その人的担保の代表的なものである。

保証債務とは、債務者 A（「主たる債務者」と呼ぶ）の債権者 Z に対する債務の弁済を担保するために保証人（1 人でも複数でもよい）が債権者 Z に負う債務である。したがって保証債務は、多数当事者の債務関係の 1 つといっても、当事者が複数になった関係を整序するというより、もっぱら債権担保の機能のために当事者を増やした制度である。

なお、会社や学校に知人が入るときの「保証人」というのは、いわゆる身元保証というもので、少し性質が異なる。これについても後で説明する（後述⑼）。

②**性質**　保証債務は以下のような性質を持つ。ことに付従性と補充性を問題にしながら後続の成立や効果を考えていくとよい。

ⓐ独立債務性　保証債務は、主たる債務とは独立の債務である。後の成立のところでも繰り返すように、保証債務は、債権者 Z と保証人 B との間の契約で成立するもので、債権者 Z と債務者 A との間の契約で成立した主たる債務とは別物である。

ⓑ付従性　保証債務は、主たる債務に付き従う性質を持つ。つまり、主たる債務の存在を前提とし、主たる債務と運命を共にするのである（成立・存続の付従性）。主たる債務が消滅すれば保証債務も消滅するというわけである。また、保証債務はその内容において主たる債務より軽くてもよいが重くはできない（内容の付従性。主債務が 500 万円で保証債務が 600 万円というときは、500 万円まで縮減される。448 条①項）。また、保証契約締結後に主たる債務が加重されたとしても、保証人が負う債務は加重されない（448 条②項）。ただし保証人が保証債務について、（主債務のほうにはない）違約金の約束をしたりすることは問題がない。これは、債務の内容を主債務より重くしているのではなく、保証債務の履行を確実にすることが意図されているだけだからである。

ⓒ随伴性　保証債務は、担保の一種であるから、債権譲渡などで債権者が代わっても、債権に随伴して新しい債権者のところに移る（ただし、債務者が交代する債務引受の場合（第 **6** 章Ⅳ参照）には、保証人が特に同意しない限り随伴しない。保証人にとっては債務者がどういう人でどのくらい資産

があるのかが最も重大な関心事なのであって、勝手に債務者が代わっては保証人が不利益を被るからである）。

　ⓓ補充性　　保証人は、主たる債務者がその債務を履行しないときに初めて履行の責めに任じる（446条）のが原則である。これを保証債務の補充性という。補充性は、次の２つの抗弁（請求に対して言い返せる権利）に現れている。①債権者の請求に対して、先に主たる債務者に請求してくれといえる「催告の抗弁」と、②債権者が強制執行してきたときに、主たる債務者にも執行すべき財産があるとして先に主たる債務者に執行をかけてくれといえる「検索の抗弁」である。ただし、注意すべきことは、後述の連帯保証になると、この補充性がなくなってしまうことである（つまり、連帯保証人は、本人より先に自分のほうが請求を受けた場合でも弁済しなければいけないのである）。

(2)　保証債務の成立

　①保証契約　　保証債務は、債権者Ｚと保証人Ｂとの間の保証契約によって成立する。もっとも、多くの場合は、Ｂは債務者Ａから保証人になってくれと頼まれて契約するのだろうが、そのときの契約の相手方は債権者Ｚである。債務者Ａと保証人Ｂの間の「保証委託契約」は、あってもなくてもＺ・Ｂの保証契約の成立には関係がない。つまり、Ａ・Ｂ間の事情は、Ｚ・Ｂ間の保証契約の内容とはならないのである（したがって、Ａから他にも保証人がいるからといわれて保証人になったが実は他には保証人がいなかったというケースでも、保証契約を要素の錯誤により無効（平成29年改正後は重要な錯誤による取消し）にすることはできないとした判例がある。最判昭32・12・19民集11巻13号2229頁）。

　なお、これまでは民法上、保証契約の成立について特段の規定がなかった。しかし、保証人は無償で一方的に債務の負担を負うことになる。そこで、軽々に契約を成立させないよう、平成16（2004）年の改正で、保証契約は書面でしなければその効力を生じないという規定を新設した（446条②項。つまり保証契約は要式契約ということになった。なおこの「書面」はコンピューター上の電磁的記録によってされたものでもよい。同条③項）。

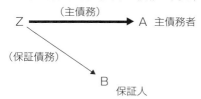

●主契約と保証契約（矢印は債権の向き）

②保証人の資格　一般には、保証人となるためには別段資格を要しないが、主たる債務者が法律の規定や債権者との契約によって保証人を立てる義務を負っている場合には、行為能力を有し、弁済の資力を有する者を立てなければならない（450条①項）。また、弁済の資力を有しなければならない保証人が無資力になった場合は、債権者は、行為能力があり弁済資力のある代わりの保証人を立てるよう、主たる債務者に請求することができる（450条②項）。ただし、債権者のほうから指名した保証人が、制限行為能力者であったり、無資力になったというのであれば、これらの規定は適用されない（450条③項）。

③主たる債務の存在　先に述べた付従性から、主たる債務が不成立だったり、すでに消滅しているときは、保証債務も成立しない。また、主たる債務者が、民法が保護している制限行為能力者（未成年者、成年被後見人、被保佐人、被補助人）であった場合も保証契約自体は有効に成立するが、主たる債務を発生させた契約の意思表示が制限行為能力を理由に取り消された場合は、保証債務も同様に消滅する[9]。

(3) 保証債務の効力

①債権者・保証人間の効力（対外関係）　連帯債務まででは、対外関係として債権者と複数の債務者（あるいは債務者と複数の債権者）との間の効力を学んだ。保証債務の場合には、債権者と主たる債務者との関係は本来の1対1の関係だから特に論じる必要はなく、対外関係としては債権者と保証人との間の効力を検討することになる。

　ⓐ保証債務の内容　保証債務の内容は、当事者の特約がなければ、保

証債務の付従性と保証契約の契約内容とによって決定される。たとえば、100万円の主たる債務につき保証した場合は保証債務も100万円になるが、当事者（すでに学んだ通り、保証人と債権者）が特に50万円だけ保証するという契約をすれば、そういう保証債務が発生する。そして保証の範囲は、主債務のほか主債務に関する利息、違約金、損害賠償などに及ぶと規定されている（447条①項）。なお、保証債務は金銭債務だけに成立するのではないから、たとえば売主の目的物引渡債務に保証人がつくこともある。その場合、品物に瑕疵があって、売主が代金を得た後で契約が解除されたとすると、売主には解除によって原状回復義務（代金を返す義務）が発生するが、そこまで保証債務は及ぶか。最高裁はかつては否定していたが、現在はこれを肯定している（つまり、売主本人が返せなければ保証人に返済義務がある。最大判昭40・6・30民集19巻4号1143頁等）。

　⑥保証人の抗弁　　保証人の抗弁としては、保証契約の補充性から導かれる、催告の抗弁と検索の抗弁があることはすでに述べた。ただしこれらは連帯保証人には与えられていないことを繰り返し注意しておく。**催告の抗弁**（452条）は、債権者がまず保証人に対して履行を請求してきた場合は、先に主たる債務者に請求してくれといえる権利である（ただしこれは主債務者が破産手続開始決定を受けたり、行方不明であるときには行使できない。452条ただし書）。**検索の抗弁**（453条）は、債権者が先に保証人の財産に強制執行をかけてきたときには、保証人は、主債務者に弁済の資力があり、かつ執行の容易であることを証明すれば、まず主債務者の財産に対し

9　しかし例外として、主たる債務に債務者の無能力を理由とする取消原因があることを保証人があらかじめ知っていた場合には、保証人は、主たる債務が取り消されても、「（取消前の主たる債務と）同一の目的を有する独立の債務」を負担したものと推定される（449条）。あらかじめ取消原因のあることを知っていたのだから、主契約が取り消されても債権者に損害を及ぼさない意思で保証したものと推定して保証人の責任を認めた規定であるが、保証人が一般的にそこまでの意思を持っているかは疑問もある（この規定も「推定」であるから、反対の証明は当然許される）。また、この規定が問題にするのは無能力を理由とする原因のみであり、それ以外の取消原因（たとえば詐欺や強迫など）については449条の推定は働かないと考えられている。

て執行すべきことを主張できる権利である。「執行の容易さ」については判断の微妙な点があるが、一般論としては、主債務者の財産が金銭や有価証券の形で存在すれば、執行は容易である（不動産のほうが困難とされる）。

　もう1つ、保証債務の付従性から、保証人は、主債務者が債権者に対して持っている抗弁を援用する（自分の利益のために使う）ことができる（457条②項）。たとえば、主債務者が債権者に対して同時履行の抗弁（533条。品物を引き渡すまではお金は払わない、などということ）を持っている場合は、保証人も債権者に対してそれを行使できる。また、主たる債務が消滅時効にかかっているときは、保証人はその消滅時効を援用することができる。この場合、主たる債務者が時効利益を放棄しても無関係である（大判昭6・6・4民集10巻401頁[10]）。

　さらにその先の問題として、主たる債務者の持っている相殺権（主債務者が債権者に対して反対債権を有している）や取消権（詐欺や未成年を理由とするもの等）または解除権を保証人が行使しうるかという論点がある。相殺権は改正前457条②項で認められていたが、取消権については従来の判例は、保証人は民法120条に規定する取消権者に当たらないとして、その行使を認めず（大判昭20・5・21民集24巻9頁）、学説はこれに批判的で、保証人の取消権行使を認める見解が何通りか主張されていた[11]。そして平成29年改正によって、注**11**の④説が採用され明文化された（457条③項）。結局、相殺権、取消権、解除権とも、単純に主債務者の権利を援用できるのではなく、主債務者がその債務を免れる限度で、保証人は債権者に対して債務の履行を拒むことができるという、履行拒絶権構成になったのである。

②主債務者・保証人間の効力（影響関係）

　影響関係についても、連帯債務までは、同列の債務者相互の影響関係をみたわけだが、保証債務の場合は、主債務者から保証人への影響と、保証人から主債務者への影響と

---

[10]　もっとも、消滅時効完成後に主たる債務者が債務の承認をし、それを知った保証人も、保証債務を承認したという場合は、保証人は主たる債務の時効の援用によって責任を免れることは、信義則上許されない（最大判昭41・4・20民集20巻4号702頁等）。

ではまったく状況が異なることに注意を要する。

　まず、主債務者に生じた事由は、保証の付従性によって、すべて保証人にも効力を生じる。たとえば主債務者に請求などをして、主債務者の時効が完成猶予ないし更新となれば、保証人に対しても同様となる（457条①項）。また保証人は、主たる債務者が主張することができる抗弁をもって、債権者に対抗できる（同条②項）。これに対して、逆に保証人に生じた事由は、弁済その他債務を消滅させるものを除いては、原則として主債務者に影響を及ぼさない。たとえば、保証人が債務を承認して時効が更新されても主債務者の時効は更新されない（なお連帯保証の場合は後掲⑸③ⓑ参照）。

　③債権者の情報提供義務　　委託を受けた保証人の場合、債権者は、保証人から請求があったときは、主たる債務の元本、利息、違約金、損害賠償等についての不履行の有無等について情報を提供しなければならない（改正法458条の2）。保証人が主債務者の債務不履行状態を長期間知らずに多額の保証債務を抱えたりすることを避けるための新設ルールである（保証人は個人・法人を問わない）。さらに、個人保証の場合、債権者は、主たる債務者が期限の利益を失ったときは、その利益の喪失を知った時から2か月以内に、保証人にその旨を通知しなければならない（改正法458条の3①項）。期間内に通知をしなかった場合は、期限の利益を喪失した時からその旨の通知をした時までの遅延損害金が請求できなくなる（同条②項）。こちらは個人保証人保護のための新設ルールであり、保証人が法人の場合には適用しない（同条③項）。

---

[11]　学説としては、①保証人は独自の取消権行使権能を持ち、主たる債務者が追認した後でも保証人は取消権を行使できるとする説、②保証人は主たる債務者の取消権を自己のために行使でき、したがって主たる債務者が追認するまでは取り消すことができ、いったん取り消せば主たる債務者が追認しても影響を受けないとする説、③前説と同様に、主たる債務者の取消権を行使することができるが、後に主たる債務者が追認をすればこれに従うとする説、④実質的には③説と同旨だが、保証人が主たる債務者の取消権そのものを行使するわけではなく、主たる債務者が取消権を持っている間は保証人は履行を拒絶できるとする説、などがある。③④が有力であった。私見は、やはり取消権は契約当事者のみが持ちうると考えるべきであるとして、前版時から④説を支持していた。

⑷ 保証人の求償権

保証人が主債務者に代わって債権者に弁済した場合は、保証人は主債務者に求償ができる（多数当事者の債権債務で言えば「内部関係」の問題であるが、保証債務の場合は、主債務者が弁済した場合は求償の問題は起こらない）。保証人は一般には主債務者に委託を受けて（頼まれて）保証人になるケースが多いが、なかには頼まれないのに保証人になるケースもある。民法は、委託を受けたケースと受けないケースで求償権のあり方に差をつけている。

①委託を受けた保証人の求償権　保証人は弁済等の出捐行為の後で求償できるのは当然である（「事後求償権」という。459条①項）。求償権の範囲は、連帯債務の場合と同じで、弁済額のほか、免責のあった日以後の法定利息や避けることのできなかった費用、その他損害賠償に及ぶ（同条②項）。ただし連帯債務の場合と同様、この弁済等をする前と後に主債務者に通知をしておかないと、求償権が制限されることがある（後述の463条の解説参照）。

②委託を受けた保証人の弁済期前に弁済等をした場合の求償権　少し細かい話になるが、委託を受けた保証人は、主債務の弁済期が来る前に保証債務を履行することは許される。しかしながらその場合、保証人は、主たる債務者の期限の利益（弁済期が来るまでは弁済しなくてよい）を害することはできない。この配慮から、平成29年改正で付け加えられたのが459条の2である。すなわち、同条は、保証人が主債務者に対して求償権を行使できるのは弁済期が来てからであり（同条③項）、かつその場合に取れる、支払日までの法定利息は、弁済期が来てからの分のみであって、弁済期前に弁済をした日からではないとした（同条②項）。

さらに同条①項は、求償できる額は、主たる債務が消滅した当時利益を受けた限度とした。ということは、もし期限前弁済をした時点で主債務者が債権者に対して反対債権を持っていて相殺可能であったというのであれば、その当時利益を受けてはいないことになり、求償はできないことになる（ただその場合は保証人は、その相殺で消滅すべきであった分の額を債権者に請求できる。同条①項後段）。

③委託を受けた保証人の事前求償権　委託を受けてなった保証人の場

合には、それに加えて、特に、弁済等の出捐行為をする前に求償できる場合が規定されている（「**事前求償権**」という）。これはもちろん例外的な規定であるが、頼まれてなった保証人を不利にしすぎないように配慮した（弁済した後で債務者が無資力のため求償できないような状況を避ける）ものである。保証人が過失なしに、債権者へ弁済するよう判決の言い渡しを受けたとき（460条3号）とか、主債務者が破産手続開始決定を受け、かつ債権者がその財団の配当に加入しないとき（460条1号）、債務が弁済期にあるとき（ただし、保証契約の後に債権者が主たる債務者に弁済期限を許与したとしてもそれを主債務者は保証人に対抗できない。460条2号）、という3つの場合が規定されている。もっとも、主債務者は、保証人が事前の求償権を行使してきても、無条件でそれに応じる必要はない。事前求償に応じても、保証人のほうで債権者に弁済してくれない可能性が残されているからである。そこで、債務者としては、債権者が全部の弁済を受けない間は、保証人に担保の提供を求めたり、自分を免責するよう要求したり（461条①項）、あるいは、保証人に対して償還すべき金額を供託する（461条②項）ことができる。

　④委託を受けない保証人の求償権　　委託を受けない保証人は事前求償権は持たない。しかし実際に自己の出捐をして債務を消滅させた後の事後求償権は、以下のような限定された範囲ではあるが持つことができる（出捐行為の事前と事後に債務者への通知を怠った場合の求償権の制限は、上の委託を受けた保証人の場合と同様である）。

　ⓐ委託を受けないが保証人となったことが主債務者の意思に反しない場合は、保証人の出捐行為の当時に主債務者が利益を受けた限度で求償することができる（462条①項。459条の2①項の規定を準用するとあるのはそういう意味である）[12]。すなわち、求償権の範囲として、利息、費用、損害賠償を含まない。

　ⓑ保証人となったことが主債務者の意思に反する場合は、さらに範囲が狭く、求償の当時に主債務者が利益を受ける限度で求償しうるにとどまる（462条②項）。たとえば、ZのAに対する100万円の債権について、債務者Aの意思に反して保証したBが100万円をZに弁済した直後に、Aが

Ｚに対して40万円の反対債権を取得したという場合、それからＢがＡに求償しても、求償の当時にはＡはＺに対する40万円の反対債権をもってＺの債権と相殺することができた立場にあるのだから、この段階でＡが利益を受ける限度は60万円ということになる。したがって、ＡはＢに60万円だけ給付すればよい。なおその結果、ＡのＺに対する40万円の債権はＢに移転し、ＢがＺに40万円を請求できる（462条②項後段）。

なお、委託を受けない保証人が主たる債務について期限前弁済をしたとき、求償権を行使できるのは、先述の委託を受けた保証人が期限前弁済をした場合と同様に、主債務の弁済期が到来して以後である（462条③項による459条の2③項の準用）。

⑤通知を怠った保証人の求償の制限等　保証人が主たる債務者にあらかじめ通知をしないで債務の消滅行為をした場合のルールは、平成29年改正前は、委託を受けた保証人も委託を受けない保証人も同じく連帯債務の443条の規定の準用に服するとされていた。平成29年改正は、それを委託を受けた保証人だけのルールと改めたのである。その理由は、委託を受けない保証人の場合は、そもそも求償できる範囲が限られているので、事前通知義務を課するまでもないと考えられたからということである。

463条①項は、委託を受けた保証人が主債務者にあらかじめ通知をしないで債務の消滅行為をしたときは、主債務者は、債権者に対抗することができた事由をもってその保証人に対抗することができ（委託を受けた保証人の事前通知義務）、その場合に、債務者が相殺をもって対抗したときは、その保証人は、債権者に対し、相殺によって消滅すべきであった債務の履行を請求することができるとしている。

同条②項は、同じく委託を受けた保証人について、主債務者が債務の消

12　民法は697条以下に「事務管理」という制度を規定している。事務管理は、「頼まれないのに（契約がないのに）他人のために何かしてやった場合で、それがその他人の利益になっているのなら、報酬はもらえないがかかった費用だけは返してもらえる」というものである（詳細は池田『新標準・各論〔第2版〕』第4章）。委託を受けない保証人の求償権は、理論的にはこの事務管理の費用償還請求権で、それについての特別規定がここに置かれていることになる。

滅行為をしたことを保証人に通知することを怠ったため、その保証人が善意で債務の消滅行為をしたときは、その保証人は、その債務の消滅行為を有効であったものとみなすことができるとしている（主債務者の事後通知義務）。これも443条の規定と同様であり、また、主債務者と保証人の両者が事後・事前の通知を怠った場合の問題は、これも連帯債務の場合と同様に、従来からの判例・学説の議論にゆだねられている。

同条③項は、保証人の事後通知義務とその違反に関する規定である（改正前463条①項により準用される443条②項の規定を一部修正）。保証人が債務消滅行為をした後で主債務者が債務消滅行為をしたという場合は、主債務者の意思に反する保証人の行為はもちろん、保証人の事後通知がなかったので主債務者が善意で消滅行為をしたときはすべて、主債務者はその債務の消滅行為を有効とみなせるというものである。

〈用語解説〉
物上保証人

大変紛らわしい用語だが、物上保証人というのは、保証人とはまったく異なる。たとえば、債権者Ｚと債務者Ａがいるときに、ＡのＺに対する債務の担保として、Ｃが自己の有する不動産にＺのために抵当権を設定した場合、Ｃを物上保証人という。つまり、物上保証人とは、「他人のために自己の不動産を担保提供した者」をいうのである。これがいわゆる保証人とどこが決定的に違うかといえば、保証人は、（普通保証でいえば）Ａの負っている債務（主債務）をＡが履行しない場合に代わって履行する立場であって、その場合Ｚから履行の請求を受けて支払いをする、つまりＺに対して債務を負っているのである。これに対して物上保証人は、Ａが支払いをしなければ自分の提供した担保物の担保物権が実行されてしまう、というだけであって、Ａが支払わないからといってＺから支払請求を受けるわけではない。つまり、物上保証人はＺに対して債務を負わず、責任だけを負っているのである（本書第**3**章Ⅰ(3)参照）。ただし学説の中には、物上保証人といわゆる保証人とについてなるべく同じ扱いをすべきとするものもある（保証人の事前求償権の規定を物上保証人に類推適用するなどという主張であるが、私見は反対である）。保証人と物上保証人との関係が問題になるのは、後の弁済による代位のところ（第**7**章Ⅱ(7)④）である。

(5) 連帯保証

①意義　連帯保証とは、保証人が主債務者と連帯して債務を負担する特約のある保証である。複数の保証人同士が連帯するのではなくて、保証人が主たる債務者と連帯する点に注意を要する[13]。連帯保証ももちろん保証債務の一種であるから、主たる債務に付従するので、付従性から生じる効果については通常の保証債務と同様であるが、連帯保証には、通常の保証（普通保証と呼ぶこともある）と異なり、保証人が主債務者と連帯していることから、補充性がないことが最大の特徴である。つまり、連帯保証人は主債務者が弁済しない場合にだけ責任を負うのではない。したがって、連帯保証人は、既に述べたように、「催告の抗弁」「検索の抗弁」を持たない。債権者としては、主債務者の資力の有無にかかわらず、最初から直ちに連帯保証人に債務全額の請求ができる（♪**学習の Key Point**）。このように、債権担保の効力が大きいので、連帯保証は、今日の取引社会では、事実上これが保証の原則形態になっているといわれるほどに広く利用されている（しかしそのため特に個人がする金銭債務の連帯保証については、後述するように社会問題化するほどに悲惨な状況になるケースも生じている）。

②成立　連帯保証が成立するためには、保証契約においてとくに「連帯」である旨の特約があることを必要とする。なお、主たる債務が商行為によって発生したものであるとき、または保証契約が商行為にあたるときは、その保証は連帯保証となる（商法511条②項）。

③効力　ⓐ債権者・連帯保証人間の対外的効力　債権者が連帯保証人に対して有する権利は、連帯債務の場合とほとんど異ならない。また、同一債務について複数の連帯保証人がいる場合も、（それぞれが主債務者と連帯しているのであるから）それぞれが全額の賠償責任を負う（後述する共同

13　連帯保証は、保証人が主たる債務者と連帯するのである。これを、複数の保証人同士が連帯すると間違える人が必ずいる。そればかりか、連帯保証は複数の人が保証負担を分かちあうのだから保証人と連帯保証人では連帯保証人のほうが負担が軽いのだと誤解している人もいる。これはもちろん逆で、連帯保証人のほうが圧倒的に負担が重い。また後述するように、複数の保証人がいるのは次の共同保証であり、共同保証の場合の保証人同士が連帯するのはこれも後述のように保証連帯という。

保証の場合の「分別の利益」は連帯保証人にはない）。

　ⓑ主たる債務者・連帯保証人間の影響関係　　ここでは、保証債務の基本的性質の考察から入る必要がある。まず、保証債務の付従性の原理から、主たる債務者について生じた事由の効力は、普通の保証と同様、すべて連帯保証人に及ぶ（判例・通説）。したがって、既に述べた457条は、普通保証の場合だけでなくそのまま連帯保証にも適用される。逆に連帯保証人のほうに生じた事由が主たる債務者に及ぶのは、限定的で、458条に挙げられた中の3つの絶対的効力事由、すなわち、更改（438条）、相殺（439①項）、混同（440条）のみが、連帯債務の規定の準用という形で主たる債務者に及ぶのである（もう1つ441条が挙げられているが、441条は、その他の相対的効力事由の規定であるから、これらは準用されても連帯保証人に生じた事由は主たる債務者に及ばないということである）。なお、平成29年改正前は、連帯債務の絶対的効力事由に履行の請求と免除が含まれていたが、改正によってそれらが相対的効力事由に変わったので、連帯保証人に請求や免除をしても主たる債務者には影響しないことになった点が重要である。

　ⓒ連帯保証人から主たる債務者への求償関係　　これは普通保証の場合と同様である。

　④連帯債務と連帯保証の比較　　連帯債務と連帯保証はどちらが債権者にとって有利か。全員を直接債務者とする連帯債務のほうが一見確実で有利にみえるかもしれないが、実は取引の上で債権者に有利なのは連帯保証のほうである。なぜなら、まず債権の効力としては上に見たように両者はほとんど変わらないうえ、債権の維持・管理が連帯保証のほうが容易なのである。どういうことかというと、それは上記の付従性の問題である。平成29年改正後にはその違いがさらに顕著になったのだが、連帯債務の場合、改正後は請求に絶対効がなくなったので、1人の連帯債務者に請求しても他の連帯債務者には請求したことにならない。また、その他の通知などはもともと相対効しかないので、たとえば債権譲渡の対抗要件を具備する通知（第6章Ⅱ(4)参照）についても、連帯債務者全員に通知しなければならない。しかし連帯保証ならば、請求も通知も、主たる債務者にすれば連帯保証人全員に効力を生ずる。

つまり債権者としては、連帯債務の場合は常に全員の債務者を相手にしていなければならないが、連帯保証なら、（契約時に連帯保証人の保証意思を十分確認したうえで）主債務者だけを相手にして債権を維持・管理していけばよい。こういう債権管理が、企業法務や金融法務では大変重要なので、実務では連帯債務よりも連帯保証が多用されるのである（また、一般市民には、連帯債務者となることは拒んでも、連帯保証人ならば一歩下がった感じなので比較的容易に契約する人も多いといわれる。しかし、実際には連帯保証人になることは、連帯債務者と同様の、直接の債務者並みの負担を負うこととなる。この点の正確な法律理解は必ず持たなければならない）。

学習の Key Point

連帯保証というのは、複数の保証人が１つの債務を保証する共同保証とは異なり、保証人が主たる債務者と連帯するのである。連帯保証には補充性がないということは、連帯保証人は主たる債務者の後ろにいるのではなくて、同列に並んでいることを意味する。だから連帯保証人は、債権者が先に主債務者に請求したかどうかにかかわらず、債権者から請求されたら全額を支払う義務がある。なお、連帯保証人は主たる債務者と連帯するのだから、複数いても、各連帯保証人が債権者との関係では全額の支払義務を負う。

(6) 共同保証

①共同保証の意義と分別の利益　同一の主債務について複数の保証人（普通の保証人でも連帯保証人でもよい）のある場合を共同保証という。普通保証で保証人が複数の場合の共同保証では、各保証人は「分別の利益」を持ち、保証額を平等に人数で割った額についてのみ、保証債務を負担すればよい（456 条）。たとえばC・Dの2人がBの 500 万円の債務の普通保証人となった場合は、2人とも 250 万円ずつ保証債務を負えばよいのである。しかし、C・DがそれぞれBの連帯保証人である場合は、それぞれが全額の負担義務を負うので、共同保証であっても分別の利益はない（連帯保証人は、何人いても、それぞれが主たる債務者と連帯しているのであるから、債権者に対する関係では、請求されたら各人が1人で全額払う義務があること

● 共同保証の類型
① 普通保証人による共同保証

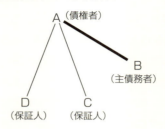

② 連帯保証人による共同保証

③ 普通保証人の相互間に保証連帯のある共同保証

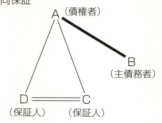

に注意したい)。なお、共同保証の場合の保証人同士が、(たとえば普通保証人が2人いるなら本来債権者に対しては半分ずつ保証債務を負担すればよいところを)お互いに債権者に対しては相手の分まで支払うという約束をしている場合を「**保証連帯**」と呼ぶ。この場合も分別の利益はなくなる。

②共同保証人相互の求償 各共同保証人は、主債務者に対して各自の弁済した負担部分につき求償権を取得することはもちろんであるが、分別

の利益のあるときに、もし共同保証人の1人が自己の負担部分以上の弁済をした場合は、他の共同保証人に対する関係では、あたかも前述の委託を受けない保証人が弁済した場合と類似するので、その規定（462条）が準用され、他の共同保証人に対する求償権も取得する（465条②項）。

　分別の利益がないとき（連帯保証人同士、あるいは普通保証人同士でも相互に保証連帯があるとき）は、各共同保証人は、債権者に対して全額弁済の義務がある。そこで、1人の共同保証人が全額または自己の負担部分を超える額を弁済して他の共同保証人を免責させれば、他の共同保証人に対して、連帯債務者相互間と同様な求償権を有することにした（465条①項）。ただし、ここでは連帯債務との違いに注意すべきである。連帯債務のほうでは、負担部分は負担割合であるから、弁済額が負担部分額を超えなくても、その割合で求償できる。しかし保証のほうでは、少なくとも自己の負担部分（責任範囲）を超える額を弁済して他の共同保証人を免責させたことが求償の条件となる。

(7)　継続的保証

　①根保証・信用保証　　たとえばBがAから何度も繰り返して品物を買う契約を続けている場合（小売商と卸商の売掛取引など）のように、一定の継続的取引関係から発生する将来の債務を保証する保証を「根保証」という。Bがそのつど代金の支払いをしていれば具体的な保証債務額は発生しないが、未払い分が増えれば保証債務額が大きくなるというように、保証債務額が増減するのが特徴である。同様なもので、ある人が銀行と継続的な融資取引の契約をした際に、それについて発生する将来の債務を保証するものを特に「信用保証」と呼ぶこともある。これらの継続的保証については、通常は保証する最高限度額と保証期間などを決めて契約する。保証期間については、保証契約に定めがあれば、もちろんそれに従う。これまでの判例では、期間の定めがなくても公序良俗に違反して無効とはいえない（最判昭33・6・19民集12巻10号1562頁）とされ、ただ保証期間の定めがない場合には、保証人は相当の期間の経過後は保証契約を将来に向かって解除することができると解されている（大判大14・10・28民集4巻656頁）。

しかし根保証は、一度の契約で何回もの取引をまとめて保証するので、債権者には大変便利であるが、保証人にはそれだけ長期に大きな負担が課されることになる。そこで、平成16（2004）年改正では、**個人のする貸金等債務の根保証**については責任を制限する規定を新設した。すなわち、まず個人のした極度額の定めのない貸金等債務の根保証契約は無効とし（465条の2②項）、つぎに責任期間については、**元本確定期日**の概念を入れて、それを契約で定めておけば5年以内、定めていなければ3年（5年より先の期日を定めたときも定めのないものとなり同じく3年）で元本が確定するとして、それ以上は保証額が増えない扱いとした（465条の3①項②項）。そして、この個人根保証契約等における保証人の保護は、平成29年改正で一層強化されることになる（後述本章⑽参照）。

②保証債務の相続性　父親が誰かの保証人になったまま死亡したとする。この保証債務は相続されるか。通常の保証の場合、相続開始前に発生した具体的な保証債務を相続人が相続するのはいうまでもない。問題は、根保証などで、まだ具体的な保証債務が未発生（根保証契約はしたが、まだ債務者BはAから何も借り入れたりしていない）の場合はどうか。判例は、保証期間および限度額の定めのない根保証債務の相続性を否定しており、根保証・信用保証において相続開始後に発生した債務については保証人の責任は及ばないとされているようである（最判昭37・11・9民集16巻11号2270頁）。

③賃借人の債務の保証　このほか継続的保証としては、賃借人の債務の保証がある。賃貸借契約から生じる、賃料債務などを保証するものである。これに特有の問題点は、保証期間（賃貸借契約が更新されても本来は保証契約は更新されない。ただし、特別法の規定によって期間の更新が原則的に認められている場合は、保証債務も継続すると解される）、賃借権の譲渡・転貸（賃借人が賃貸人の承諾を得て賃借権を譲渡した場合は、保証債務は当然に消滅する。承諾を得て転貸借した場合は、賃借人には転貸人としての債務が残るので、その限りで保証債務も存続する）、相続性（根保証のように急に負担が増えたりするおそれはないので、判例は、相続性を認めている。大判昭9・1・30民集13巻103頁）などがある。

(8) **機関保証**

　この他に、機関保証といって、信用保証協会等の保証専門機関が、中小企業等が金融機関から融資を受ける際に、業務として保証人になるやり方がある。信用保証協会というのは、十分な担保物を持たない企業でも融資が受けられるように、特別法によって設立された専門機関であり、申込者から保証委託料を取って保証をするものである[14]。融資する債権者にとっては（保証機関から必ず弁済が受けられるので）大変安全である反面、焦げつきのリスクを負う保証機関のほうは、債務者への求償を強化するさまざまの手段を契約中で講じており、判例もそれを認めている（保証機関と債務者との間の求償権の利率に関する特約や、保証機関と他の物上保証人との間の代位割合に関する特約の、第三者に対する効力を認めた判例として、最判昭59・5・29民集38巻7号885頁がある。代位については、なお第**7**章**Ⅱ**(7)参照）。

(9) **身元保証**

　たとえば、親戚の誰々が就職するので身元保証人を引き受けた、などという話を聞いたことがあるだろう。身元保証とは、雇用契約に際し、被用者が雇用期間中に使用者に与えるかもしれない損害を保証人が担保する契約である。これは、いわゆる保証債務が主たる債務に付従して、主債務の額を超えないものであるのに対し、被用者がいくら会社に損害を与えるかわからないが将来何年間かにわたって損害が出ればその賠償を約束するというもので、継続的保証というよりは一種の損害担保契約である。こういう契約は往々にして、保証人に苛酷な結果を引き起こす可能性があるので、昭和8年に「身元保証ニ関スル法律」（身元保証法と略す）という特別法ができた。この法律によって、契約期間は5年以内とし、期間の定めがない場合は、通常は3年、商工業見習者の場合は5年とすることになった。ま

---

[14]　信用保証協会は、各都道府県と、いくつかの政令指定都市におかれている。現在では、単純に中小企業が金融機関から融資を受けるのを保証するだけでなく、中小企業がその売掛債権や在庫動産を担保に融資を受ける取引（ABLと呼ばれる）についてさらに信用保証協会が保証をする仕組み（流動資産担保融資保証制度）もおこなわれている。

た同法は、被用者に不適任・不誠実な行いがあったときなどは使用者が身元保証人にそれを通知することを義務づけ、またそのような通知を受けたりした身元保証人は契約の解除ができるようにしている。また、規定はないが、このような身元保証債務は、身元保証人と被用者との強い人的信頼関係を基礎にしているので、相続はされないと考えられている（大判昭18・9・10民集22巻948頁・通説）。

⑽　個人保証人の保護の強化

①個人根保証契約　　保証は、資金調達のために有効な仕組みではあるのだが、必ずしも想定していなかった多額の保証債務の履行を求められて、財産のほとんどを失うことになったり、家族の離散を招いたりという事案が、近年では社会問題化している。そのため、平成29年改正法は、個人保証人の保護にいっそう力を入れることになった。まず、個人がする貸金等の根保証契約の保証人に関する保護規定（改正前465条の2）を、個人がする根保証契約の保証人の保護全般に拡張したのである（改正法465条の2）。したがって、改正前465条の2の内容が、個人のする根保証契約ならば貸金等の債務が含まれるか否かを問わずに（前述の賃貸借契約の保証などでも）適用される。すなわち、個人の根保証契約は、極度額を定めなければすべて無効となる（改正法465条の2②項）。

また、元本確定事由（その事由が起こればそれ以上保証すべき主たる債務の元本が増えない）としては、改正前の465条の4に規定されているものの一部が、個人保証人保護の目的で個人貸金等根保証契約から個人根保証契約全般に拡張される。すなわち、「債権者が、保証人の財産について、金銭の支払を目的とする債権についての強制執行又は担保権の実行を申し立てたとき」（ただし、強制執行または担保権の実行の手続の開始があったときに限る）、「保証人が破産手続開始の決定を受けたとき」「主たる債務者又は保証人が死亡したとき」の3つの場合である（改正法465条の4①項）。これに対して、債権者による主たる債務者の財産に対する強制執行または担保権の実行、および、主たる債務者の破産手続開始については、貸金等根保証契約に限って元本確定事由となる（同条②項。これは、たとえば賃貸

借契約の賃料債務の根保証の場合は、賃貸借契約自体は主たる債務者の経済的破綻で直ちには終了せず、数か月の不払い等があって終了するのが通例なので、保証もなお継続させるべきだからである）。

なお、前述の元本確定期日の概念（465条の3）は、改正法でも改正前と同じく個人のする貸金等の根保証契約に限定される。

②事業債務についての個人保証契約　平成29年改正法は、事業に係る債務を個人が保証する契約について、形式要件や主債務者の義務を強化して保証人の保護を図る規定を新設した。それが、465条の6から465条の10までの規定である。

ⓐ公正証書の作成と保証の効力　改正法は、個人が事業債務の保証をする場合には、その保証意思の確認をいっそう厳格にし、公正証書で保証意思を表示しなければ無効とすることにした。すなわち、「事業のために負担した貸金等債務を主たる債務とする保証契約」または「主たる債務の範囲に事業のために負担する貸金等債務が含まれる根保証契約」で保証人が個人であるものについては、契約締結の日前1か月以内に作成された公正証書で保証人になろうとする者が保証債務を履行する意思を表示していなければ、その効力を生じないとしたのである（改正法465条の6①項、個人に限定されることは同条③項）。つまり、金額やリスクが大きいと考えられる事業債務について、公証人の前で意思確認を行わせることにしたのである。

そしてその公正証書の作成方式については、公正証書遺言の作成方式（969条、969条の2）と同様に、保証人になろうとするものが公証人に保証意思を口授（口頭で伝えること）し、公証人がそれを筆記して読み聞かせまたは閲覧させる方式が採用された（改正法465条の6②項。保証人になろうとする者が口がきけない場合については改正法465条の7が定める）。また以上の規定は、主たる債務者に対する保証人の求償権を保証する契約についても同様に適用される（改正法465条の8）。なお、ここで要求される公正証書はあくまでも保証意思を表示する証書であり、保証契約自体を公正証書にすることが要求されているわけではない。

ただこれらの規定には重要な例外がある。いわゆる**経営者保証**と呼ばれ

る、主たる債務者が法人である場合のその法人の理事、取締役、執行役ま
たはそれらに準ずる者（改正法465条の9・1号）とか、その法人の過半数
を有する株式会社株主（同条2号）などが個人保証人となる場合について
は、公正証書による意思確認は要求されない。ことに前者のいわゆる経営
者保証（経営者が自分の会社の債務を保証する）は、ある意味で経営者が自
己の経営する会社のリスクを負うのは当然ともいえ、また、金融法的には、
このような保証を取らないと経営者が有限責任をいいことに放漫経営をし
てしまう恐れもある（モラル・ハザードという）からである。

　そして、もう1つ例外が規定されている。それが、法人ではない主たる
債務者と共同して事業を行う者、またはその主たる債務者が行う事業に
「現に従事している主たる債務者の配偶者」が保証人となる場合である
（改正法465条の9・3号）。このうち、前者の共同事業者はよいとして、
後者の主たる債務者の配偶者はいささか問題である。「現に従事している」
という要件はあるが、配偶者が名前だけの役員となっているような場合が
どう判断されるのか。配偶者は保証人になることを断りにくく、また家庭
崩壊につながる危険もあることから、施行後も議論が残る点と考えられる。

　ⓕ情報提供義務　　平成29年改正法は新たに、事業に係る債務の場合、
主たる債務者が個人保証人に対して契約締結時に情報提供をすることを義
務づけた（改正法465条の10。つまりこれは、事業債務に係る個人保証を受け
る主債務者に課される一種の事前の説明義務と理解すべきものであって、前出
の「債権者の情報提供義務」（458条の2、458条の3）とは全く性格の異なるも
のである）。提供すべき情報は、財産および収支の状況、主たる債務以外
に負担している債務の有無、ならびにその額や履行状況、主たる債務につ
いて他に担保として提供しようとするものがある場合はその内容、などで
ある（同条①項各号）。それらの情報を提供しなかったり、誤った情報を提
供したために保証人となる者が誤認をして保証人となることを承諾したよ
うな場合には、債権者がその状況を知りまたは知ることができたときは、
保証人は保証契約を取り消すことができる（同条②項）。これらはいずれ
も個人保証人保護のための規定であるから、保証人が法人である場合は適
用しない（同条③項）。

第6章　債権関係の移転

　本章は、債権債務関係の移転の問題を学ぶ。債務の移転もできるが、世の中でよく行われるのは債権の移転、つまり債権譲渡である。これが今日の企業取引の中では大変活発に行われる重要なものとなっている。したがって債権譲渡は、民法学全体の中でも、物権の移転（物権変動）と並んで、理論的に大きな問題であるばかりでなく、近年は資金調達実務で非常に多く使われるようになったこともあって、この四半世紀で民法典中最も発展した分野といっても過言ではない。民法典の規定自体は、平成29年改正によって、かなり複雑化し難化した内容になったが、ぜひしっかり勉強していただきたい。

　債権譲渡の次に学ぶのが、債務引受である。これには免責的債務引受、併存的（重畳的）債務引受、履行引受の3類型がある。さらにその後に、債権も債務も含めた、契約当事者の地位の移転（契約譲渡または契約引受と呼ばれる）について学ぶ。債務引受と契約当事者の地位の移転については、これまでも判例・学説によって認められていたが、平成29年改正によってようやく民法典中に規定が置かれるようになった。

I　序　説

⑴　債権譲渡・債務引受・契約上の地位の移転

　我々は品物を売買するとき、同時に所有権という、その品物についての物権（人の物に対する直接の支配権）を移転している。これと同じように、債権や債務も、他の人に移転することができる。AのBに対する債権をそのままCに移転する（Cが新しい債権者になる）のが「債権譲渡」、BのAに対する債務をDに移転する（Dが新しい債務者になる。この場合はBが離脱するものとBも債務者に留まるものがある）のが「債務引受」である。また、PとQの間の契約について、Pが自分の地位をそのままRに移転する（Qに対する債権も債務もまとめて移転する）のを「契約上の地位の移転」とか「契約譲渡」などと呼ぶ。平成29年改正以前は、これらのうち、債権譲渡はもちろん民法上に規定があったが、債務引受と契約上の地位の移転については条文はなかった。これは、歴史的な経緯に基づくものである。

　ローマ法の初期には、債権債務というものは特定の人と特定の人をつなぐ法の鎖であるから移転できないとされていたが、その後債権については譲渡性が承認されるに至り、近代法は等しく債権の譲渡性を認めている。債務の移転や契約上の地位の移転が認められたのはさらに新しいことで、フランス民法ではまだ規定が置かれず、その後ドイツ民法やスイス債務法で債務引受の規定がされたが、第二次世界大戦後に作られた諸外国の民法典では、債務引受はもちろん、契約上の地位の移転（契約譲渡）の規定も置かれるのが通例となってきていた。わが国ではフランスと同様、規定を置かずに判例法で承認した形になっていたのだが（もちろん学説も積極的に認めていた）、いわば日本民法典の、世界的傾向からみて最も遅れた分野になっていたわけで、当然のことだが、現代の民法改正作業では、本来はこういう「あるべきなのにない規定」を置くことが、第一に重要視されるべきであったのである。

　そして平成29年改正でようやく、債務引受（470条〜472条の4）と契約

上の地位の移転（539条の2）の規定が置かれるに至ったのだが、それらは決してまだ十分なものではない。

債権は譲渡性が確立したところで飛躍的に財産的価値を増大させ、現代では、債権譲渡は明治民法の起草者の想定した形を超えて頻繁に行われるに至っている。そしてさらに今後は、この分野はビジネス法務におけるIT化が非常に進むところと思われる（後述Ⅲの電子記録債権法の記述を参照）。

(2) 債権の譲渡性

わが民法では、明文で債権の譲渡性の原則を認めている（466条①項本文）。ここで「譲渡性がある」というのは、現債権者である譲渡人が、新債権者である譲受人との合意のみによって（つまり債務者の合意なしに）譲渡できるということである。しかし債権においては、物権と異なり、例外的に譲渡が制限される場合がある。

①債権の性質による制限　たとえば、ヘルパーに介護をさせる債権のように、債権者（被介護者）が変わってしまえば給付内容がまったく変わってしまう債権は、本質的に譲渡性がない（466条①項ただし書）。また賃借権のように、債権者（賃借人）の人的特定性が重要な債権（賃貸人は、誰でもよいから貸すわけではない）も、原則的には債務者（賃貸人）が認めなければ譲渡できない（賃貸借は債権各論で学ぶが[1]、612条では賃借権の無断の譲渡・転貸を禁じている）。

②当事者意思による制限（譲渡制限特約）　ⓐ総説　平成29年改正前の民法典では、「当事者（債権者と債務者を指す）が反対の意思を表示した場合」つまり債権者と債務者で譲渡禁止の特約をした場合は、譲渡性は失われるとされていた（改正前466条②項本文）。このような規定は、世界的に見ると、少数派に属する。起草当時は、取立て業者のはびこることを防ぐ意図があったようであるが、今日では銀行預金契約などで立法当時に想定された機能とはだいぶ違った使われ方をしている（たとえば、今日では通常、銀行預金契約において預金債権には譲渡禁止特約が付されているが、こ

---

[1]　池田『新標準・各論〔第2版〕』第**3**章Ⅶ。

れはもっぱら債務者たる金融機関が、事務の煩雑化を避けたり自らの相殺の可能性〔預金者に融資をしたときに返済されなければ預金で相殺する〕を確保するために付している）。

さらに現代では、この譲渡禁止特約が一般の売掛金債権や請負報酬債権等にもかなり広範に付される状況になり（ただし、禁止特約を付せるのは、大企業等、取引の力関係において強い債務者であることがほとんどであり、支払先が変わると面倒というような単純な理由で付されることが多くなった）、後述する、債権譲渡を活用した資金調達取引（将来債権を譲渡担保とするものや債権流動化取引と呼ばれるもの）の阻害要因になっていることが問題視されるようになってきていたのである。

なお、改正前の規定では、この譲渡禁止の意思表示は善意の第三者には対抗できないと規定されていたのであるが（改正前466条②項ただし書）、このただし書の規定についても、判例が、取引上重過失によって知らないのは悪意に等しいとして「善意無重過失」を要求するに至って、機能する場面がかなり狭められていた。そして、これまでの判例や多数説では、譲渡禁止特約のある債権を譲渡してもそれは当事者間で効力をもたないだけでなく第三者との関係でも無効（学説的には物権的効力説と呼ばれる）とされてきたのである。

ここにおいて、平成29年改正法は、この譲渡禁止特約について、表現も「譲渡制限の意思表示」と改めて、特約の効力を弱めつつ、後述のような非常に複雑な大改正を施すことになった（本章Ⅱ⑵参照）。しかしながらこの改正がうまく機能するかどうかについては、大いに疑問が提示されている。

③法律による制限　　法律が、生活保障の見地から本来の債権者に対してのみ給付させようとする債権については、明文で譲渡が禁止されている。扶養請求権（881条）、恩給請求権（恩給法11条）、労働者災害補償請求権（労働基準法83条②項）などがその例である。これらの債権は差押えもできない。

⑶　移転の機能からみた債権の種類

民法が中心的に規定するのは、一般の売買代金債権や請負報酬債権のよ

うな、いわゆる特定人の特定人に対する債権（平成29年改正までは、「**指名債権**」と呼ばれていた）である。これは本来はそれほど頻繁に譲渡されることを予定されていたものではない。

一方商法分野では、頻繁に移転・流通させる目的で手形や小切手などの「**有価証券**」を規定している。有価証券の場合は、権利の発生、移転、消滅ともに、その証券を使って行うのが原則である。観念的にいえば、指名債権は、権利が債権者その人の身に属し、有価証券は、権利が証書に化体されている（証書の上に権利が乗っている）、と考えればよい。

さらに平成29年改正前の民法では、指名債権と有価証券の中間に位置するような債権を3種類規定していた（「指図債権」「無記名債権」「記名式所持人払債権」というものである。改正前469条～473条）。これらはある程度転々流通することを想定して規定されたもののようであるが、今日では実例は少ないとされ、平成29年改正で全部削除されて、新たに520条の2以下に、民法としての「有価証券」を規定する節が置かれた。そこでは上述の3種の債権が、「指図証券」「記名式所持人払証券」「無記名証券」として規定しなおされている（本書第**8**章参照）。

なお、最近は、権利を証書に化体して移転させる手形などは、その「紙」の発行や管理が負担とされ、一方で証書のいらない一般の債権には、後述する対抗要件具備の煩雑さや二重譲渡の危険があるので、これらの欠点をなくす「**電子記録債権**」が新法によって創設された（後述Ⅲ参照）。

Ⅱ　債権譲渡

(1)　**債権譲渡の意義と機能**

①**意義**　債権譲渡とは、債権を、その同一性を変じることなく第三者に移転することで（つまりAのBに対する債権がそのままCのBに対する債権になる）、**譲渡人**（旧債権者）と**譲受人**（新債権者）との契約によってなされる（関係図の描き方に気をつけよう💡**学習のKnow How**）。債権譲渡は契約による債権の移転であるから、相続や会社の合併などで債権が移転する場合は含まれない。また、契約による債権の移転といっても、後に債権

の消滅（第7章）のところで学ぶ、債権者の交替による更改（515条）の場合には、旧債権が消滅して新債権が発生するので、債権譲渡とは異なる★。

─★Plus One　**債権譲渡と転付命令**─
　差押えとの関係でいえば、差押えは債権の処分が停止されるだけだが、差し押さえてさらに転付命令（民事執行法159条・160条）を得ると、債権はその券面額で弁済されたことになるので、結局、債権の譲渡と同様の効果を持つことになる。また、そこまでいかなくても、差押えと債権譲渡の競合は、結局、優劣関係の問題としては債権の二重譲渡と同様の紛争として扱われる。

学習の Know How

債権譲渡の図の書き方（AのBに対する債権をCに譲渡する場合）

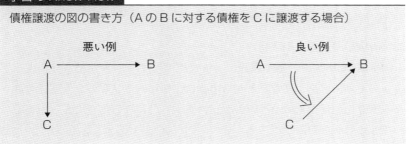

②**機能**　債権譲渡は、その債権の弁済期前に売却して金銭を入手するために行われたり（つまり、来月にならないと支払われない債権をいま現金化するためにたとえば100万円の債権を98万円で譲渡する）、手元に資金がないときの弁済手段としてされる（100万円の現金での弁済に代えて相当額の債権を譲渡する）。また金融を受ける担保のために譲渡することもある（弁済できなかったときのためにあらかじめ相当額の債権を融資者に譲渡しておき、弁済できればそれを返却してもらい、できなかったときはそのままそれを取り立てて現金化してもらう）。すでに述べたように、立法時には、債権の譲渡はそれほど頻繁に行われるとは予測されていなかったと思われるが、現在の取引社会では、大変重要な役割を果たすものになっている。

　最も重要なことは、わが国では従来の債権譲渡は、譲渡人の経営悪化に伴い、複数の債権者からの取立てに対して同一債権を二重三重に譲渡する

ような、危機対応型の取引であることが多かったのに対し、1970年代以降は、健全な譲渡人の正常業務の中の資金調達取引として多用されるようになったことである[2]。たとえば、最近では、資金調達の手法として、将来発生する債権も含めて譲渡担保としたり、債権を大量に譲渡して、譲り受けた会社はそれを投資家にまた販売するという、いわゆる債権流動化という取引手法も行われるようになっており、そのための特別法も制定されている[3]（⤵学習の Key Point）。

学習の Key Point

　債権譲渡は、危機対応型の取引（苦しまぎれの多重譲渡）から、正常業務型の取引に変容して重要度が格段に増した。

(2)　債権譲渡と譲渡制限特約

　①平成29年改正の基本思想　　債権譲渡がこの四半世紀に資金調達手段として大発展をとげたことからすれば、債権譲渡による資金調達のさらなる円滑化を目指すのが一つの改正の基本方針になるべきであったとも思われるのであるが、改正法は、その方向（譲渡を制限する特約の効力を弱める）に配慮しつつ逆の債務者保護（債務者の支払先固定の利益等の保護）にも配慮をした。

　つまり、466条において、譲渡制限特約（改正法では従来の表現であった「反対の意思を表示」ではなく「譲渡制限の意思表示」という表現を採用した）

---

[2]　池田真朗「債権譲渡に関する判例法理の展開と債権譲渡取引の変容」川井健＝田尾桃二編『転換期の取引法──取引法判例10年の軌跡』（商事法務・2004年）295頁以下（池田・前掲『債権譲渡の発展と特例法』16頁以下所収）参照。

[3]　具体的には、リース会社やクレジット会社が自社のリース料債権やクレジット債権をまとめて譲渡し、金融を得る仕組みを作った「特定債権法」が平成5（1993）年に施行され（後掲の法律ができた後に廃止）、さらに、後に述べる民法467条の債権譲渡の対抗要件を簡略化する目的で、法人（業種を問わない）がする金銭債権の譲渡につき、コンピューターによる債権譲渡登記の制度を創設した「債権譲渡特例法」が平成10（1998）年に施行された（現在は「動産債権譲渡特例法」になっている。後述(4)⑧参照）。

の付された債権の譲渡も有効としながら、譲渡制限特約も実質有効とするという、折衷的（両立的）な規定の仕方をしたのである。その結果、今回の民法改正が目指した「国民にわかりやすい立法」とは正反対の、複雑でわかりにくい立法になった。

②制限特約付き債権の譲渡の有効性　改正法466条②項は、「当事者が債権の譲渡を禁止し、又は制限する旨の意思表示（以下「譲渡制限の意思表示」という。）をしたときであっても、債権の譲渡は、その効力を妨げられない」と規定した。これは改正前の考え方を根本から覆すものである（前述のように、改正前の規定については、判例・多数説は、譲渡禁止特約付きの債権を譲渡した場合は物権的に無効であるとしていた）。したがって、この②項の規定からは、譲渡制限特約付きの債権も譲渡担保や流動化取引の対象となしうることになったのである（なお、改正法の条文が「譲渡制限の意思表示」としたことは、契約以外の単独行為でする場合もあるからという理由とのことだが、さしたる実質的変化はない。もともと改正前の規定でも条文上は先述のように「反対の意思を表示」となっていたのであって、「譲渡禁止特約」という文言が条文上に規定されていたわけではない）。

　端的にいえば、この②項を置くだけなら、改正法は債権譲渡による資金調達の活発化を図ることに大いに貢献すると思われたのである（諸外国でも、アメリカ統一商事法典や国連国際債権譲渡条約など、譲渡禁止特約の対外効を全部または一部の債権について禁止している規定の例があり[4]、もちろんこれらが資金調達の上ではもっとも望ましいやり方である）。しかし今回の改正法については、次の③項で制限特約も実質有効としたため、資金調達実務においては、実効性に大きな疑問が投げかけられるに至っている。

③譲渡制限特約の有効性（債務者の対抗可能性）　改正法466条③項は、

---

[4]　米国の統一商事法典（UCC）のように、譲渡禁止特約をすべて無効とする立法もある。国連UNCITRALの国際債権譲渡条約では、預金債権等一部の債権を除外したうえで、譲渡禁止特約の効力を否定する。詳しくは、池田真朗「債権譲渡禁止特約再考」法学研究（慶應義塾大学）72巻12号205頁以下（池田真朗『債権譲渡法理の展開』〔弘文堂・2001年〕304頁以下所収）。近年の裁判例の展開と問題点については、池田真朗『債権譲渡の発展と特例法』（弘文堂、2010年）208頁以下参照。

「前項に規定する場合には、譲渡制限の意思表示がされたことを知り、又は重大な過失によって知らなかった譲受人その他の第三者に対しては、債務者は、その債務の履行を拒むことができ、かつ、譲渡人に対する弁済その他の債務を消滅させる事由をもってその第三者に対抗することができる」と規定した。

③項を置いた主たる理由は、債務者の支払先固定の利益の保護ということのようである。しかしこの③項で譲渡制限特約も実質有効としたため、金融実務界では、顧客のしている有効な特約に反する譲受けをすることに対する否定的な反応が強い。その理由は、有効な制限ないし禁止の特約があるとわかっていて譲り受けるのはコンプライアンス（法令遵守）違反であろうし、特約が有効ならそれに違反して譲渡するのは譲渡人としては債務者との間の契約の債務不履行になるのではないか、という問題が提起されたためである（これらは至極もっともな反応であり、改正法466条は、新規定に対する市民や取引社会の反応の予測・検討が不十分な立法であることは否めない）。

これに対応すべき学説はいくつか案出できないわけではない。たとえば、債務者の支払先固定の利益だけを確保するだけのものだから、いわゆる「特約」にまで至っていないものであって、「弁済先を固定するための特別な抗弁」にすぎないと考え、それに反しても解除など債務不履行の効果は生じないとする、あるいは債務不履行だとしても損害の発生が認められない、などの構成である（ただこういう新解釈を提示しなければならない立法というのは、法律上の論点をいたずらに増やすもので適切ではないといえる）。

さらに、改正法③項は、悪意重過失の第三者には制限特約を対抗しうるということを明記したので、結局、悪意重過失の要件は改正前と変わらない（むしろ改正前よりも明文化されて明瞭になった）。ということはつまり、①制限特約も有効とし、②悪意重過失要件も明示的に残したことで、従来から問題点とされているところ（制限特約が有効ならば債権譲渡による資金調達の弊害になる、また譲り受ける側は、重過失と言われないように制限特約の存在を調査することになる、などの問題）がすべて残ることになったのである。

この論点は、銀行預金に譲渡禁止特約が付いていることは周知の事実として重過失は悪意と同視できるとした最高裁昭和48年判決（最判昭48・7・19民集27巻7号823頁）がすべての始まりであった。その後実務では、譲り受ける側は預金債権以外についても自衛のためにこの禁止特約の有無を調査するようになり、それが下級審裁判例ではこの特約の「調査義務」化に傾斜してきたのである（調べなければ重過失ありという論理である。たとえば大阪地判平15・5・15金法1700号103頁）。しかしこの下級審裁判例の展開は明らかに行き過ぎであり、「調査をしなければ重過失で悪意とされる」という傾向が止められなければ、譲渡制限特約は債権譲渡による資金調達の阻害要因であり続けることになろう。

④両立的構成のための調整規定　さらに466条は④項で、「前項の規定は、債務者が債務を履行しない場合において、同項に規定する第三者が相当の期間を定めて譲渡人への履行の催告をし、その期間内に履行がないときは、その債務者については、適用しない」と規定した。

この④項は、一読したところでは意味（置いた趣旨）がわからない規定である。平成29年民法改正の中で、最もわかりにくい規定といってもよいかもしれない。これは、②項で譲渡を有効とし、しかし③項で悪意重過失の譲受人に対しては制限特約も有効という構成をとったがために置かなければならなくなった規定なのである。つまり、悪意の譲受人は③項で債務者から支払いを拒絶される。譲渡人も、②項で譲渡は有効なのだからもう権利者ではなく債務者に支払請求はできない。ではその状況で債務者が任意に支払わない場合にはどうしたらよいか、ということで、対応に迫られて置いたものなのである[5]。

つまり同項の、「前項の規定は、……その債務者については、適用しない」という意味は、譲受人も譲渡人も請求を拒まれる状況で、譲受人が、それでは相当期間内に譲渡人に払えと債務者に要求し、それでもなお払わない債務者は、譲受人からの履行請求を拒めなくなる、という意味である。

⑤譲渡制限特約と差押えの優劣　さらに、新設された466条の4は、その①項で、譲渡制限の意思表示がされた債権と差押えの関係について、「第466条第3項の規定は、譲渡制限の意思表示がされた債権に対する強

制執行をした差押債権者に対しては、適用しない」と規定した。

　これは、譲渡制限特約付き債権が差し押えられた場合には、差押債権者が当該債権の譲渡制限特約の存在につき悪意・重過失であることを理由として、債務者が 466 条③項により差押債権者への弁済金の引渡しを拒むことはできない（つまり、簡単に言えば譲渡制限特約があっても差押えはできる）ことを規定するものであり、従来の解釈を明文化するものである。なおこの点については、いわゆる判例リステイト（最判昭 45・4・10 民集 24 巻 4 号 240 頁）と説明するものが多いが（そして私人が特約で差押禁止財産を作れてはおかしいからなどという説明がされるが）、そもそも明治民法制定時に梅謙次郎起草委員が法典調査会で、譲渡禁止特約規定の明定に対する批判に対して、禁止特約があっても差押えはできるのだからいいではないかと説明しているところで、つまり改正前民法の立法趣旨そのものなのである。

　また同条②項は、「前項の規定にかかわらず、譲受人その他の第三者が譲渡制限の意思表示がされたことを知り、又は重大な過失によって知らなかった場合において、その債権者が同項の債権に対する強制執行をしたときは、債務者は、その債務の履行を拒むことができ、かつ、譲渡人に対する弁済その他の債務を消滅させる事由をもって差押債権者に対抗することができる」と規定するが、これは、そもそも譲受人が、譲渡制限特約の存在につき悪意・重過失であったので債務者に対抗できない立場にある場合には、その譲受人の債権者は、当該債権を差し押えても対抗できない（譲受人が対抗できないのだからその譲受人の債権者は差押えをしても対抗できない）としたものである。一読したところではわかりにくいが、当然の規定で特段の問題はない。

5　このような一見して意味の取りがたい規定を置かざるをえなくなるというのは、ルール創りとしては非常に不適切な形であり、市民にわかりやすい民法改正に逆行している。またここで「譲受人が債務者に対して譲渡人に払えと請求する権利」を法的に説明するのは、理論的には難しいところがある。立法上の齟齬をなくす必要に迫られて置いた規定であるゆえ、新種の法定の請求権とでも言っておくにとどめたい。

⑥預貯金債権に係る適用除外　さらに、新設された466条の5は、その①項で、「預金口座又は貯金口座に係る預金又は貯金に係る債権（以下「預貯金債権」という。）について当事者がした譲渡制限の意思表示は、第466条第2項の規定にかかわらず、その譲渡制限の意思表示がされたことを知り、又は重大な過失によって知らなかった譲受人その他の第三者に対抗することができる」と規定した。これは、預金債権（一般の銀行については「預金」という）や貯金債権（いわゆる従来からの郵便局の関係などでは関係法令で「貯金」という）の譲渡においては、改正法466条②項の原則を適用せず、制限特約の効力は、改正前の判例法理（物権的効力説、悪意重過失要件）や実務の取り扱いのまま強力に認められるとする規定である。したがって、譲渡制限特約は悪意重過失の第三者に全面的に対抗できることになり、譲受人は債権者となれず、債権はあくまで譲渡人に帰属したままである。

　なお、同条②項は、預貯金債権を差し押えた者に対しては①項の特則が及ばず、銀行等は466条の4の規定どおり譲渡制限特約によって対抗することができないことを規定するものである。

　この466条の5は、立法段階の最後になって追加されたのであるが、これがまたルールの作り方としては適切さを欠く形になっている。つまり、預貯金債権については、金融機関の、預金を担保にした貸付（とその後の相殺）などの取引を考えると、譲渡禁止にしておく一定の合理性があるのは確かなのだが、しかし、これを置くのならなぜ、最初から預貯金債権をルールから除外して、そのうえで譲渡禁止特約があっても債権譲渡は有効という構成にしなかったのかという疑問が生じるのである。その構成のほうがルールとしてよほど簡明だし、またそのようにすれば、資金調達のための債権譲渡が実質的に推進されたと考えられる[6]。

　今回の立法では、譲渡も有効、特約も有効という複雑な前提をそのまま

---

[6]　まず先に預金債権などを適用除外とした上で、譲渡禁止特約の対外効を全面的に否定して資金調達を促進するというやり方は、国連国際債権譲渡条約に前例があり、私見では当初からこういう国連条約型の債権の種別による除外を推奨していた。

にして、最後になってこの預貯金債権除外を加えたので、先に述べた、譲受けがコンプライアンス違反になるのではとか、譲渡自体が債務不履行ではないかなどという問題は何も解消していないのである。

(3) 債権譲渡の成立要件

　債権譲渡は、譲渡人と譲受人との契約によって行われ、その契約は、規定はないが物権（176条）におけると同様、両当事者の合意の意思表示のみによって成立すると解される。譲渡契約書の作成や、債権証書の引渡しは、民法上は債権譲渡を成立させるために必要な要件ではない。債権の移転時期についても、規定はないが、理論的には物権と同様に契約成立時に移転するものと考えられる。

(4) 債権譲渡の対抗要件

　①対抗要件主義の採用　　日本民法は、フランス民法と同様に、債権譲渡についても、物権の移転と等しく対抗要件主義を採用した。つまり、当事者間では合意のみで権利が移転するが、それを世間の第三者に主張・対抗するためには法の定めた手続（対抗要件）を踏まなければならないのである（この、一定の手続を行うことを「対抗要件を具備する」などという）。この点、構造的に異なる立法をしている国もある（たとえばドイツ民法は、対抗要件主義を採らず、当事者間での契約だけで第三者にも主張できるが、譲渡を知らなかった債務者が不利益を被ることのないように、善意の債務者を個別に保護するという方式を採っている。アメリカ合衆国の統一商事法典では、譲渡の登録（譲渡書面のファイリング）を一種の対抗要件としている）。

　②債権譲渡の対抗要件とその特殊性　　債権譲渡の対抗要件は、いわゆる第三者対抗要件としては、確定日付のある証書による、債務者への通知か債務者による承諾である（467条②項）。しかし、債務者に対する関係だけならば（債務者に対する権利行使要件としては）、それらを確定日付ある証書によってする必要はなく、無方式の通知か承諾があればよい（467条①項）。

　この、条文の構造について多少説明を加えておこう。467条①項は、「債

権の譲渡（現に発生していない債権の譲渡を含む。）は、譲渡人が債務者に通知をし、又は債務者が承諾をしなければ、債務者その他の第三者に対抗することができない」と規定し、同条②項は、「前項の通知又は承諾は、確定日付のある証書によってしなければ、債務者以外の第三者に対抗することができない」と規定している。①項は「債務者その他の第三者」と書いているが、これは②項の規定を引き出すための表現で、第三者に対しては②項の確定日付がなければ対抗できないのだから、①項は対債務者だけに通用する要件であるということになるのである（沿革的にいえば、フランスでは対第三者と対債務者との対抗要件を区別していなかったのを、日本民法では、債務者に対する要件だけは緩和していいのではないかという理由でこのように２つの項に分けたのである。したがって、①項が基本で②項がその要件を重くしているように読めるが、沿革的には逆に②項の重い要件が原則型で、①項はそれを緩和した例外を対象にしていることになる[7]）。

　この対抗要件の意義について説明を加えておこう。不動産の移転の場合は登記が対抗要件である。不動産ならその所在地の登記所に行けばよいが、債権の場合は、そのように一定の場所に登記をするような方式は（債権者も債務者も所在を変えることがあるので）一般には採用し難い。さらに債権というものは、そもそも債務者の給付があって初めて実現できるものであるから、債権譲渡契約は債務者抜きでできるといっても、債権を実現する過程のどこかで、債務者は正式に移転を知らされていなければならないはずである。そこで債権譲渡の場合は、「債務者に対する通知か債務者による承諾」という形で、債務者を基軸にした対抗要件を採用したわけである。

　さらに、本来「対抗要件」というものは、それが備わったことを世間の人が知りうる「公示性」を持っていなければならない。また、たとえば同じ土地を所有者がX・Yの２人に売ってしまったというとき、つまり「両立しえない権利の承継者が現れたときに、そのどちらが権利者となるのか」（こういうケースを「対抗問題」と呼ぶことがある）を決定できる「優劣

---

[7]　池田真朗「民法467条における１項と２項との関係」法学研究（慶應義塾大学）51巻２号25頁以下（池田真朗『債権譲渡の研究〔増補２版〕』〔弘文堂・2004年〕51頁所収）。

決定機能」を持つものでなければならない。この公示性については、起草者は、フランス民法での説明と同様に、まず通知または承諾によって譲渡を債務者に正式に認識させ、この債権に利害関係を持とうとする第三者が債務者に問い合わせたときには債務者からの回答によって債権の所在等を確認しうるとして、それをもって公示の機能を果たせると考えた。債務者がいわば生きた公示機関としてインフォメーション・センターになるわけである。ただしこれは公示機能としてははなはだ不完全ではある。債務者が正しく回答しない場合もあるし、債務者には回答義務があるわけではない（たとえば債務者が銀行であれば、顧客についての守秘義務として、債権者たる預金者について回答しないこともできる）。けれども、債務者保護の観点からいえば、それなりの利点のあるものと評価してよい。

　加えて、「優劣決定機能」を持つためには、（登記なら先に移転登記をした者が権利者となるが）通知は何人でもできるので、どの通知が一番早いものかで決めなければならない。そのために、先後関係についての証拠力のある、「確定日付ある証書」によることを要件としたのである。

　③対抗要件の構成要素　ⓐ通知　通知は、債務者に対して債権譲渡の事実を知らせるもので、法的性質でいえば、意思表示ではなく、**観念の表示**（ある出来事を伝えるもの）であり、準法律行為に分類される（29頁用語解説参照）。しかし通説は意思表示の規定が類推適用されるとしている。したがって、一般の意思表示と同様に、到達した時に効力を生じるし（97条①項）、代理人によって通知したりすることができる。通知の主体は譲渡人であって、譲受人から通知することはできない（467条①項）。これは、譲受人と詐称する者からの虚偽の通知を防ぐためである（ただし通知に利害関係があるのは譲受人であり、本来は譲受人からもできるほうがよい。たとえばフランスでは譲受人からもできる。フランスの規定では対抗要件の手続がより厳密なので譲受人からできるとしても問題がないのである）。

　ⓑ承諾　承諾も通知と同じく債権譲渡の事実を知ったという観念の表示であるとされている（しかしこれについては、債務者が積極的に債権譲渡を承認する意思表示の色彩もあると指摘する説もある。実際には、債務承認などの意思表示としてされる場合も当然あろうが、対抗要件としては観念の表示

で足りる、という理解をすればよい)。承諾をするのはもちろん債務者であるが、承諾の相手方は譲渡人・譲受人のいずれでもよいとするのが現在の通説である。

　なお、この承諾は、現代の債権譲渡を活用した資金調達取引実務においては、融資者にとって、通知がされただけの場合よりも (たとえ観念表示であっても債務者が承諾していることによって虚偽の譲渡などのリスクが少なくなるので) より安心して多くの融資をできる利点があるとされる。

　©確定日付　　確定日付というのは、それがあるとその証書がその日に存在したことが完全な証拠力をもって証明されるものである。確定日付の種類は民法施行法に規定されている。なかでもよく使われるのは、通知の場合には**内容証明郵便** (民法施行法 5 条 6 号[8])、承諾の場合には公証役場での確定日付印の付与 (同 2 号。公証役場に私署証書を持っていって日付印を押してもらう) である。もちろん公証人が作成する公正証書の日付は確定日付であるし (同 1 号)、裁判所の差押命令の送達書の日付も確定日付である。

　④**債務者に対する対抗要件具備の効果**　　467 条②項の確定日付ある証書による通知・承諾でも、同条①項の無方式の通知・承諾でも、とにかく対抗要件を具備すれば、譲受人はその時 (通知が着いた時か承諾をした時)から債務者に対して債権の行使ができる (ただし複数の譲渡通知が競合した

---

[8]　内容証明郵便については、池田真朗編著『民法 Visual Materials』(有斐閣・2008 年) 69 頁・73 頁参照。なお、ひとつ注意したいのは、速達郵便や書留郵便というだけでは確定日付はつかないということである。内容証明郵便は、同一の文書を 3 通、郵便局 (平成 24 年 10 月からは日本郵便株式会社) に提出して、内容証明郵便として受け付けた旨の記載と日付印を文書中に押捺してもらう。1通はその場で封筒に入れて先方に送り、1 通は発信人の控えとして返却され、他の 1 通は郵便局に保管される。書留郵便だけでは、郵便物の発信日の記録は残るが、内容物の証書の日付が付かず、その証書が封入されていたことの証明もできないのである。

　なお、民法施行法 5 条 6 号は、郵政民営化にともない、5 条 5 号から分けて新設された規定であり、それまでは郵便局長名でしていた確定日付の付与は、郵便事業株式会社に属する郵便認証司 (総務大臣が任命する、みなし公務員) の業務としてされることになった。

場合については後述⑥参照）。したがって逆に通知も承諾もない間は、（すでに譲渡人・譲受人間で有効な譲渡自体はあったとしても、対抗要件がないのだから）債務者は譲受人からの弁済請求を拒むことができ、譲渡人のほうに弁済すれば適法な弁済となる。

　また、通知（または承諾）があった場合に債務者としては、その対抗要件具備時つまり通知到達時または承諾時までに旧債権者に対して生じた抗弁事由（たとえば、債権額の半分を弁済した等）があれば、それをそのまま新債権者たる譲受人に対抗できる（468条①項）。債権譲渡をされたことによって債務者が不利になってはおかしいので、これは当然の規定である（そしてこれは、当然であるが大変重要な規定である。ことに後述⑧の動産・債権譲渡特例法による登記の場合は、通知なしに第三者対抗要件を具備できるが、その状態ではこの債務者の抗弁事由はなお増えつづけることに注意を要する）。

　抗弁事由としては、債権の消滅・不成立や、相殺等がある。なかでも相殺については、すでに相殺したというだけでなく、債務者が「譲渡人に対して反対債権があるので相殺する」と主張することが可能とされているが、この点については判例・学説上の争点がある。これらについても、平成29年改正法は明文の規定を置いたので、項目を改めて後述する（後述(7)を参照）。

　⑤第三者に対する対抗要件具備の効果　　467条②項の確定日付ある証書による通知か確定日付ある証書による承諾を（他の譲受人等に優先して）得た譲受人は、その時点から債務者に権利主張しうるのはもちろん、債務者以外の第三者に対して、自分が債権者であると主張しうる。

　ここでいう「第三者」とは、譲渡された債権そのものについて両立しえない法律的地位を取得した第三者に限る。具体例としては、債権の二重譲受人、債権を質にとった者、譲渡人の債権者で譲渡債権を差し押えて転付命令を得た者等である。それ以外の、譲渡された債権について間接的に影響を受ける者はここには含まれない（そういう者については、譲受人は確定日付ある通知・承諾なしに譲り受けを対抗できる）。第三者に当たらない具体例としては、たとえば、AのBに対する債権がCに譲渡された際の、債務者Bの他の債権者Dなどが挙げられる。

ここでいう「第三者」は一般的には悪意者（債権譲渡の行われたことを知っている者）も含むと解されているが、一部には悪意者排除説（悪意の者には対抗要件なしに対抗できる）もある。

なお、このような「第三者」に対する対抗の問題（たとえば、二重譲渡がされて2人の譲受人のどちらが優先するか）が起こるためには、債権が存在していることが必要である。二重譲渡のケースで、第1譲渡については確定日付のない通知しかなかった（債務者にしか対抗できない）としても、その段階で譲受人が債務者から弁済まで受けてしまい、その後で第2譲渡の通知が届いたというのであれば、いくら第2譲渡の通知に第三者対抗要件としての確定日付があっても、すでに債権が消滅しているので対抗問題にはならない。

⑥**対抗要件の優劣決定基準**　債権は、二重三重に譲渡されることがある（たとえば、資金繰りが苦しくなった人が、何人もから取立てを迫られて、自分が持っている同じ債権を弁済に代えて譲渡することがある）。二重譲渡等のあった場合、優劣決定の際には、実際の譲渡の先後は問題にならない。対抗要件の具備の先後が問題になる（不動産物権であれば、早く対抗要件としての登記をしたほうが勝ち、遅れた人はもはや登記できないのだが、債権の場合は対抗要件自体が複数具備できてしまう）（💧**学習の Key Point 1**）。さらに、債権譲渡の場合は上述のように2種類の対抗要件があるので、それら相互の関係も問題になる。

ⓐ**467条①項の通知と②項の通知が具備された場合**　譲受人Xへの譲渡について、譲渡人Aが確定日付のない通知を債務者Bに対してなし（まだ弁済はされていない）、さらにAはYにも譲渡してこれについては確定日付のある通知をBにした場合は、譲渡通知の日付やどちらが先に着いたかに関係なく、第三者対抗要件となるのはYについての通知のみであるから、Yが唯一の債権者となる。Xの得た①項の通知は、債務者に対する権利行使を可能にする要件ではあるが、他の第三者に対抗できない（負ける）ものであるので、他に競合する第三者が出現した場合には、債務者に対しても権利主張ができなくなる（債務者は優先するYに払わなければならないので、Xの請求を拒める）ことに注意したい（💧**学習の Key Point 2**）。

167

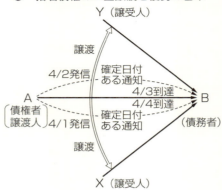

● 指名債権の二重譲渡と優劣の基準

上記の場合は、確定日付ある通知のBへの到達が早かったYが優先し、唯一の譲受人となる（譲渡契約の日時、確定日付ある通知の日付すなわち発信の日時の先後は関係なし）。

ⓑ 467条①項の対抗要件のみが複数具備された場合　XとYについて、譲渡人Aがいずれも確定日付のない通知のみを債務者に対してした場合は、X・Yのいずれも対第三者の関係では対抗要件具備がないので、この段階では優劣は決まらず、先に②項の対抗要件を得たほうが権利者となる。

ⓒ 467条②項の対抗要件が複数具備された場合（②項の通知と差押通知が競合した場合）　②項の対抗要件が複数具備された場合は、いずれの対抗要件の具備が早かったかで優劣を決する。この場合、いつ具備されたとみるかという時点が問題になる。ここで先に述べた、「債務者の正式の認識」が基準になる対抗要件であることを想起してほしい。したがって債務者の確定日付ある承諾の場合は、その承諾がなされた時点（正確には確定日付ある承諾が出来上がった時点だから、承諾書に公証役場で確定日付を付ける場合ならその確定日付が付いた時点）ということで何ら疑問はない。問題は、通知の場合である。判例は、最初、通知された時点を確定日付で証明するよう求めていたが、通知書に確定日付があればよいと変更している（大連判大3・12・22民録20輯1146頁）。そうすると、たとえば内容証明郵便でした場合、通知の日付は郵便局での発信時であって、債務者の認識時とは

乖離してしまう。この点が論議の対象となり、判例（最判昭49・3・7民集28巻2号174頁）は、債務者への到達の時点であると明示した（到達時説）（🖐学習の Key Point 3）。これには、（到達時は一般の証拠で証明させるので）確定日付という手段を単なる添えものにしてしまうという批判があるが、学説の多数も賛成している[9]。なお、この複数の通知の競合については、譲渡通知と差押通知の競合の場合も同様に扱われている。

さらにこの優劣基準の問題については、今日では、後述する債権譲渡登記と民法通知（承諾）との競合のケースも検討しなければならない（後掲★Plus One **特例法登記と民法対抗要件との優劣決定基準**を参照）。

学習の Key Point

1　**債権譲渡の優劣決定**の際には、**実際の譲渡の先後は問題ではなく、対抗要件の具備の先後が問題**になる。
2　467条①項の通知は、②**項の通知があると実際には意味を持たなくなる**。
3　二重譲渡の**優劣決定基準**となる対抗要件具備の時は、通知については確定日付ある通知の**到達時**である。

---

⑦**対抗要件の衝突（通知の同時到達）**　　さて、先に述べたように複数の対抗要件が具備された場合、通知であればその債務者への到達時を優劣決定基準にするのだが、その基準で決まらない通知同時到達のときはどうするか。判例はこの点について、二重譲受人は、両名とも債務者に対する関係では完全な債権者としての地位を得ているので、いずれもが債務者に対して全額の弁済を請求できるとした（最判昭55・1・11民集34巻1号42頁）。ただ、この判決はその理由付け（複数の譲受人相互の債権関係の法的性質）

---

[9]　この昭和49年判決は、債務者への問い合わせとそれに対する回答によって不十分ながら公示機能を果たさせるという、民法467条の、債務者を基軸とする対抗要件の基本構造を摘示して判示しているもので、判例が条文の設定している判断枠組みを再発見したという意味で、私は本判決に高い評価を与えている。池田真朗編著『判例学習のA to Z』（有斐閣、2010年）66頁以下参照。

や1人の譲受人が全額受領した後の関係等について何も述べていなかったので、学説は、結論には大多数が賛成したものの、その説明には多数の見解が現れている[10]。

それでは、このような紛争から債務者がすみやかに逃れるためには、債務者にはどのような方策があるか。それは、複数の通知が到達したがその先後が不明であるという理由で、債権者不確知（複数の譲受人のうち誰が債権者となるのかわからない）として供託（494条以下。第**7**章Ⅳで学ぶ）をすればよい。供託は債務消滅原因の1つであり、債務者としては供託をすれば弁済をしたのと同様に、債務は消滅し、以後の責めを免れる。後は、譲受人の、法務局（国）に対する供託金還付請求の問題となる。それでは、このような供託がされた場合に、二重譲受人が相互に、自分に供託金還付請求権があるとして訴えあった場合にはどうなるか。その場合に最近の判例は、それらの譲受人は、譲受債権額に応じて按分（案分）した額を取得するとした（最判平5・3・30民集47巻4号3334頁）。これは公平の見地からして妥当な結論であろう。

⑧特例法登記による対抗要件具備　ⓐ序説　さて、現在の民法では、債権譲渡について対抗要件を具備する方法は、上述の民法467条の手続以外に、譲渡人が法人の場合は、動産債権譲渡特例法4条による債権譲渡登記を具備する方法がある（以下特例法登記という）。この特例法登記は、（仕組みは異なるが）民法対抗要件を等価で代替するものであり、かつ今日の実務では非常に多く使われているものである。したがって、特例法登記については民法対抗要件と同等に学習しておく必要がある。

ⓑ背景——資金調達のための正常業務型債権譲渡　譲渡人と譲受人との間で債権譲渡契約をするに至った原因となった実質関係には、様々なものがありうる。かつては、手元の債権を弁済期前に額面よりも割り引いて買ってもらって当座の資金を確保する債権譲渡や、譲渡人の債権者からの

---

[10]　学説ではこの場合の各譲受人間の債権関係について、連帯債権説、不真正連帯債権説、多数当事者の債権関係にはならない説、などが主張されている。池田真朗「債権譲渡の対抗要件具備の衝突」前掲民法の争点Ⅱ62頁以下（池田・前掲『債権譲渡の研究』131頁以下）参照。

取立てに対して代わりに手元の売掛金などの債権を譲渡する、苦し紛れの危機対応型の債権譲渡が多かったが（こういうタイプのものが二重三重の譲渡紛争になる）、近年は、企業の正常業務の中で、多数の債権を譲渡したり担保に提供したりして資金を調達する債権譲渡が増えてきている。そうすると、まとまった金額を調達するためには、（将来発生見込みの債権も含めて）かなり多数の債権をまとめて譲渡したりする必要がある。

そのために、民法467条（第三者対抗要件は同条②項）の対抗要件具備方法では、各債務者に確定日付のある通知を送ることは手続が非常に煩瑣で費用もかかるという問題が生じたのである。

この問題を解決するために考案されたのが、債権譲渡特例法（当時）による登記であった。

ⓒ債権譲渡特例法登記　　大量の債権を譲渡する場合に負担となる467条②項の対抗要件具備方法（個々の債務者全員への確定日付ある通知・承諾が必要）を簡略化して、資金調達をしやすくすることを目的に、すべての法人の金銭支払いを目的とする債権について、コンピューターによる「**債権譲渡登記**」という方法を創設したのが、平成10（1998）年に施行された債権譲渡特例法[11]（後述するように平成16（2004）年から動産債権譲渡特例法となる）である。これによって、法務局に登記をすれば債務者への通知や承諾なしに第三者対抗要件が具備できることになった（登記時が467条②項の対抗要件具備時〔通知なら到達時〕とみなされる。ただし、譲渡の事実を知らない債務者に不利益を与えないように、この登記だけでは債務者対抗要件〔対債務者権利行使要件〕は取得できないことになっている。もし譲受人が債務者から取り立てる必要ができたとき等は、改めて債務者に登記事項証明書を付して通知する必要がある）。これはわが国で最初の電子化された登記であり、今日では実務で大変広く使われている。

なお、売掛債権等を活用した資金調達の要請にさらに応えるため、平成16（2004）年の同法改正によって、債務者がまだ不特定の将来債権につい

---

[11] 同法の立法から施行までの経緯とその運用上の問題点についての詳細は、池田・前掲『債権譲渡法理の展開』74頁以下参照。債権譲渡登記の方法は東京・中野の法務局に、登記すべき情報を入れた電子媒体を持参ないし郵送して行う。

ても、他の要素から債権を特定して登記ができることになった（平成17
（2005）年10月施行。この改正では、動産譲渡についても同様な登記制度を創
設することになり、これに伴って法律名も「動産及び債権の譲渡の対抗要件に
関する民法の特例等に関する法律」と変更され、今後は動産債権譲渡特例法と
呼ばれることになった）。同法による債権譲渡登記は、今日では、当初考え
られた債権の流動化取引（多くは大企業による）に用いられる以上に、後
述する将来債権譲渡担保（188頁のPlus One参照）による資金調達（中小
企業が中心）のために広く用いられるに至っている★。

★Plus One 特例法登記の構造

　債権譲渡登記がされると、民法467条②項の確定日付のある通知がされた
ものとみなされる。つまり注意すべきは、債権譲渡登記では第三者対抗要件
のみが具備でき、登記事項証明書を付した通知によってはじめて対債務者権
利行使要件が取得できるのである。そうすると、この債務者に対する権利行
使要件を取得するための通知は、民法の対債務者権利行使要件の通知が無方
式でできること（467条①項）と比較して、重い手続を要することになるが、
先に述べた債権流動化取引等では、この通知は当座不要であることが多い
ので（譲受人は通常、譲渡人にそのまま債権収受を委任することが多く、万
一譲渡人の資産状態が悪化したりした場合にはじめて通知をして自ら債権回
収にあたる必要が生ずる）、これで差支えないのである。また、後述する債
権譲渡担保の場合には、譲渡人は債務者に債権譲渡によって資金調達をして
いることを知られたくない（債務者に信用不安をひきおこすことを避ける）
という場合もあり、それもあって、今日では債権譲渡登記が民法上の通知・
承諾よりも広く使われる傾向がある（ただし、この債権譲渡登記は、債務者
に知らせずに譲渡をして対抗要件を具備することを第一の目的に作ったもの
ではない（そのように説明するものがあるが誤りであることを立法関係者と
して明言しておく）。債務者の認識がないということは、登記というものの
性格上当然に出てくるもので、風評被害を呼ばないというメリットはあるが、
その目的で、つまり、本来は債務者への通知（承諾）を要する民法の対抗要
件をいわば潜脱するために特例法を作るとしたら、それは正しい立法姿勢で
はない）。

★Plus One **特例法登記と民法対抗要件との優劣決定基準**

　民法 467 条②項の対抗要件と特例法登記が競合した場合の第三者対抗要件
の優劣決定基準について述べておこう。確定日付のある通知の場合は、判定
の基準時はすでに述べたように通知が債務者に到達した時である（前掲最判
昭 49・3・7 民集 28 巻 2 号 174 頁）。これに対して、特例法登記の場合は、
その登記時である（ちなみに特例法登記では月日だけでなく何時何分まで記
載される）。比較の基準になるのはこの 2 つである（登記事項証明書が債務
者に到達した時、という誤りをしないように気を付けたい。登記事項証明書
の交付はあくまでも対債務者権利行使要件具備のためのものであって、第三
者対抗要件とは関係がない）。では、A の B に対する債権が C・D の 2 名に
二重に譲渡され、C への譲渡の登記が先でその後に D への譲渡通知が B に
到達したが B は C の譲渡登記を知らないため D に支払った、という場合は
どうなるか。C は D には優先するが、B に対する権利行使要件を得ていな
いので、B の D に対する弁済は、（本来の弁済として）有効であって、B は
ここで債務を免れる。ただ CD 間では C が先に具備した第三者対抗要件に
よって優先するため、C は D に不当利得の返還請求ができる（これが立法
担当官の示した見解であり、私見もこれでよいと考える）。同様に、確定日
付のある承諾と特例法登記の競合であれば、債務者が確定日付のある承諾を
した時（単なる承諾書に後から確定日付を付したのであればその確定日付の
付与時）と登記時とで比較することになる。

Ⅱ

債権譲渡

(5)　債権譲渡と供託による解決

　①債務者の供託権　　さて、上述(4)⑦のような、どちらの譲受人に払え
ばよいかわからないという二重譲渡の対抗要件の衝突の場合以外にも、既
に述べた譲渡制限特約を付けた債権を譲渡された債務者は、改正法 466 条
③項で元の債権者である譲渡人に払ってもよいとされても、その結果生じ
る可能性のある譲受人とのトラブルを避けたいと考えることもあろう。し
たがってそれらのケースでも、債務者が供託という手段によって紛争から
逃れることを可能にすべきであろう。

　供託についての詳細は第 **7** 章で学ぶが、既に述べたように、供託は、債

173

務消滅原因のひとつであって、法務局の供託所に、給付すべき金銭や目的物を持って行って供託すれば、債務者は、弁済したのと同じ効果を得ることができるのである。ただ、供託は、民法上はいつでもできるわけではなく、規定に当てはまる場合しかできない（一方、破産などの場合の執行法上では、供託をしなければならない場合も規定されている）。

平成29年改正法で新設された466条の2は、譲渡制限の意思表示がされた債権に係る債務者の供託権について、その①項で、「債務者は、譲渡制限の意思表示がされた金銭の給付を目的とする債権が譲渡されたときは、その債権の全額に相当する金銭を債務の履行地（債務の履行地が債権者の現在の住所により定まる場合にあっては、譲渡人の現在の住所を含む。次条において同じ。）の供託所に供託することができる」との規定を置いた。

確かに、前述のように、債務者が二重譲渡や譲渡と差押えの競合などの場合に供託によって紛争から離脱できるようにすることは、一連の二重譲渡の優劣規準の判例法理の形成の中で認められてきた。ただその民法上の根拠規定は494条なのだが、そこに規定されている供託原因は、債権者の受領拒絶か債権者不確知だけなのである（改正法494条でも同様である。前述の通知同時到達の場合は、二重譲受人のどちらが債権者かわからないということで、その債権者不確知を使うわけである）。しかし今回の改正法では、制限特約付きの債権でも債権譲渡が有効となるのだから、譲受人は明らかに債権者になるので、「不確知」には当てはまらない。したがって、466条の2で、この場合も明示的に供託ができることを規定したわけである。これも、制限特約付き債権の譲渡を有効としたために必須となった規定ということになる。

なお同条②項は、供託をした債務者の、譲渡人及び譲受人に対する、供託したことの通知義務を定め、同条③項は、供託金は譲受人に限り還付請求ができることを定めている。

②譲受人の供託請求権　上記の関連で、新設された466条の3は、譲受人（新債権者）側からの供託請求権について、「前条第1項に規定する場合において、譲渡人について破産手続開始の決定があったときは、譲受人（同項の債権の全額を譲り受けた者であって、その債権の譲渡を債務者その

他の第三者に対抗することができるものに限る。）は、譲渡制限の意思表示が
されたことを知り、又は重大な過失によって知らなかったときであっても、
債務者にその債権の全額に相当する金銭を債務の履行地の供託所に供託さ
せることができる。この場合においては、同条第2項及び第3項の規定を
準用する」と定めた。

　これも、理解するには民法の範囲を超えた破産法の知識が必要な規定で
ある。つまり、466条の3は、譲渡人AがBに対する債権をCに譲渡し
て対抗要件も具備したのだが、まだ譲受人Cが債務者Bからの支払いを
受けていないうちに譲渡人Aが破産に至ったときに、その債権の譲受人
Cの保護をはかるもので、この規定がない場合は、譲受人Cは、譲渡人
Aに対するほかの債権者PQRたちと、譲渡人A（PQRたちから見れば
債務者）の残ったお金の総体（破産財団という）から、債権を分け合って回
収することしかできなくなる。具体的にいえば、Aに対するすべての債
権者の債権の合計が1000万円で、破産財団に残ったAの財産が200万円
しかなければ、どの債権者も平等に、自分の債権の5分の1ずつしか回収
できない、ということになるのである。

　しかしこの規定があることによって、譲受人Cは、当該債権の債務者
Bに供託をさせれば、その譲渡債権は破産財団には入らず別扱いになるの
で、破産手続外で全額回収することができるのである。

　したがって、譲受人から供託請求を受けた債務者は、破産管財人（破産
財団を管理する人）に弁済してはいけない。そして譲受人は、債務者に供
託をさせたうえで、本条が準用する466条の2の②項③項によって還付請
求ができることになる。

　ただし、この種の規定を民法で明示的に定める必要があるのかについて
は、異論もありえよう（今回の改正では、本条以外にも、先に第**4**章Ⅲで学
んだ詐害行為取消権のところなどで、破産法との接近を図った個所がある）。

(6)　将来債権の譲渡

　①将来債権の譲渡性　　現在まだ発生していない、将来発生する可能性
のある債権でも譲渡できることは、近年の判例・通説において異論のない

ところになっていたが、今回の改正法は、先に述べた債権譲渡の対抗要件の規定（467条）中にも新たに「（現に発生していない債権の譲渡を含む。）」というカッコ書きを追加するとともに、新設の466条の6に詳細な規定を置いた。以下にはその背景から説明しよう。

②将来債権譲渡の必要性と承認の歴史　たとえば、譲渡人が来月取引先に商品を納入して得られる予定の代金債権を今日譲渡する、というように、将来発生する予定の債権をあらかじめ譲渡することはできるか。この問題は、古くは例外的なケースとして考えられていたが、最近では、先に述べた、資金調達のための債権譲渡や集合債権譲渡担保契約が実務で盛んに行われるようになったため、大変重要かつ緊急の問題となった。つまり、たとえばある企業が、向こう5年間に取引先との間で得るであろう債権を譲渡して（あるいは譲渡担保に供して）、現在の時点で融資を受けようとするのであれば、「向こう5年間に発生する予定の将来債権」の譲渡の有効性が認められなければならないからである。

　この問題については、古くは大審院は限定的な条件を付けずに将来債権の譲渡を有効と認めていたが（大判昭9・12・28民集13巻2261頁）、その後あまり判例の進展がなく、学説でも債権の特定性や発生の確実性等を要件に認めるという限定的な議論もなされていた。しかし、最判平11・1・29民集53巻1号151頁は、将来発生すべき債権を目的とする債権譲渡契約締結時において目的債権の発生可能性が低かったとしても、その契約は有効であるとして、将来債権譲渡の有効性を広く認めた（事案は、医師の社会保険による診療報酬債権の譲渡のケースで、医師が社会保険診療報酬支払基金から将来8年3か月の間に支払いを受けるべき各月の診療報酬債権の一部を目的として締結した債権譲渡契約の、締結後6年8か月目から1年の間に発生すべき債権について譲渡契約の有効性を認めたものである）。これによって、最高裁は複数年の将来債権譲渡の有効性を初めて承認したことになる[12]。

　ただし、この判決のケースでは、債務者は特定しており（債務者は支払基金であって個々の不特定の患者ではない）、また債権額も予測される毎月の報酬債権額のうちの一定額に特定していたので、特定性のはっきりしたケースであった。しかしこの特定性の問題についても、最判平12・4・21

民集 54 巻 4 号 1562 頁は、将来集合債権の譲渡予約の事案で、（予約完結時において）譲渡の目的となるべき債権が譲渡人の有する他の債権から識別可能であれば特定性があると、ゆるやかな判断をするに至った。

さらに判例は翌年、将来債権譲渡担保契約であっても、債権は確定的に譲渡されており、この債権譲渡についての第三者対抗要件は、467 条②項の通知によることができるとした（「譲渡担保設定通知」というものでもこの通知に当たると認めた。最判平 13・11・22 民集 55 巻 6 号 1056 頁）。

その後の問題としては、第三債務者不特定の将来債権の譲渡が可能であるのか、複数年の長期の債権譲渡が有効である場合に、その具備した対抗要件の効力発生時期をいつとするのか、などの点についての解決が残されていたが、前述のように、平成 16（2004）年の債権譲渡特例法改正によって、第三債務者不特定の将来債権の譲渡についても登記ができることになった（前述(4)⑧参照）。これは当然、第三債務者が不特定でも他の要素（期間、債権の種類等）から債権が特定できれば譲渡が有効と認められることを前提としている（対抗要件も登記時に有効に具備される）といえる。

さらに将来債権譲渡の場合の債権の権利移転時期については（学説には契約時説と債権発生時説がある）、まだこれを直接に判示した最高裁判決はないが、債権譲渡担保と国税徴収法 24 条に基づく譲渡担保権者の物的納税責任[13]との関係が争われた事案で、最高裁は、原審判決が将来債権は発生時にはじめて譲受人に移転するとしたのを覆し、国税の法定納期限以前に将来債権譲渡契約が存在し対抗要件を具備しているのであれば、目的の将来債権が法定納期限到来後に発生した場合であっても、当該債権はすでに譲渡担保財産になっているとして国を敗訴させた（最判平 19・2・15 民集 61 巻 1 号 243 頁。結果的に、対抗要件具備と法定納期限との先後で決すればよいことになる。なおこれは、前掲最判平 13・11・22 民集 55 巻 6 号 1056 頁

---

[12]　詳しくは、池田真朗「将来債権譲渡の効力――最判平 11・1・29 をめぐって（上・下）」NBL665 号 6 頁以下・666 号 27 頁以下（池田・前掲『債権譲渡法理の展開』234 頁以下所収）参照。

[13]　国税徴収法は、納税者が国税を滞納した場合に、一定の要件のもとに納税者が譲渡担保に提供した財産からの徴収を認めている。

と同一事案で、敗訴した国が再度訴訟提起したものである）。契約時に権利が移転するという契約時説に親和性の高い判断といえる[14]。

③改正法における対応　ⓐ判例法理の明文化　以上の判例・学説（および実務）の進展を踏まえて、平成29年改正法の新設規定である466条の6は、将来債権の譲渡について詳細な規定を置いた。その①項は、「債権の譲渡は、その意思表示の時に債権が現に発生していることを要しない」とし、同②項は、「債権が譲渡された場合において、その意思表示の時に債権が現に発生していないときは、譲受人は、発生した債権を当然に取得する」と規定した。

この①項と②項は特段の問題はない。①項は、将来債権譲渡について上述②に掲げた従来の判例法理（最判平11・1・29民集53巻1号151頁等）を取り入れ、将来債権の譲渡が可能であることを明示するものである。②項は、将来債権譲渡がなされたときに譲受人が当該債権を取得する時期について従来の判例法理（最判平13・11・22民集55巻6号1056頁、最判平19・2・15民集61巻1号243頁）を具体化して、当該債権が発生したときにそれを当然に取得することを明示するものである。

ただ、これらの書き方は、将来債権譲渡を明示的に肯定し、これまでの判例法理をリステイトしただけで、上述のいわゆる「将来債権の権利移転時期」の議論について新たに言及するものではない。

ⓑ将来債権譲渡と譲渡制限特約の優劣関係　これに対して、466条の6③項は、将来債権譲渡と譲渡制限特約との優劣関係について、新たな規範を定立するものである。同項は、「前項に規定する場合において、譲渡人が次条の規定による通知をし、又は債務者が同条の規定による承諾をした時（以下「対抗要件具備時」という。）までに譲渡制限の意思表示がされ

---

[14]　池田真朗「判批」金融法務事情1812号30頁以下（池田・前掲『債権譲渡の発展と特例法』198頁以下所収）参照（なおヨーロッパでは、将来債権は発生と同時に契約時に遡及して譲受人のものとなるという説明もなされている）。発生時に契約時にさかのぼって移転するという説（フランス等で有力）でも結論に大きな変わりはないが、ただし譲受人が当該将来債権を再譲渡する場合の権限などを考えると、契約時移転説のほうが明瞭かと思われる。

たときは、譲受人その他の第三者がそのことを知っていたものとみなして、第466条第3項（譲渡制限の意思表示がされた債権が預貯金債権の場合にあっては、前条第1項）の規定を準用する」と定めた。これは、同条②項に関連して、将来債権譲渡がなされた後に当該債権に譲渡制限特約が付された場合における当該特約の効力、という、近年問題とされていた争点について明示の規定を定めたものである。

　すなわち、将来債権譲渡がなされたが未だ譲受人が467条における対抗要件（正確には債務者に弁済等を要求できる権利行使要件）を具備していないタイミングにおいて、当該債権に譲渡制限特約が付された場合には、譲受人は譲渡制限特約の存在につき当初から悪意であったものと擬制され、債務者は改正法466条③項により譲渡制限特約を譲受人に対抗することができるのである。逆に言えば、将来債権の譲渡がなされて、その対抗要件具備（通知・承諾）までがなされれば、その後で具体的な債権が発生したところで債務者が譲渡制限特約を付けても、それは譲受人には対抗できない（譲受人の譲渡が有効）というのである。

　これは、従来議論のあったところで、法務省の一部には、「将来発生する債権の禁止特約の有無について善意悪意は観念できない」といういささか不可解な理由で譲渡後の禁止特約の有効性を認める見解があり、それを採用したとみられる下級審判決も1つ出ていたが、逆に資金調達取引を扱う実務家からは、譲渡時に禁止特約が付いていなければそれは素直に考えて「禁止特約のない債権」を譲渡したのであって、その後から特約を付けても効力はない（譲渡が有効）と主張されていたところである（ちなみに私見は後者の立場である。近代法においては、466条①項〔改正前から変更なし〕が宣言するとおり、「債権には譲渡性がある」のが「原則」なのである。改正前同条②項の禁止特約でその譲渡性を奪うことが「例外」なのであるから、その②項を原則のごとくに基準としてそこでいう「善意」が観念できないとする論理は、前提から誤っている。判定基準時を譲渡時とするならば、当該債権は、譲渡時には、466条①項が宣明するとおりの譲渡可能な債権であったのである）。この点の争いについて、平成29年改正では、対抗要件具備の先後で分けるという新たな基準を定立したものである[15]。

(7) 債権譲渡と債務者の抗弁

①債務者の抗弁事由発生時期の原則　　債務者は、対抗要件具備時までに譲渡人に対して生じた事由をもって譲受人に対抗できる（平成29年改正法468条①項。改正前同条②項にあったものと趣旨は同じである。改正前の規定では「その通知を受けるまでに」とあったのを「対抗要件具備時までに」と改めることにより、債務者が債権譲渡通知を受けた場合だけでなく債務者が債権譲渡を承諾した場合についても規定の適用範囲を拡大したものとされるが、これまでも承諾を含めた解釈はされていたので、実質的な内容や解釈への影響はない）。つまり債権譲渡を債務者が正式に認識するまでに債務者に生じ

15　ただこの立法については、一点疑問が残る。466条の6③項にいう「譲渡人が次条の規定による通知をし、又は債務者が同条の規定による承諾をした時（以下「対抗要件具備時」という。）」のカッコ内の「対抗要件具備時」は、この条文では債務者の正式の「認識」を問題にしているのであるから、当然、理論的には（両立しえない権利の対抗問題を解決する）第三者対抗要件ではなく、いわゆる債務者対抗要件（権利行使要件）の具備時を意味するはずである（この「権利行使要件」の用語は、立法の最終段階まで提示されていたのであるが、結局採用されなかった）。したがって、「次条」による通知・承諾とは、次の467条①項の（無方式の）通知、承諾（本章Ⅱ(4)参照）で足りるのである。ただ、それを「対抗要件具備時」と書いてしまったために、467条②項の第三者対抗要件たる確定日付ある通知・承諾の等価代替手段である動産債権譲渡特例法登記ではどうなるのかが、この表現ではいささか紛らわしくなった。つまり、そもそも特例法登記では、譲渡の当事者が法務局に電子媒体（USBなど）を届けて登記するので、債務者は（通知を受けまたは承諾をした場合と異なり）譲渡自体を知らない可能性が高いのだから、悪意とみなすのは当然無理のはずである。おそらくここは、条文に「次条による通知または承諾」とあるのだから、特例法登記は当然入らないというのが法制局の見解なのであろう。けれども、ここで「権利行使要件」と書いておければ、（特例法登記では逆に第三者対抗要件だけが具備できて同法4条②項の通知か承諾がない限り権利行使要件を取れないのだから）解釈上の紛れはなかったはずなのである。

　以上の注意書きを加えた上でいえば、「対抗要件（権利行使要件）具備が譲渡制限特約（譲渡制限の意思表示）より先ならば譲渡制限特約での対抗はできない、逆に譲渡制限特約が先ならば譲受人は悪意とみなされて譲渡制限特約の対抗を受ける」というこの新ルール自体は一つの基準として成立しうるものといえよう。

た事由は譲受人にも対抗できる、と考えればよい。これは当然の規定である。

　なお、既に述べたように、「対抗要件具備時」の「対抗要件」というのは、債務者の認識が問題なのだから、467条②項の第三者対抗要件ではなく、同条①項の対債務者権利行使要件と考えるべきである。したがって、これもすでに述べたように、債権譲渡特例法登記だけでは、第三者対抗要件しか具備できないので、（債務者の認識が問題なのに債務者は登記の事実を知らないのだから）同特例法4条②項の、登記事項証明書を付した通知があるまでは（または債務者の承諾があるまでは）この対抗事由は増え続けるとみるべきである。

　なお、対抗事由の中の相殺については、別途明文規定が置かれたのでこの後に述べる。

　②読み替え規定　468条②項は、前述の466条④項の、債務者が任意に給付をしない場合の譲受人の履行催告権行使における前項の規定の適用については、これらの規定中「対抗要件具備時」とあるのは「第466条第4項の相当の期間を経過した時」とするとして、この場合の債務者が譲受人に対抗可能な抗弁事由の発生基準時は、催告後相当期間を経過したところまでと規定している。また、466条の3の場合（譲渡人について破産手続開始の決定があった場合の、譲受人の債務者に対する供託請求権行使の場合）におけるこれらの規定の適用については、これらの規定中「対抗要件具備時」とあるのは「第466条の3の規定により同条の譲受人から供託の請求を受けた時」と読み替えるとして、この場合の債務者が譲受人に対抗可能な抗弁事由の発生基準時は、債務者が譲受人から供託の請求を受けた時までと規定している。

　③異議をとどめない承諾の廃止　平成29年改正法までは、債務者が異議をとどめないで譲渡を承諾をすると、譲渡人に対抗できた事由でも譲受人に対抗できなくなる、という特殊な規定が置かれていた（改正前の468条①項）。これは、ボワソナード旧民法由来の規定で、ボワソナードは、承諾の意思表示をした以上は抗弁ができなくなる、という、禁反言に似た倫理的な規定として置いたようなのであるが、これが明治民法では「前条

の承諾」つまり 467 条の対抗要件としての承諾という規定上の表現になっ
たため（すなわち、この「承諾」は債権譲渡の事実を知ったというだけのもの
でよく、債務を承認する等の意思表示である必要はない）、観念の通知に過ぎ
ないもので抗弁をすべて喪失するのはおかしい、という批判がされ、学理
的に説明が難しい規定とされて、債権譲渡分野の一つの争点となっていた
のである[16]。そしてこの規定は、今回の平成 29 年改正で削除されるに
至った。

　ただ、実はこの規定は、1990 年代以降になって、資金調達のための債
権譲渡が盛んになると、譲受人（つまり譲渡人に対する融資者）にとって、
取得する債権に抗弁が付着していないことが示される便利な規定として、
取引実務の中でかなり使われるようになっていたのである（具体的に言え
ば、異議をとどめない承諾を得られれば、その債権の弁済可能性が上がるので、
たとえば担保掛目〔いくらの債権を担保にとればいくらまで貸せるか〕が高め
られるなどという使われ方である）。

　したがって、理論的に難点があるというだけで削除した場合は、その代
替策がなければ資金調達取引の実務を阻害することになる。今回の立法担
当者は、代わりに抗弁放棄の意思表示をさせればよいという態度であった
のだが、実は、「異議をとどめない承諾」を代替するには、包括的な抗弁
放棄が認められなければならない。しかし、学説の一部には、抗弁は具体
的に 1 つずつ挙げて放棄しなければいけないとするものもあり、そのよう
な解釈がされるとすると、異議をとどめない承諾による包括的な抗弁喪失
と同等ではなくなる。また、実務では、「異議をとどめず承諾します」と
いう一文に同意してもらうのと同様に「包括的にすべての抗弁を放棄しま
す」との記載に同意してもらえるか、という懸念も強い。このあたりも、
今回の改正が実際の取引実務の行動予測をした改正といえるかどうかが今
後問われるであろう。

　私見からすれば、理論的には、抗弁放棄の意思表示は上述のように個々

---

[16]　詳細については池田真朗・前掲『債権譲渡の研究』292 頁以下〔同増補 2 版
330 頁以下〕、ことにわが国のこれまでの学説と二重法定効果説については同書
360〜384 頁〔同増補 2 版 398〜422 頁〕）参照。

の抗弁を明示して放棄しなければならないとの見解もあるが、今回の改正に明確に債権譲渡による資金調達を抑制する意図があるとは見られないので、合目的的な解釈としては、抗弁の包括的放棄が認められるべきであると考える。改正法施行後、早期の判例・学説の確立が望まれる場面と思われる。

　なお、改正前の468条①項については、錯誤の主張との関係（錯誤主張を制限する特別規定かどうか）が論点になっていたが、抗弁放棄の意思表示の場合には、錯誤をはじめとする意思表示規定の適用が当然にあることになる（この点で最近の参考判例として、最判平27・6・1民集69巻4号672頁が挙げられる。この判決は、異議をとどめない承諾の抗弁喪失効果を享受できる譲受人について、それまでは判例で善意が要求されていたのを、善意無過失までを要求して、この改正前468条①項の適用場面を狭めようとしたものであるが、第一審では錯誤による判断がなされ、第二審でそれが否定された事案であり、改正後の問題処理の参考となる要素を含む）。

　④債権譲渡と相殺の抗弁　ⓐ総説　債権譲渡と相殺の抗弁という論点は、債権譲渡があった場合に、債務者は譲渡人に対する反対債権による相殺で対抗できるかという問題である。これについては、従来から差押えと相殺（511条）の論点（差押えを受けた場合に、債務者は譲渡人に対する反対債権による相殺で対抗できるか）と並行して議論され、判例法理も横並びで展開されてきた。今回、平成29年改正法では、469条に債権の譲渡における相殺権の規定を新設し、従来の議論を明文化するとともに、さらに一歩を進めて、差押えと相殺の場合よりも相殺可能となる範囲が広くなる規定を置いた。

　ⓑ従来の判例法理を踏襲する規定　469条①項は、債務者は、対抗要件具備時より前に取得した譲渡人に対する債権による相殺をもって譲受人に対抗することができるとするもので、これは、最高裁の判例である無制限説（債権譲渡があった時に債務者が譲渡人に対して反対債権を持ってさえいれば、反対債権（自働債権）の弁済期と譲渡債権（受働債権）の弁済期の先後などを問わずに、相殺適状になれば債務者は相殺ができるというもの。最判昭50・12・8民集29巻11号1864頁）を明文化したものであって、特段の問題

Ⅱ
債権譲渡

183

はない。なお、ここでいう対抗要件具備時の意味は、既に述べたように、債務者に対する権利行使要件具備時ということである。

©差押えと相殺と同一の拡張部分　　しかし、同条②項はさらに、債務者が対抗要件具備時より後に取得した譲渡人に対する債権であっても、対抗要件具備時より前の原因に基づいて生じた債権（同項1号）と、譲受人の取得した債権の発生原因である契約に基づいて生じた債権（同項2号）については、相殺権の行使を認めた（それだけ債務者の保護に厚い規定を置いたことになる）。

このうち②項1号は、譲受人による権利行使要件具備時より後に取得した債権であっても、その発生原因が前にある債権であれば、債務者は相殺をもって譲受人に対抗することができることを規定するものであり、これにより債務者が譲受人に対して対抗することができる相殺対象範囲が現行法のいわゆる無制限説の解釈よりも拡大することになる。しかしながら、この1号については、今般の改正で民法511条の②項に加えられた改正と同じであって、その意味ではこの1号までは511条の差押えと相殺とパラレルな取扱いをしたものと理解される（なお、469条②項柱書のただし書により、債務者は譲受人による権利行使要件具備後に他人から取得した債権による相殺をもって譲受人に対抗することはできないものとされている）。

ちなみに511条②項の改正（新規定追加）というのは、「前項の規定にかかわらず、差押え後に取得した債権が差押え前の原因に基づいて生じたものであるときは、その第三債務者は、その債権による相殺をもって差押債権者に対抗することができる。ただし、第三債務者が差押え後に他人の債権を取得したときは、この限りでない」というものであって、立法担当者によれば、破産法における相殺権の保護の視点を差押えと相殺の優劣に関しても採用したものだという（いわば破産法の法理の民法典への導入である）。

いずれにしても、本469条②項1号は、差押えと相殺の場面（改正民法511条2項）と同様の規律である。権利行使要件の具備時に反対債権が未発生であったとしても、この時点で債権の取得原因が存在する債権を反対債権とする相殺については、相殺の期待が保護に値すると考えられるというわけである。なお、権利行使要件の具備時の原因は、（次の本条②項2号

と違い）譲渡債権を発生させた原因である契約と同一のものであることを要しない。また、契約に限らず、不法行為や不当利得も含まれる。したがって、譲受人から譲渡債権の履行請求を受けた債務者は、たとえば、権利行使要件の具備時よりも前にされた不法行為（＝「権利行使要件の具備時より前に生じた原因」）を理由とする損害賠償請求権による相殺をもって対抗することができるとされる。ここまでの部分は、（将来債権の譲受人にとって不利な要素が増えることは否めないが）差押えと相殺の場面と同一の処理をするということでは一定の合理性を見いだせるというべきであろう。

　ⓓ差押えと相殺の規定を超える拡張部分　　しかし、その後の469条②項2号に至っては、その立法の理由は非常に疑問である。立法担当者側の立法理由は、②項2号は、譲渡債権の発生原因である契約と同一の契約に基づいて発生した債権による相殺をもって、債務者は譲受人に対抗することができることを規定するものであり、これにより債務者が譲受人に対して対抗することができる相殺対象が差押えと相殺の場面以上に広がり、債務者の相殺の期待利益が保護されることになった（なお、本号においても1号と同様、②項柱書のただし書により、債務者は譲受人による権利行使要件具備後に他人から取得した債権による相殺をもって譲受人に対抗することはできないものとされている）。

　そのようにした理由は、立法担当者によると、「将来債権が譲渡された場合については、譲渡後も譲渡人と債務者との間における取引が継続することが想定されるので、法定相殺と差押えの場合よりも相殺の期待利益を広く保護する必要性が高い（譲受人も、継続的取引から生じる将来債権を譲り受ける以上、相殺のリスクを計算に入れておくべきである）という考慮に基づき、相殺の抗弁を対抗することができるとしたものである」という。

　そしてまた立法資料によれば、「（本条②項2号は）明文で示されていないものの、譲渡されたものが将来債権である場面に、その射程が限定される」という。たとえば、将来の請負報酬債権が譲渡され、対抗要件が具備された後で請負契約が締結され、その契約に基づく修補に代わる損害賠償請求権が発生したような場合に拡張されるというのである。同一の契約から生じた債権・債務であるにもかかわらず債務者の相殺の期待を保護しな

いのは衡平に失するとの観点から設けられたものと説明される。

これらの理由づけは、一見するとつじつまが合っているように読めるが、結局将来債権譲渡の場面における債務者保護を言っているだけであって、当事者のリスク配分の合理性という観点からは、将来債権の譲受人のリスク（後から抗弁事由が増える）を高めて、そこまで債務者保護を強化することの説得力があるとはいえないように思われる。また、取引実務における予測可能性という意味でも、債権譲渡の場合と差押えの場合の取扱いを同一にした方が合理性があると言える。

さらにいえば、この改正は、近年の学説の方向性とは逆である。債権譲渡と相殺の論点については、改正前511条の差押えと相殺の論点とパラレルに判例法理が展開し、学説もかつてはそれを承認していたのであるが、最近では、債権譲渡と相殺のほうには制限説を採用し、差押えと相殺のいわゆる無制限説よりも狭く相殺範囲をとらえようとする学説が（今回の立法にかかわった学者を含めて）優勢になってきている状況にあった。しかし、その学説状況に逆行する、今回の、債権譲渡と相殺のほうで差押えと相殺の場面よりも相殺の効力を拡張する規定が作られたのである。この結論の合理性が今後問われよう。

ⓔ読み替え規定　469条③項は、前述の466条④項の、債務者が任意に給付をしない場合の譲受人の履行催告権行使における前2項の規定の適用については、これらの規定中「対抗要件具備時」とあるのは「第466条第4項の相当の期間を経過した時」とし、466条の3の場合（譲渡人について破産手続開始の決定があった場合の、譲受人の債務者に対する供託請求権行使の場合）におけるこれらの規定の適用については、「対抗要件具備時」とあるのは「第466条の3の規定により同条の譲受人から供託の請求を受けた時」と読み替える。前掲の468条②項と同趣旨の規定である。

Ⅲ　民法の債権譲渡と他の法律による債権譲渡

現代における債権譲渡は、民法の規定する債権譲渡（平成29年改正前の指名債権譲渡）だけでなく、その他の法律による債権の譲渡との比較で理

解されなければならない。わが国では、債権の流通・移転を安全に促進するために手形の制度を作って（手形は債権が手形という紙の上に化体され、裏書によって流通する。詳細は手形法を参照）、それほど頻繁に譲渡されると想定されていなかった指名債権譲渡とのすみ分けをはかり、手形は世界でも類を見ないほどに信頼度の高い債権移転・決済制度として頻繁に使われてきたのであるが、近年では、その手形の発行、管理、裏書移転、呈示のそれぞれの段階における「紙」の負担が重荷となり、さらに手形には印紙税がかかることもあって、手形の利用は激減している。それでは紙の負担のない一般の債権（従来のいわゆる指名債権）のほうが簡便でよいかといえば、確かに債権譲渡は最近では非常に重要な資金調達手段として多用されるようになっているのだが、債権では、弁済の確保や譲受けについてのリスク排除が難しく、また対抗要件の具備が（先に掲げた特例法登記の制度はできたものの）煩瑣である。

　上記のような状況と、社会のIT化の要請があいまって、平成19（2007）年には、指名債権でも手形債権でもなく、コンピューター上の電子的な発生記録によって発生し譲渡される、**電子記録債権**という新類型の債権が創設された（電子記録債権法が平成19年6月20日に制定され、平成20年12月1日に施行された）。これは、金銭債権に限定されるが、民間で設置する電子債権記録機関の記録原簿に発生記録をすることによって発生し、同じく譲渡記録をすることによって譲渡されるものであり、従来の手形や指名債権を代替するものとして活用されることが期待される（発生も譲渡も記録が効力要件であるので、当然ながら記録をすればそれ以外の対抗要件具備はいらない）。この電子記録債権によって、手形の利用がかなりの程度電子記録債権に変わることはもちろん、これまでの債権譲渡の利用法が変化することも考えられる[17]。

　なお、電子記録債権は、法理論上、手形債権と売買代金債権などの関係と同じく、原因債権（元の債権）である債権（売買代金債権とか報酬債権とか）とは別の債権である（売掛金債権を電子記録債権として記録すれば、売掛金債権と電子記録債権が、原因債権と手形債権の関係と同様に2つ存在することになる）。また、電子記録債権は、電子債権記録機関の記録原簿への発

生記録が効力要件であるから、発生記録がされたものは（そこで確定的に発生していて、対抗要件などは不要であるのだから）、その記録の段階で、金額等が定まった既発生債権ということになり、いわゆる将来債権はそのままでは電子記録債権にはできないことに注意したい（電子記録債権には将来債権という概念はないわけである）。さらに、電子記録債権には基本的に手形並みの安全性（抗弁の切断等）が確保されるが、当事者が任意に一部の抗弁を残したり、また法律上は付与できる譲渡禁止の記録を記録機関が業務規程で排除できる（譲渡禁止の記録を受け付けない）等の自由が保障されている（電子記録債権法16条⑤項）。

★Plus One　債権流動化と将来債権譲渡担保

　以下は、本来は法科大学院や大学院法学研究科ビジネス法務専攻で置かれている「金融法」で教えるレベルの内容である。「金融法」という法律があるわけではないが、融資や資金調達の実務にかかわる民事取引法を教える科目としての「金融法」は、大学院レベルでは既に一般化しており、法学部レベルでも置いているところがある。その意味では、現代の法学教育の「新標準」になりつつあるとも言えよう。

　債権譲渡を資金調達のために使う場合、大きく2つのやりかたがある。1つは、投資家に大量の債権を買ってもらうもので、これは債権流動化などと称されるが、大企業が採用する資金調達方法で、文字どおりの真正譲渡（真正売買）がされる。2つ目は、大量の債権を担保として使うものである。これには、従来から債権質という手段も規定されているが、今日では圧倒的に多く使われているのは、債権（多くの場合将来債権も含む）の譲渡担保という形態であって、これは主に中小企業が用いる手法である。

　前者の**債権流動化**というのは、例えばある企業が一度に多額の資金を調達

17　立法担当者の解説として、始関正光ほか『一問一答電子記録債権法』（商事法務・2008年）。参考文献として池田真朗＝小野傑＝中村廉平『電子記録債権法の理論と実務』（別冊金融・商事判例、経済法令研究会・2008年）、池田真朗＝太田穰『解説 電子記録債権法』（弘文堂・2010年）等がある。なお、2019年9月現在では全国銀行協会が設置した全金融機関参加型の電子債権記録機関をはじめとして、銀行系4社、独立系1社の5つの電子債権記録機関が存在する。

したい場合に、その企業が取引先に対して有している今後数年かけて回収される予定の一定額の多数の債権を、今、いったん資金調達目的だけのために特別に作った会社にまとめて譲渡し、その特別目的会社から投資家集団に譲渡して、まとまった一時金を得るという手法である。そしてそれらの債権の回収はそのまま特別目的会社が（実際にはそこから委託を受けた形で元の企業が）行って、順次投資家に支払っていくのである。投資家としては、債権総額から、未払いリスクありと想定される分を引いたうえで、さらにその想定残額よりも安く買えば、その差額が利益となるわけである（この投資家というのは、もっぱら投資を目的とする会社の場合もあれば、保険会社など、手元の資金を運用したい一般の会社がなることもある）。特別目的会社にいったん譲渡するのは、資金調達をもくろんだ会社が倒産などしても投資家に損失が及ばないように、いったん資金調達したい会社からその債権を切り離すためである（専門用語で「倒産隔離」という）。

　実務では、このような、仕組みを作って直接金融（金融機関等を介在させて資金を調達するのが間接金融、自らの資産で直接調達するのが直接金融である）を行うことを「ストラクチャード・ファイナンス」という。

　これに対して、取引数としては圧倒的に多い**将来債権譲渡担保**の場合は、運転資金などを得たい中小企業が、取引先に対する、将来発生する予定の分まで含めた、売掛金債権の一定期間分のまとまりを、融資者に対して、融資の担保を目的として譲渡をするものである。

　担保が目的なのに譲渡（権利移転）をするのであるから、融資金を完済できれば、譲渡しすぎた分については清算義務を付すのが適切ということになるが、多くの場合には、融資金をその譲渡債権で返済していく形態になる。

　ここで、将来債権まで使わなければいけない理由は簡単である。たとえば売買の売掛金というのは、（こういうところを知らない学生が非常に多いのだが）取引実務の上で、目的物の納入日から60日先や90日先に代金支払いがされる慣行が多いので、現存する売掛金債権というのは、2か月分、3か月分に過ぎず、それでは担保にするのに金額的に足りないのである。したがって、たとえば「特定の取引先10社に対する向こう5年間に想定される、一定の種類の部品の売買代金債権」などという形で譲渡担保に供するわけである（判例は、譲渡担保であっても債権は確定的に譲渡されていて、対抗要件も

467条②項でよいという立場を取っていることは既に述べた。先述本章Ⅱ(6)参照)。

また、担保目的ということで、当初は第三者対抗要件（確定日付ある通知・承諾）を具備せずに（実務では「サイレントで」と表現する）譲渡しておくという慣行もあったが、それでは他の債権者から差押え等があれば当然負けてしまう。したがって、譲受人（融資者）としては安全のために第三者対抗要件具備を要求し、それで、既に述べた債権譲渡特例法登記が汎用されるようになったのである（譲渡データをまとめて法務局に登記するやり方なので、いちいち1件ずつ債務者に通知したりする必要がなく、また債務者に知らせずにできるので余計な不安も与えない。債権回収はそのまま譲渡人（旧債権者）が行って譲受人に回金すればよい）。

2005年以降は、わが国でも、このような売掛金債権などを使った将来債権譲渡担保に、在庫動産を担保にする集合動産譲渡担保を組み合わせた、ＡＢＬ（Asset Based Lending）と呼ばれるもの（「動産債権担保融資」とか「流動資産一体型担保融資」と訳される）が行われるようになっている。優良な売掛先を持って、良質の商品を生産している中小企業が、運転資金の円滑な調達をするのに有効な融資形態である（したがって、日本型ＡＢＬの場合のそれら売掛金や在庫の担保は、債権者（融資者たる譲渡人）が、債務者（資金調達をする譲渡人中小企業）の不払いがあれば直ちに実行しようとする趣旨のものではなく、その中小企業の事業継続を支援するための、債務者を「生かす担保」[18] なのである）。

◁二 学習の道案内 二▷

以下には、債務の移転（債務引受）と契約当事者の地位の移転を学習する。この2つについては、判例・学説では当然に認められていたが、平成29年改正で初めて民法典中に規定が置かれた。債権譲渡の場合は、当事者（譲渡人・譲受人）の合意だけでできる契約であるが（債務者の承諾は対抗要件であって成立要件・効力要件ではない）、債務引受の場合は、債権者の同意が

---

[18]　ＡＢＬにおける「生かす担保」論は、著者が2006年に論文中で提唱したものである（池田真朗『債権譲渡の発展と特例法』〔弘文堂、2010年〕334頁および335頁以下参照）。

必要になる。契約当事者の地位の移転（契約譲渡）の場合も、同様に相手方の同意が必要である。その理由等も含め、債権譲渡と債務引受・契約当事者の地位の移転の構造的な相違をしっかり理解したい。

Ⅳ　債務引受・契約譲渡

(1)　序説──広義の債務引受

　債務引受とは、最も広い意味では、債務者の債務を他人が引き受ける契約全般をいう。しかしこの中には、3種類のものが含まれる。①免責的債務引受、②併存的（重畳的）債務引受、さらに、性格は異なるものだが③履行引受、の3種である。これらはいずれも、契約による債務の移転ないし発生であり、法律の規定による移転（たとえば、相続や会社の合併によるもの）を含まない。また、この分野には、これまで日本民法典には規定がなく、第二次大戦後にできた各国の民法典に比べて遅れていたが、平成29年の改正でようやく明文規定が置かれた（以下このⅣでは平成29年改正を「改正法」と略記する）。

(2)　免責的債務引受

　①意義　　これは債権譲渡のいわば裏返しで、債務が同一性を保って移転する契約を考えればよい（ただ同一性を保ってといっても、後述③の効果のところで示されるように、保証などの担保がそのまま移転するかどうかというところが、債権譲渡と異なる）。つまりAのBに対する債権があるとすれば、Bの債務をそのまま引受人（新債務者）Cに移転させる契約であり、これによって原債務者Bは債務を免れる（472条①項）。つまりBは債権関係から離脱し、AのCに対する債権のみがあることになる（ただし正確に言うと、改正法は472条①項で移転という表現は採用せず、引受人Cが債務者Bと同一の債務を負担し、Bは自己の債務を免れるという、後述の併存的債務引受を基本にしたような表現をしている。しかし後述の472条の4では免責的債務引受の場合の担保権について移転構成をしているので、債務本体につい

てあえて移転構成を避ける表現をするのは疑問である）。

　しかし考えてみると、この契約では債務者が代わる（したがって債務者の財産状態が変わる）わけであるから、債権の実現可能性に大きな影響がある。債権者としては、原債務者と引受人とに勝手にこのような契約をさせるわけにはいかないことが理解されるであろう。

　②**要件**　ⓐ債務の性質　当然ながら、債務の性質が金銭債務のように別の債務者によっても履行しうるものであることが必要である。

　ⓑ当事者　債務者の交代が債権者の利害に大きく影響するところから、債権者の何らかの関与がなければ、免責的債務引受は認めるべきではない。そこで、まず債権者・原債務者・引受人の3者で契約する（こういう形を三面契約という）のであれば問題なく有効である。また、債権者と引受人の間で契約することも可能である（472条②項前段。これは従来の判例〔大判大10・5・9民録27輯899頁〕・通説である。原債務者抜きで契約されても、原債務者は債務を免れるだけであるから不都合はない）。しかしその場合は、債権者が債務者に対してその契約をした旨を通知した時に効力を生ずる（472条②項後段）。原債務者と引受人だけで契約した場合は、それだけでは有効にならず、債権者の承認（同意）の意思表示があって初めて有効になるというのが現在の通説であり、改正法でもその旨が規定された（債権者が引受人となる者に対して承諾をすることによってもすることができる。472条③項）。

　③**効果**　ⓐ債務　免責的債務引受によって、債務本体は、引受当時の状態で同一性を失わずに引受人に移転する形となる。

　ⓑ抗弁　引受人は、引受当時原債務者が持っていた債権者への抗弁事由（一部を弁済してあるとか、同時履行の抗弁権があるとか）の一切をそのまま引き継ぐことになる（472条の2①項）。ただし、債務を引き継いだだけの者は、元の債権者と債務者の間の契約の当事者の資格を引き継ぐわけではないから、引き継いだ債務の元になっている契約を自分で解除したり取り消したりはできないというのが判例（大判大14・12・15民集4巻710頁、大判昭3・2・28民集7巻107頁）・通説である。この点、改正法は、その代わりに、引受人は、免責的債務引受がなければこれらの取消権・解除権の

行使によって債務者がその債務を免れることができた限度において、債権者に対して債務の履行を拒むことができると規定した（472条の2②項。履行拒絶権構成を採用したわけである）。

ⓒ引受人の求償権　免責的債務引受の引受人は、債務者に対して求償権を取得しない（472条の3）。引受人は、債務の履行を自分のコストで負担する意思があると一般に考えられるという趣旨で規定されたものである。もとより、債務者と引受人間で、何らかの引受けの対価を債務者が支払う合意をすることは可能である。

ⓓ担保の移転　問題なのは、原債務に付いていた人的・物的の担保がどうなるかである。これについては、改正法は以下のように規定した。①まず、債権者は、免責的債務引受を承諾するに際して、債務者に設定していた担保権を引受人に移すことができる（472条の4①項本文）。ただし、「引受人以外の者」が提供している担保については、その担保提供者の承諾を得なければならない（同条①項ただし書）。この場合の担保提供者の「承諾」は、担保移転の承諾の意思表示である。注意すべきは、債務者は「引受人以外の者」であるから、債務者の提供している担保の移転には債務者の承諾がいるということである。つまり、何が言いたい規定かと言えば、債権者は、免責的債務引受を承諾するに際して、債務者が負担していた担保を引受人が負担することに応じなければ承諾しないと言える（そして債務者は、担保負担がいやならば拒める）、ということである。②また、その同条①項の担保移転は、免責的債務引受契約に先立って、あるいはそれと同時に、引受人に対してする意思表示によってしなければならない（同条②項）。免責的債務引受があると、原債務者の債務は消滅するのだから、消滅に関する附従性によって担保も消滅するという問題を避けるためであるとされる。③保証人の保証債務を移す場合にも、同様に保証人の承諾を必要とする（同条③項）。つまり、債務者の責任財産の変化が保証人に大きく影響するのであるから、保証人の承諾がない限り、免責的債務引受によって保証債務は消滅すると考えるのが、従来からの判例（大判大11・3・1民集1巻80頁）・通説であり、これは当然の規定である。さらにその場合の保証人の承諾は、書面によってしなければ効力を生じない（同条④項）。

これは、既に学んだ保証契約の要式行為性（446条②項）と平仄を合わせたものである。承諾が電磁的記録でなされたときは、書面によってなされたものとみなす（同条⑤項。これも446条③項と同様の規定である）。

(3) 併存的（重畳的）債務引受

①意義　これは、債務が引受人に引き受けられる一方、原債務者も離脱しないという契約である。つまりAのBに対する債権があるとすれば、Bが債務者であり続けながら、同一内容の債務をそのまま引受人（新債務者）Cにも負担させる契約であり、これによって債権者Aは原債務者Bと引受人Cとの両者に対して債権を持つことになる。

この結果、債務者が1人増えた形になるので、債権の担保力は増大する（AはBとCの双方の財産をあてにできる）。このように併存的（重畳的）債務引受は債権者に有利な契約であるので、債権者の意思は免責的債務引受のように重視される必要はない。契約としても認められやすいということになる（👆学習のKey Point）。

ちなみに、改正法は、この併存的債務引受を免責的債務引受よりも先に規定し、しかも免責的債務引受については、あたかも併存的債務引受から債務者を免除するかのような法律構成を採っているが、これは諸外国の民法から見ると少数派の構成であり、諸外国では債権譲渡との対比で免責的債務引受から規定するほうが多い。

確かに今日の取引社会では、併存的債務引受のほうが利用状況は多いが、免責的と併存的とでは、当事者の契約の意図は最初から大きく異なっていると考えられ、免責的債務引受はもともと債務者の交代を意図し、併存的債務引受はもともと協力して債務履行に当たる状況を作る（実際後述③のように連帯債務になる）ことを想定していると思われる★。

②要件　まず債権者・原債務者・引受人の三面契約ですることができるのは当然である。また、債権者と引受人の間で契約することも可能である。しかも、債務者の意思に反していてもなしうると解されている（判例〔大判大15・3・25民集5巻219頁〕・通説。併存的債務引受の実質的な機能は保証と同様な債権の担保にあり、保証が主たる債務者の意思に反してもなしう

● **債務引受の3類型**

①免責的債務引受

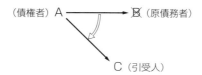

②併存的（重畳的）債務引受

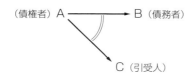

③履行引受

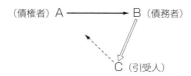

る（462条②項）こととのバランスからもこうあるべきだとされる[19]）。

　原債務者と引受人だけで契約した場合も、有効であるとされる。ただ、この場合は、債権者に引受人に対する債権を取得させるという利益を与える契約になるから、いわゆる第三者のためにする契約（詳細は債権各論で学ぶが、たとえば契約当事者AとBが合意して、AがBに給付すべきものを第三者Cに給付することにする、というようなもの[20]。Cを受益者と呼ぶ）ということになる。したがって、債権者のためにすることの明示の約定と、債権者の受益の意思表示（537条②項）が必要とされる。もっとも、債権者

---

[19] ただし併存的債務引受の場合は、付従性がない点で明らかに保証と異なる。この点には十分に注意したい。

[20] 池田『新標準・各論〔第2版〕』第**2**章Ⅲ(4)。

が引受人に対して請求する等、債権者の権利を行使すれば、受益の意思表示ありと解してよい。

③**効果** ⓐ債務　原債務者Bの債務がそのまま存続するとともに、引受人CがBと同一の債務を負うことになるのだから、BとCの債務の関係が問題になる。この両者の債務の関係について、改正法は、連帯債務であることを明示した（470条①項）。この点について、判例は以前から連帯債務（第**5**章**Ⅳ**参照）関係が成立すると解してきたが（大判昭11・4・15民集15巻781頁、最判昭41・12・20民集20巻10号2139頁等）、しかし従来の連帯債務では絶対的効力事由が多かったので、場合によっては債権者に不利になることもあり、学説では、一律に連帯債務とすることに批判もあった（B・C間に主観的共同関係がある場合は連帯債務になるが、そのような関係がないときは不真正連帯債務となるという主張も有力だった）。けれども今回の平成29年改正では連帯債務の絶対的効力事由が減少したので、連帯債務と明示して特段の不都合はないと思われる。

ⓑ抗弁　また、引受人は、原債務者と同一の債務を負うことになるのだから、引受当時に原債務者が持っていた一切の抗弁事由をもって債権者に対抗しうるのは当然である（471条①項）。この点では、免責的債務引受と変わるところはない。また、債務者の取消権、解除権についても、引受人は（併存的に債務を引き受けるとはいっても、元の契約当事者ではないので）その限度での履行拒絶権を持つのも免責的債務引受と同様である（同条②項）。

ⓒ担保　なお、原債務がそのまま存続しているのだから、免責的債務引受におけるような担保の消滅の問題は生じない。

学習の Key Point

　免責的債務引受と併存的（重畳的）債務引受の有効要件に差が出てくるのは、**債権者の立場の保護の必要**からである。債務者が代わることは債権の実現可能性に大きな影響を与えるが、債務者が増える形ならば、債権の効力が強化される。

★Plus One 一括決済方式

今日の取引実務では、先述Ⅲの関係でいうと、多数の手形を発行する大企業の決済の手間を省いて効率化するために（そしてリスクも低減させ、手形の印紙税負担もなくすために）、手形決済をやめて、代わりに決済会社がまとめて支払処理をする方式を採用しているところがある。これを一括決済方式といい、債権譲渡型（一括ファクタリング型）と債務引受型（併存的債務引受型）がある。債権譲渡型は、大企業 A に対して毎月 B_1 から B_{100} の 100社の納入企業があるとした場合、100 枚の手形を発行して決済する代わりに、ファクタリング会社 C が介入して、B_1 から B_{100} の 100 社から売掛金債権の譲渡を受け、全部をまとめて A 社に請求し、受領した売掛金を 100 社に支払うものである。この反対に、債務引受型は、大企業 A の B_1 から B_{100} の 100社に対する債務を C がまとめて債務引受をし、A から渡された支払金を 100社に支払うものである。この場合は、納入企業の信用維持の観点から（支払元が大企業 A から、A よりも規模の小さい C 社に代わってしまうのであれば、B_1 から B_{100} は支払いに不安を感じるのでそのような決済方式に加入しない）、必ず、A が債務関係から抜けない、併存的債務引受の形態を採用するわけである。

したがって、A は決済事務処理をすべて C に任せ、C はその事務処理をして手数料を得るという立場である。この C は保証人とは全く異なるし、連帯債務を負うと言っても、共同の事業を行うなどという本来の連帯債務者とは全く異なり、決済資金はすべて A が出し、C はそれの分配処理をするだけであるのだが、対外的にはこの併存的債務引受を活用するのが非常に適しているわけである。

(4) 履行引受

これは狭義の債務引受とは異なるが、引受人 C は原債務者 B との内部関係でのみ債務の履行を引き受け、債権者 A との関係では従来どおり原債務者 B のみが債務者であり続ける、という B・C 間の契約である。債権者 A と引受人 C の間には何の法律関係も生じない（C は、A に対し、第三者として弁済（474 条）するにすぎない。C は B に対して、A に弁済する義

務を負い、BはCに対して、Aへの弁済を請求できるが、Aの側からはCに請求はできない）。

(5) 契約譲渡（契約引受・契約上の地位の移転）

①意義　　契約当事者としての地位をそのまま移転する契約を契約譲渡あるいは契約引受と呼ぶ（フランスでは契約譲渡、ドイツでは契約引受と呼んでいる）。最近では、この契約当事者の地位の移転契約は、継続的・反復的な契約の存続のために行われることが多いと理解されている。たとえばA・Bが店舗の賃貸借契約を結んでいるとしたら、賃借人Bの地位をCに移転するというもので（Cを承継人と呼ぶ）、BがAに対して持っていた債権（店舗の利用等を請求できる権利）も債務（賃料債務等）もひっくるめてCに移転する。ここで注意すべきことは、契約譲渡の場合は債権譲渡と債務引受をプラスしただけのものではなく、それに加えて、契約当事者だけが持ちうる権能、つまりそもそもの契約についての解除権や取消権なども移転するということである。

この契約上の地位の移転については、これまでわが民法上には規定がなかったが、改正法は、契約総則（債権各論で扱う）の中に、1か条だけ、「契約の当事者の一方が第三者との間で契約上の地位を譲渡する旨の合意をした場合において、その契約の相手方がその譲渡を承諾したときは、契約上の地位は、その第三者に移転する」との規定を置いた（539条の2）。しかしこれは単に契約上の地位の移転ができることを示しただけの規定にすぎない。また、諸外国の民法典の立法例では、債権譲渡、債務引受の後にこの契約上の地位の移転（契約譲渡）の規定を（より詳細な形で）置くものが圧倒的に多く、規定の位置も疑問である。

なお、賃貸不動産の譲渡と賃貸人の地位の移転に関しては、契約各則（債権各論で扱う）の賃貸借のところに、特別の規定が置かれている（605条の2、605条の3）。以下には、これまでの判例・学説を紹介しつつ、必要と思われる若干の解説を施しておく（なお539条の2は、「契約上の地位の移転」と題する款に置かれたが、本書では以下便宜的に「契約譲渡」の表現で記述する）。

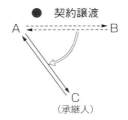

②**要件** この契約譲渡も、元の両当事者Ａ・Ｂに承継人Ｃを加えた三面契約でなしうるのはもちろんである。問題は、ＢとＣだけでできるかということであるが、原則的に相手方Ａの権利義務に与える影響が大きいときは、（免責的債務引受のときと同様に）Ａの承認（同意）がなければ有効にならない。ただし相手方の権利義務に与える影響が小さい場合（たとえば賃貸人のほうの交代）は、相手方（賃借人）の承認がなくてもよいとされる（判例〔最判昭46・4・23民集25巻3号388頁〕・通説）。

③**問題点** 条文が1か条しか規定されなかったことでまず問題になると考えられるのは、契約当事者の地位の移転を得たことの第三者に対する対抗要件をどうするかである。つまり、債権譲渡のところで学んだのと同様に、契約当事者の地位についても二重譲渡ということは起こりうる。その場合に、承継人はどのように自らの地位を主張対抗することができるか、という問題が発生する。最近では、債権譲渡の対抗要件をもって契約上の地位の移転の対抗要件となしうるという趣旨の判例が出ている（ゴルフ会員権の譲渡に関する最判平8・7・12民集50巻7号1918頁[21]）。しかし、債権譲渡は、債務者の関与なしに成立し効力を持つものであり、契約譲渡の場合は債務引受と同様、相手方の同意を必要とする点で、一義的にこの債権譲渡の対抗要件で代替できるという結論にも疑問がある。他に契約譲渡の

---

[21] 評釈として、池田真朗・平成8年度重要判例解説（ジュリスト1113号）65頁以下。なお、ゴルフ会員権は、ゴルフ場への預託金の返還請求権を含む場合が多く、その返還請求権は明らかに金銭債権だが、会員として優遇されてプレーする権利は非金銭債権であり、かつその反対にゴルフ場に年会費等を支払う債務の部分もあるという、契約上の地位であることに注意する必要がある。

対抗要件と認めてよいものも存在しうると考えられるわけであるが、しかし一方で対抗要件は画一的処理を図るためには法定的なものでなければならないという要請も当然にある。やはり契約譲渡に関する対抗要件規定の法定の必要があるといえよう[22]。

④現代的課題　さらに、この問題は、現代では企業の事業譲渡や吸収合併の場面において今後多くの議論を呼ぶと予想される。端的に言えば、事業を承継するのにプラスの資産（債権）だけを譲り受けて、マイナスの債務を承継しないことが許されてしまうのか、という問題である。

たとえば、最近の社会問題となったものに、貸金業者に対する借入金の利息の過払いとその返還が問題になった、いわゆる過払金返還訴訟というものがあるが、そこでも、債権譲渡・債務引受・契約譲渡の3者が問題となっている。貸金業者が業務を他社に譲渡したり、親会社に吸収合併されたりする場合に、過払金返還債務が新会社に承継されるかという問題である。

これについて、最判平23・3・22金法1927号136頁は、「貸金業者が貸金債権を一括して他の貸金業者に譲渡する旨の合意をした場合において、上記債権を譲渡した業者の有する資産のうち何が譲渡の対象であるかは、上記合意の内容いかんにより、それが営業譲渡の性質を有するときであっても、借主との間の金銭消費貸借取引に係る契約上の地位が上記債権を譲り受けた業者に当然に移転すると解することはできない」と述べ、「本件譲渡契約は、Yが本件（過払金返還）債務を承継しない旨を明確に定めるのであって、これが、XとAとの間の金銭消費貸借取引にかかる契約上の地位の移転を内容とするものと解する余地もない」として、譲受業者の過払金返還債務の承継を否定した（ほぼ同様のケースで、最判平23・7・7判時2137号43頁、最判平23・7・8判タ1361号98頁も、過払金返還債務の承継を認めた控訴審判決を破棄差戻しした）。

一方、類似の事案で結論を異にした、最判平23・9・30判時2131号57

---

[22]　池田真朗「契約当事者論」『債権法改正の課題と方向――民法100周年を契機として』（別冊NBL51号、商事法務・1998年）147頁以下参照。

頁がある。これは、貸金業者Ｙとその完全子会社である貸金業者Ａの顧客Ｘとが、金銭消費貸借取引に係る基本契約を締結するにあたり、ＹがＸとの関係において、ＡのＸに対する債権を承継するにとどまらず、ＡのＸに対する債務についても全て引き受ける旨を合意したものと解された事例である。本件では、ＹＡ間で結ばれた業務提携契約には、Ａが顧客に対して負担する過払金等返還債務について、Ｙも連帯してその責めを負うとする債務引受条項も規定されていたというものであり、本事案でも最高裁は、当該契約の解釈によってＸを勝たせているのである。

　これらの判決では、譲渡契約が資産の譲渡なのか、営業譲渡ないし事業譲渡[23]なのか、包括的な会社の承継なのか、などという企業法（会社法）上の判断基準が前提となって処理されているようであるが、もとよりこれらは、民法典には債務引受も契約上の地位の移転も条文がない時代の判決である。最高裁も当然、契約当事者の意思解釈から判断をしているに過ぎない。たとえば、改正法施行後は、このようなケースが契約上の地位の移転と考えられるとすれば、まず539条の2で、（ＹＡの承継契約の内容ではなく）顧客Ｘの承諾が問題になるはずである。改正法による債務引受・契約上の地位の移転の法文化が今後どう判例に影響するかも考察すべきところである（もっとも、先にも述べたように、改正法の条文はこれで十分とは到底言えないし、学説的にも契約譲渡論の成熟が必要な場面であろう）。

---

[23]　「営業譲渡」という用語（旧商法においては、商人一般についてだけでなく会社についても「営業譲渡」という用語を使用していた）は、会社については、2006年制定の会社法において「事業譲渡」に変わった（会社法467条、468条参照）。しかし、両者に実質的な差異はないとされる。

第7章　債権の消滅

　債権総論は、本章で学ぶ債権の消滅の説明で終わる。ここでは、弁済以下の債権の消滅原因を学ぶが、債権の消滅原因というのは、債権がただ消えてなくなる話ではなく、履行等によって債権が満足されてなくなる場面を学ぶのである。代物弁済、相殺、供託等、この分野は現実の取引、特に金融取引において重要であるので、最後までしっかり学習していただきたい。

I　序　説

⑴　債権の目的と債権の消滅

　民法債権編第 1 章の最終節は、「債権の消滅」と題されている。しかし
これは、存在した債権がただ消えてなくなるという問題ではない。債権と
は、特定の人が特定の人に特定の行為（給付）を請求しうる権利であるか
ら、その行為（給付）がされれば、債権は目的を達成して消滅することに
なる（たとえば 100 万円の貸金債権は、100 万円と所定の利息を返済してもら
えば消滅する）。ここでは主としてそのような意味での債権の消滅を学ぶの
である。

⑵　債権の消滅原因

　民法債権編の第 2 章以下の、契約、事務管理、不当利得、不法行為とい
う 4 つの章は、学問上では債権各論と呼ばれるが、その債権各論の部分は、
債権の 4 つの発生原因について規定している。その前に、我々はここで、
債権の消滅を学ぶ。ここでは、債権はどのような消滅原因を持つのかを列
挙して、それを順に学んでいけばよいということになる。
　民法は、債権の消滅原因を、弁済、相殺、更改、免除、混同の 5 つの款
に分けて規定している。しかしこの弁済の款の中には、弁済とは法的性質
の異なる代物弁済と供託についての規定が含まれている。そこで、この 2
つを含めて 7 種類の債権消滅原因があると説明するのが一般的である。な
お、その他権利一般の消滅原因によって債権が消滅する場合ももちろんあ
るが（たとえば消滅時効の完成とか、契約によって発生した債権であれば解除
の意思表示などによって消滅する）、それらはここで学ぶものではない。

⑶　目的の実現からみた消滅原因

　①内容実現による消滅　　すでに述べたように、給付内容がその通りに
実現して債権が消滅するのが債権の本来の消滅の仕方である。弁済はその
代表的なものである。その内容的あるいは態様的なヴァリエーションとし

て代物弁済と供託がある。さらに相殺も、弁済を相互にするのと同様の効果を持つという意味でここに位置づけてよいだろう。

②内容実現の理由の喪失による消滅　　本来の給付内容が実現されたわけではないが、債権が本来の給付をさせる理由を失って消滅する場合がある。債権者による免除や、例外的に債権者と債務者が同一人物になってしまう混同、債権者と債務者の合意で本来の債権を消滅させて別債権を発生させる更改がこれに含まれよう。

③内容実現不能による消滅　　たとえば、家屋（「特定物」である）の売買契約において、その家屋が焼失してしまった場合、もはやその家屋を引き渡すことはできない。買主からみれば、その家屋の引渡しを請求する債権は実現不能である。しかしこの焼失が売主の責任によるものであれば、これは売主の債務不履行であるから、本来の債権は実現不能となっても、すでに述べたように、履行不能に基づく損害賠償債権が存続することになる（第**3**章Ⅳ参照）。これに対して、その焼失が債務者たる売主の責めに帰すことのできない事由（たとえば天災等の不可抗力）によるものである場合は、引渡債権は文字通り消滅する。後には売主の買主に対する代金債権のほうがどうなるか（これも消滅するか）という問題が残るだけである（これが債権各論で学ぶ危険負担の問題である）[1]。

Ⅱ　弁　済

(1)　弁済の意義と性質

弁済とは、債権の給付内容を実現させる行為であり、その結果、債権は消滅する（473条）。通常は金銭の支払いや物の引渡しのような積極的な行為であることが多いが、不作為債務の場合は何もしないこと（不作為）が弁済になる。弁済とほぼ同様の意味で履行という表現が使われる。弁済は、債権の消滅という結果に、履行はその実現過程に重きを置いた表現であるといわれる。ただ語感からして、不作為債務（たとえば、「夜9時以降はピ

---

[1]　ただし平成29年改正法は、危険負担について、権利消滅構成ではなく履行拒絶権構成を採用している。池田『新標準・各論〔第2版〕』第**2**章Ⅲ(3)。

アノを弾かない」）の場合は、その不作為を実行することを「履行」とはいうが「弁済」とはあまりいわない。弁済は、通常はもちろん債務者本人が行うが、後述のように、第三者によって行われる場合もある。

弁済の法的性質というのは、実は議論のあるところである。たとえば、100万円の借金をしている債務者Bが、債権者Aに贈与する意思を示してAの了解のうえで100万円を渡した場合は、贈与契約の履行ということになり、借金の弁済にはならない（100万円の債権はまだ残っている）。しかしBがAに対して何も言わずに100万円支払った場合は、100万円の借金の弁済とみなされよう。ということは、弁済というためには、他の債務の履行とみなされる状況があってはならないが、債務消滅を欲する意思表示までは必要ではないということになる[2]。

(2) 弁済の内容と方法
①特定物の現状による引渡し　　もとより売買や請負の場合は、引渡す特定物については、契約の目的に適合することが必要になる。その引渡す特定物の品質等について定めることができない場合、つまり不当利得返還請求権などの法定債権の引渡しの場合は、目的物の現状による引渡しをすればよい（483条。もちろん不当利得等についての特別規定があればそれに従う）。

②弁済の場所、時間、費用　　別段の意思表示がなければ、特定物の引渡しは債権発生時にその物が存在した場所で、その他の弁済は債権者の現在の住所地で行う（484条①項）。銀行の開店時間などで、法令や慣習によって取引時間の定めがあるときは、その時間内で行う（同条②項）。

弁済の費用は、別段の意思表示がない場合は債務者の負担であるが、債

---

[2]　債務消滅の意思表示が必要ならば、弁済は契約などと同様の法律行為であると分類されることになるが、そこまでは必要ではないということから、多数学説は弁済を準法律行為であると説明している。ただし、これには異論もある。また、弁済の給付内容が権利移転など法律行為をすることである場合には、当然法律行為のルールが適用される（法律行為については、第**2**章29頁の〈用語解説〉を参照）。

権者が住所移転などでその弁済費用を増加させた場合は、その増加分は債権者が負担する（485条）。

(3) 弁済の提供

　次に確認すべきは、どのような状況でどこまでやれば弁済といえるのか、弁済といえるところまで実行した債務者にはどういう利益が与えられるのか、ということである。

　①弁済提供と責任軽減　　たとえば代金債権についていえば、その金銭を現実に相手に引き渡せば完全な弁済である。しかしそれでは、たとえば相手が行方不明であったりわざと受け取らなかったりという場合には、債務者は弁済ができないことになる。その場合、債務者は債務不履行の責任を負わされてしまうのか。ほとんどの債権（債務）の場合には、債務者がそれを実現するためには債権者の受領という協力が必要である（騒音を出さないというような受領行為が要らない債権債務もあるが）。したがって、債務者側でなしうる必要な準備行為をして債権者の受領を求めるところまでいけば、（債務そのものは消滅はしないが）少なくとも、不履行の責任（契約解除や損害賠償）は免れる（492条）。これが「弁済の提供」とそれによる責任軽減である（なお、この弁済の提供の規定と、すでに学んだ受領遅滞の規定（413条）の関連を確認しておこう。第3章V参照）。

　②弁済の提供の方法　　民法は、弁済の提供の方法について、2つの方法を規定している。

　ⓐ現実の提供　　給付内容が単に債権者が受領さえすればよいというような場合には、これを給付場所へ持参すれば、弁済の提供があったということになる。これを現実の提供という（493条本文。たとえば金銭を持参したら債権者が留守だったというときは現実の提供ありということになる）。これが弁済提供の原則である。

　ⓑ口頭の提供　　債権者があらかじめ受領を拒んだ場合（売主が代金を受け取らないという場合など）は、債務者は債務の弁済に必要な準備を完了して、債権者に取立てに来るよう催告すれば、弁済の提供の効果が認められる。これを口頭の提供という（493条ただし書前段）。弁済にもともと債

権者の行為が必要な場合（最初から債権者が取立てに来る約束の取立債務である場合とか、弁済地を債権者が指定する債務等）にも、この口頭の提供があれば弁済提供の効果が認められる（同条ただし書後段）（なお、持参債務と取立債務については、第**3**章末尾66頁の〈用語解説〉を参照）。

⑷　弁済の充当

　たとえばBがAに対して50万円の貸金債務と50万円の代金債務を負っており、貸金債務のほうが利息が高いとする。いまBがAに60万円弁済できるとすれば、この60万円がどの債務の弁済に当てられるのかはBにとって重要である（利息の高い債務を先に消すのがBには最も利益になる）。そこで民法は、弁済として提供した給付がすべての債務を消滅させるのに足りないときは、以下のように弁済の充当のルールを定めている。

　①指定充当（488条①～③項）　　充当について合意があればそれが最優先するが、合意がなければまず弁済者が指定できる（488条①項）。弁済者の指定がなければ受領者が指定できる（同条②項。ただしそれに対して弁済者が異議を述べると指定の効力はなくなる。その場合は通説によれば次の法定充当によることになる）。指定は相手方に対する意思表示によってする（同条③項）。

　②法定充当（488条④項）　　当事者が指定をしなかったり、債権者の指定が拒絶された場合は法定充当になる。総債務のうち弁済期の到来しているものから優先するとか、ともに弁済期にある債務では、債務者の利益の大きいものから充当する等が規定されている（488条④項各号）。なお、費用や利息の負担もある場合には、費用、利息、元本の順に充当する（489条）。

⑸　弁済を証明するための弁済者の権利

　弁済者は、二重払いの危険を避け、あるいは後に述べる第三者弁済による求償や代位等を容易にするために、弁済の証明手段を必要とする。そのために、弁済者は、以下のような請求権を有するものと規定されている。

　①受取証書交付請求権（486条）　　弁済者は、弁済受領者に対して、受

取証書の交付を請求できる。受取証書とは、金銭債務でいえばいわゆる領収書であり、弁済を受領した旨を記載した文書である。領収書といっても、レジで打ち出されたいわゆるレシートでは不十分で、弁済者名（受取証書の名宛人）、弁済受領者名（受取証書の発行人）、金額、日付等が必要と考えられる。したがって、この受取証書交付請求権がある以上、弁済者はレシートではない正式の領収書の交付を要求することができる。一部弁済や代物弁済の場合にも、その旨の受取証書を請求できる。なお、この受取証書は、弁済後ではなく弁済と引換えに交付を請求できる（つまり、受取証書をよこさなければ弁済しない、と主張することができる。これは、533条の同時履行の抗弁〔債権各論で学ぶ[3]〕の拡張適用ケースといえる）。

　②債権証書返還請求権（487条）　　たとえば、借金をする際に借用証書を差し入れている場合、債権者がそれを所持していると、債権の存在が推定される（大判大9・6・17民録26輯905頁。推定されるというのは、反対の証明がなければ実際に債権があるものと考えられる、ということである）。そこで、全額弁済した弁済者は、差し入れた債権証書の返還を請求できると規定されている。債権証書というのは、借用証書のように債権の成立を証明する書類であり、特に書式の定めなどがあるわけではない。なおこの債権証書返還請求権は、弁済後に債権者が債権証書を持ちつづけていては不都合という理由で規定されているものなので、弁済者は弁済後に返還請求ができるにとどまり、証書返還と引換えに弁済する、という同時履行の請求はできないと考えられている。

(6)　第三者による弁済

　たとえば金銭の支払いなど、多くの債務は、第三者が弁済することも可能である（474条①項）。ただし、性質上第三者にできないものは除かれる（同条④項前段。たとえば、ある高名な画家が請け負った肖像画を描く債務を、他の画家が代わるわけにはいかない）。また、当事者が第三者の弁済を禁止し、もしくは制限する旨の意思表示をした場合、つまり、当事者が第三者

3　池田『新標準・各論〔第2版〕』第**2**章Ⅲ(2)。

による弁済を禁じる約束をしている場合も第三者弁済はできない（同条④項後段）。ちなみにここでいう第三者というのは、他人の債務を自己の名において弁済する者をいうのであって、本人の代理人や履行補助者は含まない。

　他人の債務をわざと弁済するというのは、実際にあることである。友人の窮状を見かねてなどというケースもあろうし、たとえば物上保証人のように、他人のために自分の土地等を担保に提供して、その他人が弁済できず土地が競売されてしまうのを防ぐために自分から他人に代わって弁済するというケースも多い。後者のような、弁済をするについて正当な利益を有する第三者は、債務者の意思に反しても弁済をすることができるが、正当な利益を有しない第三者は、債務者の意思に反して弁済することは許されない（474条②項本文）。もっとも、債務者の意思に反することを債権者が知らなかったときは、この限りでない（同条②項ただし書。このただし書は平成29年改正法で追加された規定で、債権者は、その第三者の弁済が債務者の意思に反することを知らなければ有効な弁済として受領してよいことになる）。

　さらに、同条②項に規定する、弁済をするに正当な利益を有しない第三者は、債務者の意思に反しない場合でも、債権者の意思に反する場合は、弁済することができない（債権者は受領を拒絶できる。同条③項本文）。ただし、その第三者が債務者の委託を受けて弁済をする場合において、そのことを債権者が知っていたときは、この限りでない（同条③項ただし書）。以上の474条③項の本文とただし書は、いずれも平成29年改正での新設規定である。これらの新規定は、（改正前の規定が、第三者弁済の可否を債務者の意思にゆだねる部分があったのに対して）債権者が、その第三者が「正当な利益」を有するかどうかという客観的な基準（および債権者が認識している事情）で第三者弁済の受領の可否を判断できるようにしたものである。

(7)　弁済による代位

　第三者による弁済の議論からつながる制度として、「弁済による代位」がある。これは、弁済の款の中では理論的にはやや難しいが、意義と制度の目的から理解していこう。

①意義と制度の目的　弁済による代位とは、他人のために債務を弁済してやった第三者が、債権者の地位にとって代われるという制度である（499条）。では何のためにこういう制度を置くのか。たとえば、債権者A、債務者B、弁済をする第三者をCとして、以下の設例を考えてみよう。BがAから借金するにあたって、Cが保証人になり、Dが物上保証人となった（D所有の不動産を担保として提供し抵当権を設定した）とする。もしBが無資力になり、保証人CがBに代わってAに全額弁済した場合は、当然、Cはその弁済した金額全部をBに求償することができる。しかし、求償できてもBに支払い能力がないのではCは現実には一銭も回収できない。こういうときに、Bの債務を弁済したCが今度は元の債権者Aの立場にとって代わり、元のAの債権も、それに付いているDへの抵当権も、Cが行使できると考えたらどうか。そうすればCのBに対する求償権の実現はより確実なものになる。

　弁済による代位とは、このように、第三者が債務者の代わりに弁済した場合、その弁済者は、求償権の範囲内で、弁済によって消滅するはずの、債権者の債務者に対する債権（原債権という）とそれに付随する担保権等の法定的な移転を受けてこれらを行使しうるとする制度で、これによって求償権の実現の確保を図っているのである（💡**学習の Key Point**）。なお、民法の条文では、「代位弁済」という表現も使われているが（502条など）、この制度は、「代わって弁済する」ことよりも「その結果弁済者が債権者の地位にとって代わる」点を問題にしているのであるから、必ず「弁済による代位」と呼ぶべきである。

> ### 学習の Key Point
>
> 　弁済による代位は**弁済した第三者の求償権の実現を確保するための制度**である。だから**求償権の範囲**で原債権者の地位にとって代われる。

②成立要件と種類　弁済による代位が成立する要件は、債権者を満足させる出捐（代物弁済や供託も含む）があったことと、弁済者に求償権が発生することである。弁済による代位は、求償権の実現を確保するための

制度なのであるから、弁済者が、債務者への贈与の意思で弁済するときのように求償権を放棄していれば成立しない。弁済による代位には、任意代位と法定代位がある。

ⓐ任意代位では、弁済する者は誰でもよいが、代位があったことを債務者や第三者に対抗するには、既に述べた債権譲渡の場合と同じ対抗要件（467条参照）を具備する必要がある（500条）。これは、わが国の民法起草者が、この制度をフランス民法から継受した際に、フランスでは任意代位にこのような対抗要件が不要で、一方債権譲渡には面倒な対抗要件があるために、債権譲渡の代わりに弁済による代位を多用するという状況があるのを見て、そういう使い方をさせないように規定を置いたものである。その結果日本では任意代位はあまり使われず、次の法定代位が重要となっている。

ⓑ法定代位は、弁済をする正当の利益のある者（たとえば代わって弁済しなければ自分が強制執行を受ける可能性がある者）が弁済する場合であり、この場合は、当然に債権者に代位する（対抗要件も不要である。500条かっこ書）。弁済をする正当の利益のある者とは、保証人、物上保証人（他人のために物的担保を提供する者）、連帯債務者、後順位抵当権者、担保目的物の第三取得者等がこれに当たる。

③**効果**　弁済による代位があると、弁済者は、求償権の範囲で、ⓐ債権の効力として債権者が持っていた一切の権利や権能、すなわち、債務者に対する履行請求権、損害賠償請求権、債権保全のための債権者代位権や詐害行為取消権などを行使することができ、ⓑ債権の担保として債権者が持っていた物的担保・人的担保（抵当権や保証等）についての一切の権利をも行使することができる（501条①項）。

ここで注意すべきは、代位者に移転した原債権および担保権は、制度の目的（求償権の実現の確保）からして、あくまでも代位者の求償権に付従する性質のものであって、求償権の範囲に限定して行使されるものだということである（501条②項）。

一部だけを弁済した場合は、その部分についてのみ代位が生じるので、代位者は、債権者の同意を得て、その弁済した価額に応じて、残存部分に

ついてなお権利を持つ債権者と共にその権利を行使できることになる（一部代位。502条①項）。

④法定代位者相互間の関係　いささか面倒なのは、法定代位者となりうる者（保証人や物上保証人等）が複数いて、そのうちの1人が弁済した場合の処理である。これらの場合については、どういう法定代位者が弁済したらどう代位するか、という相互間の関係を決めておく必要がある（複数の法定代位者のうちの誰が弁済したとしても、その立場によって代位する条件が一定であるようにしておくのである）。ここではそのルール（501条③項）の概要を述べておく。

ⓐ保証人や物上保証人と、第三取得者（債務者が担保設定した目的物を債務者から譲渡等で取得した者）との関係は、保証人・物上保証人は弁済したら全額につき第三取得者に対し代位できるが（当然ということで平成29年改正法では明文規定は置かれていない）、逆に第三取得者は弁済しても保証人・物上保証人に対してまったく代位できない（同条③項1号）。これは、第三取得者を債務者に準じて考えれば当然と理解できる（すでに学んだ保証債務〔第**5**章**V**〕のところで、保証人が弁済すれば主たる債務者に全額求償できるが、主たる債務者が弁済しても保証人に一切求償などできないことを想起すればよい）。したがって、ここでいう第三取得者は、債務者の設定した担保物の第三取得者であり（同条③項1号かっこ書）、物上保証人が債務者のために担保設定した目的物を物上保証人から取得した者は、後掲ⓒの物上保証人に準じて考えればよい。

ⓑ債務者の担保物が複数あり、それぞれに第三取得者がある場合には、第三取得者相互では、そのそれぞれが取得した不動産の価額に応じて代位する（同条③項2号）。

ⓒ物上保証人が複数あり、その一方が弁済した場合の物上保証人相互でも、その担保に供した不動産の価額に応じて代位する（同条③項3号）。

ⓓ保証人と物上保証人があり、その一方が弁済した場合では、（本来比べにくいのだが）頭割りで、人数に応じた平等の割合で代位する（同条③項4号）。

ⓔ第三取得者から担保目的物を譲り受けた者は、第三取得者とみなして

上記 1 号 2 号の規定を適用し、物上保証人から担保目的物を譲り受けた者
は、上述のように物上保証人とみなして上記 1 号、3 号、4 号の規定を適
用する（同条③項 5 号）。

　⑦なお、保証人相互の場合は、（501 条には規定がないが）保証の規定か
ら求償権が生ずるケースでは、当然頭割り（平等に人数で割る）になる。

　以上から、保証人と物上保証人関係の基本的なルールは、「**保証人同士
なら人数割り、物上保証人同士なら設定した担保物の価額による。両方い
たらとりあえず人数割りして、物上保証人同士の分は価額で分ける**」と覚
えておけばよい。

　このような場面では、具体的な設例をして計算を試みてみよう。たとえ
ば、債務者 B の 600 万円の債務に保証人 D・E と物上保証人 F（抵当権設
定不動産の価額は 400 万円）、G（抵当権設定不動産の価額は 200 万円）がいた
場合で、D が 600 万円全額を弁済したら代位の割合はどうなるか。答は以
下のようになる。D はまず頭数（合計 4 人）に応じて自己の割りつけ額 150
万円を除き、E・F・G に 450 万円を代位する。その内訳は、E に 150 万
円、F に 200 万円、G に 100 万円となる。なお、このような計算をする場
合に、最初に自己の割りつけ額（自己の負担すべき額）を除外することを
忘れないように注意したい（👇**学習の Know How**）。

　なお、法定代位ができる者の中に、保証人でありかつ物上保証人である
者（二重資格者とか資格兼併者などとよぶ）があった場合はどうするか。保
証と物上保証の 2 つを引き受けた者も、通常は、単一資格者と比較して 2
倍の責任を負う意思ではなく、それだけ確実に債権を担保する態度を表明
しているということであろう。判例も、このような場合の代位者の通常の
意思ないし期待は必ずしも明らかでないとしつつ、「公平の理念に基づい
て、二重の資格を持つ者を 1 人と扱い、全員の頭数に応じた平等の割合で
あると解するのが相当」とした（最判昭 61・11・27 民集 40 巻 7 号 1205 頁）。
したがって、二重資格者は頭数で 1 として数える[4]。

学習の Know How

代位割合の計算

①保証人同士なら人数割り、物上保証人同士なら設定担保物の価額比、両方いたらとりあえず人数割りして、その上で物上保証人同士の分は価額比とする。

②二重資格者は1人と数える。

③弁済者自身も人数のうちであり、最初に弁済者自身の割りつけ額を除外することを忘れないように。

(8) 弁済受領権と受領権のない者への弁済

①弁済受領権　次に、弁済を受ける側の問題を検討する。弁済は、当然ながら弁済を受領する正当な権利を持つ者に対してなされなければならない。通常はもちろん債権者本人に弁済受領権がある。しかし、例外的に、債権者本人が破産手続開始決定を受けたりしたときは、本人の受領権が制限される（破産手続開始決定のあったときは破産管財人に対して弁済しなければならない）。また逆に、本人以外にも弁済受領権者がいる場合がある。債権者の代理人や、受領の委任を受けた者がそれに当たる。

②弁済受領権のない者への弁済　弁済受領権のない者に弁済したときは、もちろん弁済の効果を生じないのが原則である。不当利得をした受領者から取り返し、再度真正の受領権者に弁済しなければならない。もっとも、違う人に弁済してその人が正当な受領権者に渡してくれた場合などのように、債権者が利益を受けた場合はその限度で有効な弁済となる（479条）。では、それ以外では受領権限のない者に対してされた弁済は常に無効か。この点について、平成29年改正前の民法は2つの例外を置いてい

4　ただしこれは頭数で（保証人のように）数えるというのみなのであって、あくまでも「保証人として1人」ではなく、「二重資格者として1人」である。何が言いたいかといえば、債権者A、保証人C、保証人兼物上保証人Dとして、Cが弁済したという場合に、債権者Aに代位した弁済者Cが、二重資格者Dに対して求償のために行使できる権利としては、Dの保証債務を追及してもよいし、Dが設定している抵当権を実行することもできる。

たが、29 年改正によって以下のように一般的な外観信頼保護法理を示す
条文に単純化された。

　③受領権者としての外観を有する者に対する弁済　　いま、誰が見ても
あの人が債権者だという外観を持った人間がいるとしよう。たとえば、あ
る村でＡさんが死亡し、Ａの妻はすでになく、息子のＢは戦死したと思
われていたので、Ａの弟ＣがＡの相続人になったと村人全員が信じた（こ
のようなＣを表見相続人という）。そしてＡの債務者ＤはＣをＡの相続人
と信じてＣに弁済した。ところがＢが生きて帰ってきた（Ｂが生存してい
た場合、相続人はＢになり、弟Ｃには相続権がない）。このような場合、Ｄの
した弁済は、誰もが犯す誤りであって、責めることはできないはずである。
こういう趣旨で明治民法典に置かれたのが、債権準占有者（債権者の地位
を占有する者すなわち誰が見ても債権者らしく見える者）に対する善意・無過
失での弁済は有効とするという規定である（改正前 478 条）。したがって本
来この規定は、最低限の倫理的要求に応える例外的な規定であったのだが、
今日のわが国では、この規定は弁済者保護のために便利な規定であるとい
う理解で、銀行預金の預金者以外への払戻し（通帳と印鑑を窃取して提示し
た者に払い戻したケースなど）その他について大変広く使われるようになっ
た[5]。そしてわが国では、「債権準占有者」の概念は沿革とは異なりかなり
緩やかに解されるようになり（判例・多数説では、自分が代理人であると騙
る「詐称代理人」も含まれる。最判昭 42・12・21 民集 21 巻 10 号 2613 頁）、そ
のためもあって、判例・多数説は、もともとの（明治 29 年制定の）条文で
は弁済者に善意だけが要求されていたのを「善意・無過失」と読み替えて、
債権者と信頼するにつき過失があったかどうかで適用の可否を判定してき
た（最判昭 41・10・4 民集 20 巻 8 号 1565 頁等）。
　要するに判例・多数説は、当初の条文が、債権準占有者の概念をもっと
狭く考えて、表見相続人等、その人本人に債権者としての資格が外観上備

---

[5]　この規定の元になったフランス民法の規定は、フランスでは今日でも本来の
趣旨で限定的に使われている。わが国での判例・学説上の解釈論の拡大の過程
については、池田真朗「債権の準占有者に対する弁済」（山田卓生＝池田真朗他
『分析と展開・民法Ⅱ債権〔第 5 版〕』〔弘文堂・2005 年〕95 頁以下）参照。

わる者について信頼して弁済した場合の、非難可能性のない弁済について
は、それ以上の過失の有無を問わず弁済を有効としようとしていたのを、
いわゆる一般的な外観信頼保護規定と考えて善意無過失を要求するように
したわけである。そして平成 16（2004）年の現代語化改正では、もはやこ
の判例法理は確立したとみて、条文に「かつ、過失がなかったときに限り」
と、無過失要件を加えた。それがさらに今回の平成 29 年改正で徹底され
て、（「債権準占有者」という概念は捨てられ）「受領権者以外の者であって
取引上の社会通念に照らして受領権者としての外観を有するもの」に対し
てした弁済は、弁済者が善意無過失ならば有効とされ、改正前 480 条[6]に
あった、受取証書を持参する者に対する弁済ならば（本来の受領権の有無
にかかわらず受領権ありとして）有効とする規定も吸収して、新 478 条と
なったものである。

　この改正によって、478 条は、過去の立法趣旨を完全に断ち切った、単
純な外観信頼保護法理の規定となり、現在よりもさらに広範に使われる可
能性がある。ただ、「取引上の社会通念」という概念が安易に広がると、
弁済の促進にはなるが、真の権利者の権利が損なわれやすくなることに注
意したい。

⑼　預貯金口座への払込みによる弁済

　平成 29 年改正で、債権者の預金または貯金口座に対する払込みによる
弁済の規定が新設された。それが改正法 477 条である。これは、時代の趨
勢にかなった規定といえるが、実は立法段階での議論の末に、いささかあ
いまいな内容の規定として誕生している。つまり、その金融機関等の口座

---

[6]　対比的にいえば、改正前 478 条は債権者本人らしい法的地位を持っていると
いう「人の外観」に着目したもので、改正前 480 条は受取証書を持ってきた人
は誰でもよく、とにかく受取証書に弁済受領権限を乗せたという「紙」に着目
した規定である。改正前 480 条の規定はドイツ民法草案から継受したもので、
フランス民法にはこういう規定はない。また改正前 478 条の規定はフランス民
法にあってドイツ民法にない。これが日本民法には 2 つとも取り込まれたわけ
である。この部分は、明治民法の起草の経緯やその後の解釈論の展開を研究す
るには恰好の素材であった。

に対する払込み（いわゆる口座振込み）は、いつの時点で有効な弁済になったといえるか、というのがこれまでも争われてきた論点なのである。この点に関して、立法担当者たちは、判例（最判平8・4・26民集50巻2号1267頁）にならって、「入金記帳時」としたかったようなのであるが、そう確定的に明示するには実務的な困難があり、最終的な条文では、債権者が「その払込みに係る金額の払戻しを請求する権利を取得した時に、その効力を生ずる」という一般的な表現にとどまっている（改正法477条）。それが具体的にいつかは、個々の預貯金契約の解釈等にゆだねられたわけである。

Ⅲ　代物弁済

(1)　意義と性質

　たとえば、AがBに1000万円の貸金債権を持っているとしよう。Bは、この1000万円の弁済の代わりにB所有の土地をAに譲渡することを申し入れ、Aもこれを承諾して、土地がAに引き渡されたとする。これが代物弁済である。このように、代物弁済とは、債務者が債権者と契約したうえで、本来の債権の給付内容とは異なる他の給付を現実にすることによって本来の債権を消滅させることをいう（482条）。そうすると代物弁済は、債務者と債権者との間の契約を必要とするから、既存の法律関係を消滅させる単純な弁済と異なって、明らかに新たな法律関係を形成する法律行為である。ただこの代物弁済についても、平成29年改正法は、概念のあり方を変えた。つまり、改正前482条では、代物弁済は代物を給付して初めて効力を生ずる要物契約（詳しくは債権各論で学ぶ）[7]と考えられていたのを、「他の給付をすることにより債務を消滅させる旨の契約」自体は諾成契約として、「その弁済者が当該他の給付をしたときは、その給付は、弁済と同一の効力を有する」と規定したのである（改正482条）。いわば契約の効果と給付の効果が分離するわけである。その結果、法制審議会の部会

---

[7]　池田『新標準・各論〔第2版〕』第2章 Ⅰ (3)。

資料によれば、代物弁済契約が（諾成契約として）なされた後も、債権者が「当初の給付」を請求することは妨げられないという（ただ、そうすると、代物弁済契約という合意の拘束力が問題になるし、理論的には、代物弁済合意によって新たな給付を目的とする独立の債務が成立するのか、それとも、1つの債務について「当初の給付」と「代物の給付」という2つの給付が存在する状況になるのかなどという新しい解釈問題が生じるが、部会資料ではそれは解釈にゆだねるという。いたずらに論点を増やすような立法という感もある）。

(2) 代物弁済における「他の給付」

代物弁済としてなされる「他の給付」は、当事者が合意さえすれば、本来の給付に相当する価値を持つ必要はなく、性質の違いも問われない。上の例でいえば、1000万円の金銭の代わりに給付される土地は、800万円相当のものでも1200万円相当のものでもよい。もっとも、あまりに過大な価値のものによる代物弁済については、公序良俗違反による無効（90条）が問題になりうる。また、一般に本来の金銭債務額よりも価値の大きい物などによる代物弁済がなされることが多いので、すでに学んだ詐害行為取消権（第4章III参照）では、代物弁済は本旨弁済と異なり、原則的に詐害行為と認定されるのである。

代物弁済の目的が物の給付である場合は、債権者への所有権移転の効果は、176条に従って、意思表示によって（代物弁済契約時に）生ずる（最判昭57・6・4判時1048号97頁）。しかし、二重譲渡の危険を避けるために、第三者対抗要件（不動産なら登記）を具備しなければ、給付が現実になされたとはいえず、債権消滅の効果は生じないとされている（最判昭39・11・26民集18巻9号1984頁）。

(3) 代物弁済の担保利用

代物弁済は担保手段としても利用される。たとえば、AがBに融資をするにあたり、期限に弁済しないときはB所有の土地の所有権をAに移転すると両者が合意したとする。期限に弁済しないときにはBの土地が当然にAのものになるというのであれば、停止条件付代物弁済契約、期

限に弁済しないときにはＢの土地をＡに移転する契約をすることを約したというのであれば、代物弁済の予約ということになる[8]。

Ⅳ　供　託

(1)　意義と性質

　前述Ⅱ(3)の弁済の提供と比較して述べよう。そこでは、たとえ債権者が受取りを拒絶したりしても、債務者は弁済の提供をすれば、不履行の責めは免れる、と説明した。しかし、提供をしただけでは、まだ債務自体は残ったままである。金銭以外の引渡債務の場合であれば、提供後は保管義務は軽減されるが、保管自体は継続しなければならない。それでは、このような場合に、債務者が債務自体を消滅させる方策はないか。それが供託という手段なのである。供託は、供託者（通常は債務者）が供託所[9]に弁済の目的物を寄託して債務そのものを消滅させる制度である。法律構成でいえば、供託者が供託所に目的物を寄託し、債権者が供託所に対しその目的物の引渡請求権を取得するのであるから、供託は、供託者と供託所の間の、第三者（債権者）のためにする契約であるといえる（第三者のためにする契約については債権各論で学ぶ[10]）。供託の方法については、民法の規定

---

[8]　不動産を目的とするこのような予約あるいは停止条件付契約では、弁済期日までに債務者に不動産を他に売却したりされないよう、債権者は仮登記をして順位を確保することが行われた。このような契約は昭和40年代に盛んに行われ、非典型担保として効力が問題になったが、判例は、代物弁済される目的物の価額と被担保債権額との差額の清算義務を課したうえでその効力を認め（最大判昭49・10・23民集28巻7号1473頁）、さらにそれらの判例法の形成を受けて昭和53（1978）年には仮登記担保法（「仮登記担保契約に関する法律」）が制定された（詳しくは担保物権法で学ぶ）。

[9]　供託所とは、通常法務局のことをいう。法務局は、法務省の下部機構で、東京はじめ各地方法務局およびその支局、出張所などによって構成されている。ただし供託物が金銭、有価証券以外のものの場合には、法務大臣が告示によって指定している倉庫会社または銀行が供託所として供託実務を行う（供託法5条①項参照）。

[10]　池田『新標準・各論〔第2版〕』第2章Ⅲ(4)参照。

の他に供託法と供託規則に詳細な規定がある。

(2) 供託原因

　債務者は、本来の弁済が可能な場合にいきなり供託することはできない。供託は、以下の2つの事由（供託原因）がある場合に可能になる（494条）。

　①債権者の受領拒絶　　第1は、債権者が受領を拒んだり、受領することができないことである（494条①項1号、2号）。たとえば、アパートの貸主が法外に賃料を値上げして、前の家賃では受け取らないといってきた場合、借主はまったく支払わずにいると債務不履行になってしまうが、従前の家賃あるいは適当と思われる値上げ後の家賃の金額を供託すればよい。判例では従来から、債権者が受領を拒むことがわかっていても債務者は一応口頭の提供をしてからでないと供託できないとしていたが（大判大10・4・30民録27輯832頁）、この点は平成29年改正で「弁済の提供をした場合において」と明文化された（494条①項1号）。

　②債権者不確知　　第2は、債務者が過失なくして債権者を確知できないことである（494条②項）。たとえば、債権者が死亡して相続人が見つからない場合とか、債権が二重に譲渡されて、複数の通知が到達したがその到達の先後がわからない（したがってどちらの譲受人が債権者かわからない）という場合はこれを理由に供託すればよい[11]。

(3) 供託の場所と方法

　供託すべき場所は、原則として債務履行地の供託所である（495条①項）。供託されるのは金銭である場合が多いが、不動産のように供託所に寄託できないものについては、裁判所が弁済者の請求によって供託物保管者を選任してその者に保管させる（同条②項）。弁済の目的物が、腐敗しやすい

---

[11]　ただし供託実務では、債権の二重譲渡の場合、通知同時到達では受理されず、通知到達の先後不明と書けば受理されるという。なぜなら同時到達の場合は、最判昭55・1・11民集34巻1号42頁（第**6**章II(4)⑦参照）によって譲受人は2人とも全額の請求ができ、債権者がその2人に確定する（したがって不確知にならない）からだというのだが、これはいささか杓子定規な見解である。

食品のような滅失・損傷のおそれがあるものの場合とか、家畜などのように その保管に過分の費用がかかる場合には、弁済者は、裁判所の許可を得 てそれを競売してその代価を供託することができる（497条）。なお、債権 額の一部を供託してもその部分だけについての債権消滅の効果を主張する ことはできない（ただし判例は、何回か一部供託を繰り返して合計で債務全額 に達するときは全債務額について有効な供託になるとしている。最判昭46・9・ 21民集25巻6号857頁）。

(4) 供託物引渡（還付）請求権と供託物取戻請求権

　供託すると債務者の債務は消滅するから、あとは債権者が供託所に対し てその目的物の引渡（払渡）請求権を持つことになる（この引渡請求権につ いては、特に金銭の場合、実務上では「還付請求権」という表現が使われてい る）。もっとも、たとえば代金を供託された売主は、まだ買主への反対債 務（品物の引渡し）を履行していなければこの引渡（払渡）請求権は行使 できない。また、供託は債務者の利益のために認められている制度なのだ から、供託者は、もし債権者の不利益にならないのであれば、いったんし た供託を撤回して供託物を取り戻すこともできる（取戻請求権）。ただし、 債権者が供託を受諾したとき等には、この取戻しは認められない（496条 ①項）。これはすでに述べたように、供託の法律構成を「第三者のために する契約」と理解するとわかりやすい。供託はいわば、供託者と供託所が、 債権者という第三者に還付請求権という権利を与える、「第三者のために する契約」（537条）である。第三者のためにする契約は、受益者が受益の 意思表示をした後は、それを撤回できない（538条）。ここも同じ発想の規 定である。

V　相　殺

(1) 意義と性質

　たとえばAがBに対して300万円の貸金債権を持っている状態で、B がAに対して品物を売り、200万円の売掛代金債権を持ったとする。こ

の場合、AがBに対して貸金の弁済を求めてきたときには、BはAに対し、一方的な意思表示によって、**対当額**（つまりここでは200万円分。対等額ではなく対当額と書く）について双方の債権・債務を消滅させることができる。これが相殺である（505条、506条）。上の例では、Bの200万円の債権を、自ら相殺を働きかける自働債権、相殺を受けるAの反対債権を受働債権と呼ぶ[12]。

　したがって民法が規定する相殺の法的性質は、法律行為の中の単独行為ということになるが、もちろん双方の契約（相殺契約）による債権・債務の清算も認められる。単独行為としての相殺の場合は、後述するように双方の債権が同種のものであること等の制約があるが、契約による場合には、それらの制約はなくなる。なお、将来一定の条件を満たした時に相殺する旨の合意も、停止条件付相殺契約または相殺の予約として有効に成立する

（なお、以下に「相殺」というのは、すべて単独行為としての相殺を指す）。

(2)　相殺制度の機能

　相殺はどういう機能を持つのか。ⓐまず第1には、決済事務の簡略化という機能がある。相互に実際に弁済する場合に比べ、時間と費用が節約できるし、なによりも弁済の目的物を動かさなくてすむ（金銭でいえば、現実の振込み等をする必要がない）。ⓑ第2の機能は、決済における当事者の公平を図りうるという点にある。たとえば先の例で、まずBがAに300万円弁済し、その直後にAが倒産したとすれば、Bは200万円の回収が困難になってしまい、はなはだ不公平な結果になる。ⓒそこから考えられるさらに重要な第3の機能は、担保的機能である。相殺ができるということは、対立する債権・債務がその対当額の範囲で、相手が弁済してくれなくても回収できる、という意味で相互に担保の機能を果たしているのである。この機能が実務的には大変重要である。もっとも、担保的機能と表現されてもわかりにくい。端的にいえば、相殺はもっとも簡易迅速な債権回

---

[12]　相殺における自働債権・受働債権を自動債権・受動債権と書き間違えないように注意したい。日本民法の規定では、相殺するには意思表示が必要で、自動的にできるわけではない。

収手段であり、相殺をかけて確実にそれが実現する状況が、担保的機能の
確保されている状況ということになる[13]（⤵学習のKey Point）。

学習のKey Point

　相殺の**最も重要な機能**は、**担保的機能**であるとされるが、相殺は、**一番簡
単な債権担保の手段**であり、**一番簡単な債権回収手段**であることを覚えてお
きたい。

(3)　相殺の可能となる要件（相殺適状）

　相殺をなしうる要件を具備する債権の対立状態を「相殺適状」と呼ん
でいる。その要件は以下の通りである（505条①項本文）。

　①債権の対立　　原則として、相殺をする者と相手方との間に相互に債
権が対立していることが必要である。ただ、例外としてたとえば保証人は
主債務者が債権者に対して持つ債権を使って相殺できるとか、債権譲渡の
場合の債務者は、譲受人からの請求に対し、譲渡人（旧債権者）に対して
有する債権で相殺できる等の場合がある。

　②双方の債権が同種の目的を有すること　　　一方的に相殺を許すのであ
るから、双方の債権の目的（給付内容）が同種のものでなければならない。
たとえば一方が金銭債権で他方が特定物の引渡債権であれば相殺はできな
い（したがって実際にはほとんど金銭債権同士になる）。

　③双方の債権が弁済期にあること　　　当然のことながら、債務者は契約
で定めた弁済期が来るまでは、弁済しなくてよい。これを「期限の利益」
という。さて、先の例でAのBに対する債権の弁済期が来ていて（つま

---

[13]　企業取引において、具体的に最も重要なのは、相殺が最も簡単迅速な債権回
収手段であるということである。たとえば、経営状態が悪化した取引先から急
いで債権を回収したいというときは、まずは、反対債権（こちらが先方に弁済
する債務）はないかと探して相殺して回収するのである。また、平常時の取引
においても、相殺によって資金移動なしに決済ができるということは、実際に
は大きな利点となる。このような発想は、いわゆる「企業法務」においては大
変重要である。

りBは払わなければいけない）、BのAに対する債権の弁済期が未到来だった（Aはまだ払わなくてよい）とする。この状態でAがBに請求したときにBが相殺できるとしたら、まだ支払いをしなくてよいはずのAは、理由なく期限の利益を失ってしまう。したがって、相殺ができるためには相互に債権が弁済期に来ていることが必要になる。ただし、期限の利益を放棄することはできるから（136条②項）、上の例で、まだ払わなくてよいAの側が期限の利益を放棄して自ら相殺することは可能である。

学習の Know How

弁済期と期限の利益

　これは間違いやすいところなのだが、「BのAに対する債権の弁済期が未到来」という場合は、Aはその日が来るまで払わなくてよい、ということである。つまり、弁済期まで得をできるのは債務者であり、それが「期限の利益をもつ」ということである。したがって、その債務者が期限の利益を放棄して（つまり、今払う、ということにして）相殺適状を作り出すのはいっこうにかまわないということである。

⑷　相殺の方法と効果

　前述の通り、民法の定める単独行為としての相殺は、相手方に対する意思表示によってなされる（506条①項）。相殺の意思表示によって、双方の債権は、その対当額において消滅する（505条①項本文）。先の例でいえば、双方200万円分が消滅し、AのBに対する100万円の債権のみが残ることになる。この債権消滅の効果は、相殺の時点ではなく、双方の債務が相殺適状を生じた時点に遡及して生じる（506条②項）。なお、相殺の相手方が相殺適状にある複数の債権を有していて、その総額よりも自働債権の額のほうが少ない場合は、相殺の充当の問題が生じるが、民法はこの場合、本章II⑷に述べた弁済の充当の規定を準用している（512条②項）。

⑸　相殺の禁止

　①債務の性質による相殺禁止　　同種の目的を持つ債務同士でも、債務

の性質によっては相殺が許されない場合がある（505条①項但書）。たとえば、相互に騒音を出さないというような不作為債務を負っている場合などがその例である。

　②当事者の意思表示による相殺禁止　　当事者が債務の現実の履行を求め、相殺を禁じまたは制限する旨の意思表示をした場合は、相殺はできない（505条②項）。しかしこの禁止の意思表示は、すでに学んだ債権譲渡の禁止特約と同様、それを知らない善意・無重過失の第三者には対抗できない（同条②項）。

　③法律による禁止　　民法は、受働債権とされる債権が現実に履行されることを確保するために、次のような相殺禁止規定を置いている。

　③不法行為に基づく債権を受働債権とする相殺の禁止　　たとえば、Bに対して貸金債権を有しているAが、交通事故を起こしてBに怪我をさせ、BがAに対して不法行為に基づく損害賠償債権を持つに至ったとする。貸金債権も損害賠償債権も同種の金銭債権であるが、Aは自己の貸金債権を自働債権として、不法行為に基づく損害賠償債権を受働債権にして相殺することはできないとされてきた（改正前509条）。これは、不法行為の誘発防止と、被害者の現実の救済を確保するためである。したがって、上の例の被害者Bから損害賠償債権を自働債権として相殺することは差し支えない[14]。

　ただ、改正前の509条は、この趣旨から、加害者（賠償債務者）側からの相殺を全面的に禁じていたが、平成29年改正法の同条では、この趣旨

---

[14]　なお、双方の債権がいずれも相手方の不法行為に基づく債権である場合にも、相殺は許されないとするのが従来の判例である。同一の交通事故の当事者同士が物的損害の賠償請求権を相互に持つ場合などは、相殺を認めてもよいという学説が多いが、最高裁は被害者の現実の救済を重視して例外を認めていない。最判昭49・6・28民集28巻5号666頁、最判昭54・9・7判時954号29頁。ただし、自働債権だけが不法行為から生じた場合（つまり被害者が自分の損害賠償請求権を使って相手の自分に対する債権を相殺しようとする場合）には相殺可能である（最判昭42・11・30民集21巻9号2477頁）。また、いずれの場合も、当事者が合意すれば、先に述べた相殺契約をして差額だけを支払うということはもちろん可能と考えられる。

により沿った形で一部修正を加えた。すなわち、改正法の同条1号は、「悪意による不法行為に基づく損害賠償債務」と限定を加えて、損害を加える意図（害意）による不法行為で生じた賠償債権の場合にだけそれを受働債権として相殺をすることを禁じた。したがって、過失による不法行為から生じた物損に関するような損害賠償債権の場合は、加害者側から相殺で処理することができることになった（ちなみここでの「悪意」は、破産法253条での表現に倣ったものというが、民法で通常使う「善意・悪意」とは異なる用法であり、このようなところまで破産法とそろえる態度は賛成できない）。

また同条2号は、1号以外の、生命・身体の侵害に基づく損害賠償請求権を受働債権とする相殺を禁止するもので、被害者に現実の給付を得させるという趣旨に出たものである（したがってこの2号には不法行為によるものだけでなく債務不履行による損害賠償請求権も含まれる）。

なお、これらの被害者保護の趣旨からして、その債権者が、他人からその債権を譲り受けた者である場合（つまり現在の債権者は被害者本人ではない）は本509条のルールの対象外となる（同条柱書）。

⑥差押禁止債権を受働債権とする相殺の禁止　　扶養料、給料、退職金等の請求権のような債権は、債権者の生活保障に関わる債権なので、特に現実に給付されるべきであることから、その全部または一部につき差押えが禁止されている（民事執行法152条等）。これらの債権を受働債権とする相殺も禁止されている（510条）。

(6)　差押えと相殺

ここで相殺の規定の中で理論的には最も議論の多い部分に入る。それは、差押えと相殺の優劣の問題である。そしてこの問題は先に述べた「相殺の担保的機能」に関係していることをまず理解しておこう。

たとえば、先の例のようにAがBに300万円の貸金債権を持ち、BがAに200万円の売掛代金の反対債権を持っている場合に、Aの債権者Cが、Aが支払ってくれないのでこのAのBに対する貸金債権を差し押さえてその支払いの差止めをしたとする（差押えがされると、その債権は勝手に弁済したりできなくなる。そして差し押えた債権者は、その弁済を差し止め

た債権に対して執行して自分の債権を回収するのである）。この場合、Ｃの差押えが優先してＢはＣの債権執行に服さなければいけないのか、Ｂはなお相殺をして 200 万円分を優先して回収することができるのかが問題になる。

　民法は、第三債務者（ＣとＡを当事者とすると、ＢはＣからみて第三債務者ということになる）は支払いの差止めを受けた後に取得した債権により相殺をもって差押債権者(C)に対抗できないと規定している（改正前の 511 条および平成 29 年改正の 511 条①項）。つまりＣが先にＡのＢに対する債権に差押えをし、その後でＢがＡに対して反対債権を得ても相殺できない。ということは、Ａの債権に差押えがされないうちにＢが反対債権を取得したのなら、それからＣがＡの債権に差押えをかけても、Ｂは相殺可能ということになる。これは、支払いの差止めを受ける以前に取得した債権については、相殺により回収できるという期待を保護し、他の債権者の債権執行に優先させるという規定である。

　しかし一方で、相殺するには先述の通り双方の債権が弁済期にあることが要件であるから、差し押えられた債権の弁済期がその時点で未到来の場合などに相殺が勝てるのかどうかがかつて問題になった。この点については判例の変遷があり、当初は相殺を制限する説に立っていたが、徐々に相殺の期待を保護する方向に（先の例のＢに有利に）変わり、現在では判例は、とにかく差押えの時点で対立する債権が存在する限り（Ａ・Ｂいずれの債権も弁済期が来ていなくても、またどちらの債権の弁済期が先かも問わず）相殺が優先するという立場を採用している[15]。これが無制限説と呼ばれるものである。

　この点についてかつての判例は、自働債権のほうの弁済期が先に到来するのなら、（その場合自働債権の債権者は、自分はまだ払わなくてよい時期に先に相手に弁済請求できることになるので、自分の弁済期限の利益を放棄して

---

[15]　なお、この差押えと相殺の優劣関係と同様な関係に立つものに、債権譲渡と相殺の関係があり、これについても判例は同様に変遷して、結局譲渡通知の前に両債権が存在していさえすれば、弁済期に関係なく債務者は譲渡に優先して相殺できることになった（第 **6** 章Ⅱ(7)④参照）。

相殺を宣告できるはずだから）自働債権の債権者の相殺期待利益を保護して相殺を認めるが、逆に相手の債権の弁済期が先に到来するのであれば（自分はそこで支払わされてしまうので相殺をかけることは期待できないはずだから）相殺は許されない、という制限説を採っていた（最大判昭39・12・23民集18巻10号2217頁）。しかしその後間もなく、相殺への期待はできる限り尊重されるべきであるとして、双方の債権の弁済期の前後を問わず、差押えの時点で対立する両債権が存在していさえすれば相殺が優先するという、いわゆる無制限説に判例変更されたのである（最大判昭45・6・24民集24巻6号587頁）。

そして平成29年改正では、511条①項で上記無制限説を明言したうえで、さらに（無制限説以上に）相殺の可能範囲を拡げる修正がなされた。すなわち、改正法511条②項では、「差押え後に取得した債権が、差押え前の原因に基づいて生じたものであるときは、その第三債務者は、その債権による相殺をもって差押債権者に対抗することができる」と規定したのである。例として、差押え前に委託を受けた保証人が、差押え後に保証債務を履行したことにより生じた事後求償権を自働債権として相殺することができるとされる。これによって、相殺への期待の保護は改正前よりも拡張されることになる。そうする理由は、破産法による相殺権の保護の視点を取り入れたものといわれるが、ここでも破産法に合わせて判例より一歩を進めて第三債務者を保護する立法をする必然性・合理性がどこまであったのかは、必ずしも明瞭ではなく、その評価は今後の実務の対応に待ちたい。

(7)　相殺充当

複数の債権債務が対立状態にある場合に、相殺をする債権者の債権が、債務者に対して負担する債務の全部に足りないときは、当事者の合意がなければ、元本債権相互間で、相殺適状が生じた時期の順序に従って充当する（512条①項。改正前からの判例法理の明文化である）。①項でも前後が決まらない、相殺適状時期を同じくする債権が複数ある場合は、先述の弁済充当の規定のうち、指定充当は認めず、法定充当の規定を用いる（512条②項）。

Ⅵ　更改・免除・混同

(1)　更改

①意義　更改は、当事者が従前の債務に代えて、新債務を発生させ、旧債務を消滅させる契約である（513条）。改正前の513条では、「債務の要素を変更」と表現していたが、平成29年改正法は、それを具体的に、①給付の内容についての重要な変更（同条1号）、②債務者の交替（同条2号）、③債権者の交替（同条3号）、と列挙することにしたものである（したがって、従来の解釈問題であった、何が債務の「要素の変更」に当たるかという論点はなくなった）。しかし、これらの変更は今日では一般に他の方法（債権譲渡、債務引受、代物弁済等）によってより簡易かつ有利に実行されており[17]、更改はあまり使われない。更改は、かつて債権譲渡などの方法が認められていなかった時代に利用された方式が残存するものであり、今日では重要性は少ない。

更改に当たる場合は、本来は旧債務の物的担保や保証なども当然に消滅することになり、それらを更改後の新債務に移すには特段の合意がいるということになる（後述518条参照）。

②債務者の交替による更改　債務者の交替による更改は、債権者と旧債務者、新債務者の三者契約でできることは当然であるが、債権者と更改後に債務者となる者との契約によってすることができると規定した。この場合には、更改は、債権者が更改前の債務者に対してその契約をした旨を通知した時に効力を生ずる（514条①項。平成29年改正前の規定では、更改前の債務者の意思に反してはできない――つまり結局は三面契約と同様にな

---

[17]　たとえば債権者の交替であれば、債権譲渡契約によってより簡易にかつ有利に実現できる。更改では（従来の規定では）結局債務者と債権者と新債権者の3者で契約しなければならないが、債権譲渡ならば譲渡人と譲受人（新債権者）の合意のみで、債務者には対抗要件としての通知だけすればよく、また更改では、旧債務についていた担保もいったん消えてしまうが、債権譲渡ならばすべて同一性を保って継続するからである。

る——とされていたので、この点でニュアンスが変えられている）。既に述べた免責的債務引受の規定（472条②項）と要件面で平仄を合わせたものという。またその場合に、新債務者が旧債務者に対して求償権を取得しない（514条②項）というのも、免責的債務引受（472条の3）に合わせた規定である（ただしこの要件面での平仄合わせについては後述④も参照）。

③債権者の交替による更改　債権者の交替による更改は、三面契約でできるのは当然である（515条①項。これを平成29年の改正でわざわざ規定した意味は不明である）。本来、債権譲渡と同様の機能を果たすものであるから、債権譲渡の第三者対抗要件（467条②項）と同じく、確定日付のある証書によってしなければ、第三者に対抗することができない（515条②項。これは平成29年改正前からあった規定である。既に注記したように、そもそも歴史的には、2者間の債権譲渡が認められなかったローマ法の初期には、三面契約で更改をするしかなかったという経緯がある）。

④更改後の債務への担保の移転　平成29年改正法は、債権者（債権者の交替による更改の場合は、更改前の債権者）は、その債務の担保として設定された質権または抵当権を更改後の債務に移すことができると規定した（518条①項本文。平成29年改正前の規定にあった「質権又は抵当権」に限定して、それ以外の保証や譲渡担保などは排除している）。ただしその担保が第三者（更改契約の当事者以外の者）が設定したものであるときには、その設定者の承諾を得なければならない（同条①項ただし書）のは当然である。

そしてこの質権または抵当権の移転は、「あらかじめ又は同時に」更改の相手方に対してする意思表示によってしなければならないと新たに規定された（518条②項）。これは、更改によって債務が消滅してしまうので、その後で質権や抵当権を移転させるわけにはいかないからという理由で、免責的債務引受の472条の4と同旨であると説明されている。

ただ、この改正法518条①項②項には基本的な疑問がある。そもそも、更改は債務消滅原因として規定されている（これは平成29年改正法でも何ら変わりはない）。旧債務を消滅させて新債務を発生させるのであるから、本来担保は随伴しないのである（改正前518条は、その前提で、関係する「当事者」（全員の意味）の合意があれば質権と抵当権を更改後の債務に「移す」こ

とができると例外則を規定していたのである）。したがって、改正法518条①項が、担保を移転させることを「債権者」の権能のように書き換えていることにまず違和感があり（債権譲渡に近づけたい意図か）、さらに②項で免責的債務引受にそろえている点にも違和感がある（免責的債務引受の場合は、原債務自体の「移転」構成が可能なので、それに伴う担保の移転を矛盾なく説明する必要があると思われるが、原債務を消滅させる制度である更改で免責的債務引受とわざわざ平仄を合わせた規定を置くのが適切な立法かどうかは、疑わしい）[18]。

(2) 免除

免除は、債務者の負担なしに（無償で）債権を消滅させる、債権者の一方的な意思表示をいう（519条）。したがって、法律行為の分類でいえば単独行為である。たとえば、交通事故で損害賠償債務を負った加害者に対して、被害者が、何らかの理由から、その全部または一部を支払わなくてよいと告げるような場合である。このように民法は一方的な意思表示による免除を定めるが、もちろん両当事者の契約で免除すること（免除契約）もできる。免除は、すでに学んだように、連帯債務の場合に議論されてきた[19]（第5章Ⅳ(4)③参照）。

免除の意思表示は、債務者に対してなされなければならないから、債務者以外の第三者に対して、債務者についての債権放棄の意思表示をしても免除の効果は生じない。なお、その債権が質入れされているときのように、債権が第三者の権利の目的となっている場合には、債権者はそれを免除して消滅させることはできない。

---

[18] 平成29年改正では、全体に、制度間の相違をなるべくなくそうという方向性がみられるが、それが合理的なのか、各制度の個性を没却させるという批判を受けるものなのかは今後の評価に待ちたい。

[19] 改正前の連帯債務では免除が絶対的効力事由と規定されていたので、共同不法行為（交通事故など）の場合に不真正連帯債務構成を採って、免除を相対的効力事由となるとしていたが、平成29年改正では免除は相対的効力事由となったことも復習しておきたい。

(3)　混同

　混同は、あまり起こることではないが、同一の債権について同一人に債権者の地位と債務者の地位とが帰属することをいう。たとえば、息子Bが父親Aから借金をしていて、Aが死亡してBが相続人になったとすると、BはAの債権を承継して自分自身に対する債権者となる。このような場合、債権は原則として消滅する（520条本文）。原則として、というのは、この場合も免除の場合と同様、混同した債権に第三者の権利がかかっている場合（たとえばAがこのBへの債権をCに質入れしてCから融資を受けていた場合など）は、債権は消滅しないと規定されている（同条ただし書）からである。混同は、相続の他に会社の合併や債権譲渡によって起こることがある。混同そのものの法的性質は、法律行為などではなく、単なる「事件」（ある行為や出来事によって結果的に起こってしまった事実）といわれる。

　なお、混同による消滅は、その債権を存続させることに意味がないことから生じるのであるから、第三者の権利の目的となっている場合でなくても、存続させるべき理由がある場合には、混同の効果は否定される。たとえば、家屋の賃借人Aが賃貸人（所有者）Bからその家屋の譲渡を受ければ、通常は賃借権は混同により消滅する。しかし、その所有権移転登記を経由しないうちに当該家屋の二重譲渡により第2の譲受人(C)が所有権移転登記を経由してしまったという場合には、混同による消滅という効果を貫くと、AはCの明渡請求に対して所有権はもとより賃借権をもっても対抗できないことになる。そこで、このような場合には、第三者Cに対する関係では、Cが所有権取得に至るのであれば、Aの賃借権は復活し消滅しなかったものとなると解されている（最判昭40・12・21民集19巻9号2221頁参照）。

第8章　有価証券

　　いわゆる「債権」（平成 29 年改正前の「指名債権」）は、発生や移転に法的に書面の存在を必要としない。一方「有価証券」は、権利の発生・移転を必ず書面で行う（いわば書面に権利が乗っている）。平成 29 年改正前の民法は、権利の発生・移転にある程度書面を必要とする中間的な「証券的債権」を規定していた。平成 29 年改正法は、それら「証券的債権」の規定を全廃し、代わりに、民法の中に「有価証券」の一般規定を置いた。ただし、それには理論的整理以上の大きな意味はない。

I 序 説

(1) 平成29年改正前の状況——「証券的債権」の規定

平成29年改正前の民法における債権譲渡規定の構造は、まず、466条で債権の譲渡性などに触れたうえで、「指名債権」と呼ばれる、一般の代金債権や請負報酬債権など、債権者と債務者が決まっていて、かつその債権の発生や移転に法的に書面の存在を必要としないものについて、対抗要件や抗弁についての規定を467条と468条で規定し、そのあとの469条から、権利の発生や移転にある程度書面を必要とする3種類の債権を規定するという構造であった。一方、広い意味での商法の分野では、手形、小切手、株式など、権利の発生や移転に必ず書面を必要とするいわゆる有価証券（証券に価値がある、つまり、紙の上に完全にその債権が乗っていて、紙と権利が切り離されないもの）を規定していた。

したがって、改正前民法が規定していた3種の債権（指図債権、記名式所持人払債権、無記名債権）は、完全な有価証券ではなく、指名債権と有価証券の中間的なもので、「証券的債権」と呼ばれていたのである。そしてこれらの実例は少なかった。

(2) 平成29年改正の内容——「有価証券」の規定

平成29年改正では、上記の「証券的債権」の規定を全廃し、民法典の中に有価証券の一般規定を置くことになった（520条の2から520条の20まで）。ただその意義は、理論的な整理以上のものはあまり見いだせない。つまり、たとえば次の指図証券の規定は、証券に権利者と指定された者またはその者が指示する者に対して給付をする旨の記載がある証券すべてについての一般規定であるが、実際には手形なら手形法、小切手なら小切手法というように、汎用されている指図証券にはそれぞれ固有の法律があるので、そちらが使われることになるからである。以下は概説にとどめる。

Ⅱ　民法上の有価証券

(1)　指図証券

　520条の2は、指図証券について、裏書と証券の交付が譲渡の効力要件であることを定める。520条の3は、その裏書の方式を定める（手形法の裏書の方式に関する規定を準用する）。520条の4は、指図証券の所持人が裏書の連続を証明すれば、その者が権利者と推定されることを定める。520条の5は、指図証券の善意取得を定める（真の権利者でなくとも、裏書の連続を証明できる善意の所持人は権利を取得する）。520条の6は、指図証券の譲渡における人的抗弁切断を定める（債務者は、譲渡前の債権者に対抗できた抗弁を善意の譲受人に対抗できない）。

　520条の7は、520条の6までの指図証券の譲渡に関する規定が指図証券の質入れにも準用されることを定める。520条の8は、指図証券の弁済の場所は、債務者の現在の住所と定める（484条①項の特則となる）。520条の9は、指図証券の場合は、元の債務の期限を過ぎている場合でも、その証券を提示して履行請求された時から遅滞の責任を負うと定める（412条①項の特則となる）。

　520条の10は、指図証券の債務者は、その所持人の権利が真正かどうかを調査する権利はあるが義務はないと定める。520条の11は、指図証券を喪失した場合の、証券を無効とする手続を定める（非訟事件手続法の公示催告手続によってする）。

　520条の12は、その指図証券を喪失した場合の権利者の権利行使方法を定める（債務者に供託させるか、権利者が債務者に担保を供して履行させる）。

(2)　記名式所持人払証券

　記名式所持人払証券とは、債権者を指名する記載がされている証券で、かつその所持人に弁済すべき旨が付記されているものをいう。具体例が少ないが、都バスの定期乗車券は、名前が書かれているが別の人が使っても良いというもので、この例に挙げられよう。520条の13は、記名式所持

人払証券について、証券の交付が譲渡の効力要件であると規定する。520条の14は、記名式所持人払証券の所持人の権利の推定を規定する。520条の15は、記名式所持人払証券の善意取得を規定する。520条の16は、記名式所持人払証券の譲渡における債務者の人的抗弁の切断を規定する。520条の17は、質入れの場合には前条までの譲渡の規定を準用することを定める。520条の18は、弁済の場所以下の規定は指図証券の規定を準用すると定める。

(3) その他の記名証券

520条の19は、指図証券・記名式所持人払証券以外の記名証券（裏書禁止手形など、特殊なものが例示される。手形・小切手や貨物引換証などの指図証券も、裏書禁止文句が書かれているとこのカテゴリーになる。手形法11条、77条①項等を参照）の場合は債権譲渡や質権設定に関する方式に従い、かつ、その効力をもってのみ、譲渡し、質入れができると定め、この証券の喪失と公示催告については、指図証券の規定を準用すると定める。

(4) 無記名証券

無記名証券は、証券の上に特定の権利者名が書かれておらず、債務者はその証券の所持人に履行をしなければならない証券をいう。入場券、乗車券、商品券、劇場チケットなどが例として挙げられる（その他、無記名式の社債券、国立大学法人等債券などもその例とされる）。

平成29年改正前の民法典では、これを動産とみなしていたが（改正前86条③項）、その規定は廃され、520条の20は、記名式所持人払証券の規定を準用すると規定した。したがって、記名式所持人払証券と同一に扱われるので、譲渡や質入れは、証券の交付によって行われ、善意取得や抗弁の制限などの流通保護の規定も適用される。

(5) 免責証券

これは有価証券ではなく、また民法に規定があるものでもないが、区別のために説明しておく。証券の所持人に弁済すれば、その所持人が真正の

債権者でなくても、債務者が善意・無重過失（説によっては善意・無過失）である限り、その責任を免れる証券を免責証券と呼ぶ。例として、手荷物引換証、携帯品預かり証、下足札などが挙げられる。これらは一見、権利推定効など、上述の記名式所持人払証券や無記名証券に類似する機能を持つが、免責証券と呼ばれるものは、いずれも全く流通を念頭に置いたものではなく、単なる証拠の書類である。したがって、その書類を見て荷物などを引き渡せば、引き渡した側は免責されるというだけであって、債権者の側が、たとえばその引換証を紛失してしまっても、自分が権利者であることを何らかの方法で証明できれば、債権を行使できる（たとえば預けたカバンの中身を述べて、鞄の引き渡しを求めることができる）。それゆえ、免責証券が発行されているときの債権それ自体の性質は、通常の債権（従来の表現で言う指名債権）である。特定の債権者と債務者の間に、権利についての証拠証券が発行され、その証券に、債務者（実際には多数の債権者を個々に識別できない）のために免責的効力が認められているわけである（債権者のほうにも、預けた荷物を引換証を友人に渡して取りに行かせるというメリットもある）。

　このような性質から、本来免責証券が対象としている債権自体を譲渡することは考えにくいが（預けた荷物を友人に引き取らせるのは、引き取りの委託にすぎない）、もし譲渡する場合は、467条の債権譲渡の規定が適用されると解される。また、免責証券に対する善意弁済が保護されるのは、免責証券の性質から直接に生じる結果とみるべきで、これに520条の2以下の有価証券の規定が適用されるわけではない。

第9章　学習ガイダンス

　よく、学問に王道はないというが、では進むべき「本道」を行くとして、その道に凸凹の足場の悪い部分と、きれいに舗装されて歩きやすい部分があるとしたら、それは当然後者の部分を歩くべきである。長い道のりで、途中で嫌気がさしそうならばなおのことである。

　本章の存在は、本書の特色のひとつである（というより、あえて「類書に見ない最大の特色」と言うべきかもしれない）。本書によって債権総論を独習する人はもちろん、授業に出ながら本書を読む人も、ぜひ本章のアドバイスやノウハウを最大限に活用していただきたい。その意味では、本章は、学習を進めて最後に読むというよりも、学習しながらいつでも折にふれて（そして、必ず）読んでいただきたい部分である。

I　六法の使い方

　本書第 **2** 章 I の注 **1** の中でも述べたが、ここで六法の使い方について
まとめて書いておきたい。まず、テキストを読むときには六法は必ず開い
て、テキストに出てくる条文を確認しながら読み進むこと。その場合も、
漫然と目で追うのではなく必ず「声に出して」読むようにしたい。

　市販の六法には、いろいろな種類があるが、民法の学習には、小型のも
ので十分である。ひとつ注意したいのは、市販の六法には、判例付きのも
のがあるということ（各条文ごとに、関連する判例の要旨を付しているもので
ある）。これは、学習には便宜であるが、試験の際には持ち込みを許可さ
れない（ちなみに、私は、試験の際に書き込みのある六法を持ち込んだ場合に
も、「不正行為とみなす」としている。ここまで学習した諸君はすでにわかって
いるだろうが、法律用語で「みなす」というのは、法律上そうと決めるという
ことであって、反対の証明を許さない。ここで私が「みなす」というのも、そ
の用語法によるもので、つまり、書き込みの内容が試験科目と関係のないもの
であっても、不正行為になってしまう、ということである）。したがって、私
が薦めたいのは、六法を **2** 冊持つことである。**1** 冊は、判例付きでもよく、
どんどん書き込みをしてもかまわない。要するに、自分で最も使い勝手の
よいように使えばよい。そして、もう **1** 冊は、判例付きでない六法を、書
き込みをせずに持ち、これを試験用に使うのである（もっとも、判例付き
でない六法でも、一般に関連条文等が付されている。そこで、最も公正を期す
ためには、法学六法（信山社）や司法試験用六法（第一法規）等、条文だけし
か載っていないものを使う必要がある。大学によっては、大学側が大量にこの
ような六法を購入して、試験の際に学生に貸与するところもある）。

　なお、法文が改正されることや、新しい特別法ができることを考えると、
六法はなるべく毎年、少なくとも **2** 年に **1** 度は買い換えたい。こう書くと、
六法は **2** 冊とか、毎年買い換えよとか、お金がかかることばかりいうと思
う諸君もいるかもしれない。しかし、小型の六法というのは 1000 円台で
購入できるものである。一度の外食やレジャーに費やすお金を考えたら、

法律を専門に学ぶ学生の「設備投資」としては、大変安いものであろう。

II　学習上の留意点

①**条文を大切に──条文の読み方**　本書の第1章では、債権法には任意規定も多く、その場合は当事者の合意が条文の規定に優先すると述べた。しかし、民法総則や物権法は強行規定の部分がほとんどであることはもちろんであるし、任意規定の部分も、当事者の合意がなければその条文が適用されるわけだから、つねに学習の出発点には条文を置いておくことが大切である。そしてその場合、条文をただ暗記するのではいけない。なぜこういう規定になっているのか、を考えながら理解することが重要である。そうすると、類似の性質を持つ制度や規定を学ぶ場合には、その条文の内容を、（ここでもこういう規定が置かれているはずだ、というように）学ぶ前から類推することができるようになる。

条文の構造を理解しやすくするには、次の②に述べるように、条文の中の関係当事者（債権者、債務者、第三者、相手方等）をA、B、Cなどの記号に置き換えて読んでみることが有益である。

②**必ず例示と図解をせよ**　民法の学習では、具体的な事例を想定して考えていくことが重要である。そして、条文の理解ひとつにしても、判例の学習の場合でも、登場人物をA・Bとか甲・乙とかに置き換えて、たとえば、「AがBに物を売って、Cがその代金支払の保証人になって……」というケースであれば、ノートにAとB、AとCを結ぶ矢印を引いて図を書いて理解していくのである。

この「関係図」を描くというのは非常に重要である。まず条文を理解するのに関係図を描くくせをつけ、さらに判例の事案を理解する場合にも関係図を描くようにする。そうすると今度は、期末試験や資格試験の際の事例問題の解答にあたっても、まず問題文の事案を理解するのにこの図解が非常に有効であることがわかる。新司法試験のように、長文の事例問題が出題される場合には、一定の時間で当事者の関係図がしっかり描けなければ合格はおぼつかないと言ってもよい。

学習の Know How

これが図解の Know How
1. 債権の矢印を一本線 ⟶ で、矢は債権者から債務者に向ける
2. 主従の関係のある債権は太さを変える
3. その他の代位権や取消権の矢印、さらに譲渡や引受けの矢印は二重線 ⟹ にして区別する

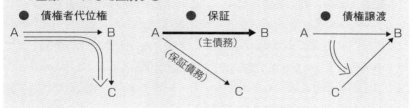

③**頭から覚えてかかるな**――「なぜ」という理由の理解を大切に　民法は、分量としては膨大なものがある。条文だけをとっても、暗記するということになればかなりの労力がいる。それに重要な判例や学説を加えたら、大変な情報量になろう。それらの情報を、相互に関係づけることなしに頭から覚えてかかったら、どんな人でも途中で投げ出してしまうと思われる。民法は（他の法律でもそうだが）決して暗記の学問ではない。最終的に司法試験などで限られた時間で知識を試される場合にはある程度の暗記も必要だが、そこに至る過程では、どうしてこういう制度が置かれているのか、なぜこういう規定が必要なのか、という疑問を積み重ねて勉強していっていただきたい。

④**制度の趣旨を十分に理解せよ**　民法中のそれぞれの制度は、そもそも何を狙って、どういう趣旨で置かれたものであるのか。これは、一つひとつの条文をどう解釈したらよいか、の重要な決め手になる。逆にいえば、なぜこう解釈すべきなのかがわからない、というところでは、制度趣旨に遡って勉強してみていただきたい。その場合、そのような制度趣旨についての記述が十分になされている教科書とそうでない教科書があるので、いくつかの教科書ないし体系書を読み比べてみるとよいだろう。

⑤**体系的な理解を心掛けよ**　①や③で述べたことにも関連するが、民

法はそれぞれの条文が、想定される状況での当事者の利益の対立を調整しているわけだから、似たような状況では、似たような規定が置かれることになる。勉強しているうちに、「あそこでこういう規定があったからここでも同じような規定があるはずだ」という類推がきくようになれば、だいぶ勉強が能率的になるし、それはまた、民法の体系的な理解が進んできたということになる。

⑥意義、要件、効果を整理せよ　　これはだいぶ技術的なアドバイスになるが、1つの制度なり規定なりを学ぶ際には、その意義（どういう趣旨で置かれている何のための規定か）をよく理解したうえで、その規定が当てはまる要件（どういう状況が整ったらこの規定が使えることになるのか）と、その規定が使われた場合の効果を整理していくことが、知識の整理とすみやかな理解のために有益である。

⑦判例を重視せよ　　判例は一般的に（学説よりも）重視していただきたい。判例は、現時点でのその規定の実際の適用状態を示している。ことに、条文の規定だけでは不十分なところを、確立した判例の準則が埋めているケース（これを、「判例法理が存在する」という）では、判例を十分に理解しておく必要がある（判例学習については次のⅢを参照）。ただし、平成29年民法改正によって、債権法の分野では、これまでの重要判例とされてきたものの「顔ぶれ」がかなり変わることに注意を要する。

⑧「通説」を信じるな、しかし尊重せよ　　一方学説というものは、さまざまな役割を持つが、判例に問題がある点を指摘し、別の結論を導くものは、判例とは異なった価値判断なり制度理解をするとそのような結論になる、というものが多く、実際にそのような学説が強くなって判例を変更させることもしばしばある。また判例と結論は変わらないにしても、説明の仕方（理論構成）を異にするものもある。一般に「通説」と呼ばれるものは、まったく問題がないもののように思われがちであるが、必ずしもそうではない。したがって、頭から信じてかからず、まず疑ってみるべきである。しかし、問題をはらみながらも通説・判例となっている場合は、そう考えるとおさまりがよいところがどこかにあるはずだから、そのメリットを探してみる（その意味で尊重する）のも大事である。

Ⅲ　民法判例の読み方、判例学習の仕方

(1)　判例の読み方──まず事案から読むこと

　君たちは判例をどのように学習しているだろうか。判例解説書についても、間違った使い方をしていないだろうか。ここでは、判例の読み方、判例学習の仕方を教えておくことにする。

　ことに判例解説書を使った学習などで陥りやすい誤りは、最初から解説文を読んでしまう、というやり方である。判例は、個々の紛争の解決にあたって、裁判所が、該当する条文をあてはめ、そのうえで条文だけでは足りないから何らかの裁判所の判断を加えたものである。それゆえ、**個々の判例は当該紛争の解決プロセスの中で理解されなければならない。**

　したがって、判決の結論である判旨部分を覚えるのではなく、学者の解説を読むのではなく、まず、事案と向き合うところから学習しなければならない。そして、実はこの学習は、いわゆる事例問題の答案の作成能力の涵養につながるのである（個別の答案練習会に参加したりするよりは、日頃の判例の読み方で正しいくせをつけるほうが、よほど有益である）。

(2)　判例の読み方の実際の指導

　では、実際にやってみよう。用いる事例は一見難しそうだが、読み明かした結果は、標準的なレベルであることがわかる。実際、本書に出てきた最高裁判決の事案である。1点注意しておくが、以下の事案はもちろん現実の紛争のダイジェストである。より正確に学ぶには、第一審の段階からのオリジナルの事案を正確に分析する必要があることを覚えておこう。

〔事案〕

　A社は、X社（原告、上告人）との間で、平成9年3月31日、B社がX社に対して負担する一切の債務の担保として、A社がC社に対して現在取得し、また同日から1年間の間に取得する、商品売掛債権および商品販売受託手数料債権（以下「本件目的債権」という）を、X社に譲渡する旨の債権譲渡担保契約を締結した。A社はC社に対し、6月5日到達の内容証明郵便で本件契

約に基づく「債権譲渡担保設定」を通知した。同年9月から平成10年1月まで、A社は法定納期限の到来した国税を滞納した。平成10年4月3日に国はA社に対する国税滞納処分として、本件目的債権のうち同年3月に発生した債権（以下「本件債権」）を差し押え、同年4月10日、被上告人Y（国）は、上記滞納国税について国税徴収法24条1項の規定により譲渡担保財産である本件債権から徴収するため、X社に対して同条2項所定の告知をした。C社は、債権者不確知を理由に本件債務額にあたる金銭を供託した。X社はYあてに、上記内容証明郵便を呈示して、本件債権を譲渡担保としたのは本件国税の法定納期限前である旨を述べた書面を提出した。以上の事案で、X社がY（国）を提訴した。

【手順その1】 文章に区切りの番号を付ける

君たちはまず何をするべきか。この文章を読むわけだが、どうやって読むかということである。答えは、最初に、文章をポイントごとに番号を付けて区切る、ということである。実際にやってみてほしい。その結果は以下のようになる。

①A社は、X社（原告、上告人）との間で、平成9年3月31日、B社がX社に対して負担する一切の債務の担保として、A社がC社に対して現在取得し、また同日から1年間の間に取得する、商品売掛債権および商品販売受託手数料債権（以下「本件目的債権」という）を、X社に譲渡する旨の債権譲渡担保契約を締結した。②A社はC社に対し、6月5日到達の内容証明郵便で本件契約に基づく「債権譲渡担保設定」を通知した。③同年9月から平成10年1月まで、A社は法定納期限の到来した国税を滞納した。④平成10年4月3日に国はA社に対する国税滞納処分として、本件目的債権のうち同年3月に発生した債権（以下「本件債権」）を差し押え、⑤同年4月10日、被上告人Y（国）は、上記滞納国税について国税徴収法24条1項の規定により譲渡担保財産である本件債権から徴収するため、X社に対して同条2項所定の告知をした。⑥C社は、債権者不確知を理由に本件債務額にあたる金銭を供託した。⑦X社はYあてに、上記内容証明郵便を呈示して、本件債権を譲渡担保としたのは本件国税の法定納期限前である旨を述べた書面を提出した。⑧以上の事案で、X社がY（国）を提訴した。

【手順その2】関係図を描く

その次はどうするか。今度は、登場人物の関係図を描くのである。これは大変重要である。実はこれがきちんとできない人が多い。法科大学院の在籍者でもこの力が十分備わっていない人がいる。実際にやってみよう（本書245頁 **学習のKnow How** の→の引き方を参照）。

このとき、1人の当事者がバラバラに複数個所に出てくるような図は意味をなさない。

（失敗例）

正しい書き方はたとえば以下のようである。

（正しい例）

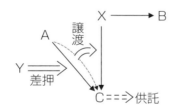

このように正しく描けると、実は紛争のポイント（何を争う訴訟か）がすぐに見える（つまり、AのCに対する債権がXに移ったほうが早いのか、Yがそれを差し押さえたほうが早いのか、ということである）。逆に、正しく描けないと、この判例は理解ができない（つまりこのような事例問題であれば正しく解けないということに直結する）。

【手順その3】請求内容の確認

では次に、原告X（普通原告にX、被告にY、訴訟当事者以外の関係者にA、B、Cという記号を用いる）は被告Yに何を求めて訴訟を提起したのか

を読み取ろう。

　Xが、「本件債権」を差し押えたと告知してきたYに対して、「本件債権」は自分のものだと主張しているということは読み取れたであろうか（とりあえず今は、国税徴収法という法律は知らなくていい）。では、その本件債権は実際、今どこにあるのか。事案の⑥で、債務者であるCは本件債権の債務額に当たる金銭を供託している（供託については（本書第**7**章Ⅳ参照）。そうするとこの金銭が自分のものだとXがYに対して主張する訴訟だということは見当がつくはずである。実際にはこれは、法務局の供託所にCが供託したお金を還付請求できるのは私だ、ということをYに認めさせる訴訟で、訴訟法的に名前を付けると、供託金還付請求権確認訴訟ということになる（判例集の最初に出てくる裁判の事件名でいうと、「供託金還付請求権確認請求事件となる）。ここまでが、事案の読み取りの段階である。

【手順その4】法律上の争点の発見

　ここから、法律上の争点の問題になる。では、この「本件債権」について、Xは何が言えればこの同じ債権を差し押さえているYに、これは自分のものだと言えるのか。それは、Yの差押えより先に自分が譲渡を受けて債権者になっている、ということである。そのためには、何が優先している、といえればいいのか。そこで初めて、この問題は「債権譲渡の第三者対抗要件」の問題ということが出てくるのである。論点中心の学習をしている人は、この論点「債権譲渡の第三者対抗要件」という言葉だけは、読み取りの中で比較的早く気がつくかもしれない。けれども、気がついてもそれだけでは何にもならない。つまり、おそらくそのような読み取りレベルでは、そのあとの正確な分析につながらないと思われるからである。では、正確にやっていこう。

　Xが具備したと主張する第三者対抗要件はどれか。②の「債権譲渡担保設定」を通知した、というところだろう。そうするとこれと比べるYの差押えはどれか。④の差押えということになる。したがってこの事案は、②の譲渡担保通知と④の差押えの優先関係が争われた訴訟、ということになるのである。

【手順その5】 当事者の論理の想定

つぎに、当事者の主張した、あるいは抗弁した、論理を想定する。これがまた大事である。だから、結論を先に読んでは勉強にならないのである。実際には、国税徴収法という法律の規定が問題になっているが、民法の範囲で見れば、民法467条によって、Xへの譲渡に関する確定日付ある通知の債務者Cへの到達と（ここで「到達」を問題にするのは、判例の知識〔最判昭49・3・7民集28巻2号174頁、本書第**6**章Ⅱ(4)⑥〕が必要）、Yの差押えのCへの到達との先後が問題になる。そしてそれを比較すると、Xの通知のほうが早い。ではXの勝ち、ということになる。しかし、そうすんなりと結論が出るのであれば、最高裁まではいかないだろう、と考えてほしい。②は「債権譲渡担保設定」通知と書かれている。これは「民法467条2項の債権譲渡通知」と認められるものか。実際、詳しい事案を読むと、Yはそれを争い、AはXへの担保設定をCに通知しただけで、AからXへの権利の移転を通知したわけではないから、467条2項の通知をしていない、と主張したのである。

ここまでが判例の読み方で必要なのである。

【手順その6】 判旨──判例の結論の理解

ここで判例の結論つまり判旨を初めて読むことになる。この事案についての判決は、**最判平13・11・22民集55巻6号1056頁**（本書第**6**章Ⅱ(6)②）である。そこでの判決の中心部分は、こう書かれている。

　「甲が乙に対する金銭債務の担保として、発生原因となる取引の種類、発生期間等で特定される甲の丙に対する既に生じ、又は将来生ずべき債権を一括して乙に譲渡することとし、乙が丙に対して担保権実行として取立ての通知をするまでは、譲渡債権の取立てを甲に許諾し、甲が取り立てた金銭について乙への引渡しを要しないこととした甲、乙間の債権譲渡契約は、いわゆる集合債権を対象とした譲渡担保契約といわれるものの1つと解される。この場合は、既に生じ、又は将来生ずべき債権は、甲から乙に確定的に譲渡されており、ただ、甲、乙間において、乙に帰属した債権の一部について、甲に取立権限を付与し、取り立てた金銭の乙への引渡しを要しないとの合意が付加されているものと解すべきである。したがって、上記債権譲渡について第

三者対抗要件を具備するためには、指名債権譲渡の対抗要件（民法467条2項）の方法によることができるのであり、その際に、丙に対し、甲に付与された取立権限の行使への協力を依頼したとしても、第三者対抗要件の効果を妨げるものではない。」

つまり最高裁は、本事案の契約を集合債権譲渡担保契約と認め、さらにその場合は債権は確定的に譲渡されていて、その第三者対抗要件としては、民法467条の通知でよく、（明文はないが、本件のような文言での通知でもそれに当たるとして）このような事案の②を債権譲渡の対抗要件たる通知と認め、X社の国Yに対する優先を認めて、供託金の還付請求をできるのは、X社と決したというわけである（破棄自判）。

もっとも、判例六法などに載っている、本判決の判旨は、

「甲が乙に対する金銭債務の担保として、甲の丙に対する既に生じ、又は将来生ずべき債権を一括して乙に譲渡することとし、乙が丙に対して担保権実行として取立ての通知をするまでは甲に譲渡債権の取立てを許諾し、甲が取り立てた金銭について乙への引渡しを要しないとのいわゆる集合債権を対象とした譲渡担保契約において、同契約に係る債権の譲渡を第三者に対抗するには、指名債権譲渡の対抗要件の方法によることができる。」

というもので、実はこれでは本当の意味でのこの判決の意義を十分に伝えてはいない（この結論だけ読んでも、事案の争点と判例の解決の仕方があまり明瞭には伝わらない）ということになろう。判例が、どのような紛争をどう解決したのか、ということを正確に知るためには、なるべくオリジナルの事実関係を調べ、オリジナルの判決文を読むことが重要というわけである。

(3) 判例の読み方──得られた結論

要するに、ここまでの手順で判例を読んで何がわかったか。それは、まず、判例は、結論だけを丸暗記してはいけないということである。どのような紛争でどこが争点になり、判例はそれをどのような準則を作ってどう解決したのか、を知るのが重要なのである。また、正確な理解のためには極力オリジナルに当たるべき、ということも忘れてはならない。

Ⅳ　民法学習のコツ

　さらにもう少し主観的なアドバイスを加えておこう。私なりに、どんな
人が民法学習に向くかとか、どんな学習上のエアポケットがあるかなどを、
経験的に見てきたところからいくつか述べておきたい。

　①相手の立場に立って物事を考えよ　　民法においては、当事者の利益
のバランスを考えることが重要である。たとえば、A・B 間の契約におい
て、A の利益になることは、必ず B の不利益になる。そこで民法は、さ
まざまな社会関係（紛争類型）における当事者の公平を大きな目的とし、
どのようにしてその公平を図るかを工夫したり、その判断の尺度を提供し
たりしているのである。したがって、一方当事者の立場でしか物事を考え
られない人は、どうも民法の勉強を苦手にする傾向がある。普段の生活の
中でも、極力、相手方の立場で発想したらどうなるか、ということを考え
るようにするくせをつけると、民法の学習にも良い影響がありそうである。

　②一刀両断にできる価値基準はない　　少し民法の勉強が進んでくると、
「民法には、この考え方に従って処理すればすべてが明快に整理できると
いう考え方ないし価値基準はないのですか」という質問をする人がでてく
る。それは、たとえば刑法や手形・小切手法などにおいては、基本的な立
場あるいは主義を決めると、ある程度体系が明瞭に見えてくるという面が
ある（少なくとも、そういう見方がある）からなのだが、民法においては、
そのようなものはない。また、私は、さらに進んで、民法においてはその
ようなものを考えるのは間違いだと思っている。というのは、民法で扱う
内容は、多面的であり、またある意味で（技術的でない）素朴な形のもの
が多いので、そのような一定の価値基準の当てはめによって整序できるも
のではないのである。この意味で、何か絶対的な尺度に頼ってそれだけで
物事を理解していこうとする性格の人も、どちらかというと民法を苦手に
するようである。なお、なかには、そのような民法全体を覆う価値基準と
して、「取引の安全」を挙げる学生があるが、これは間違いである。取引
の安全というのは、たとえば A の所有物が B・C 間の行為によって C の

手に移ったとき、取引に入ってきたCの権利を保護しようとするものだが（これを動的安全という）、これを保護すれば、その結果、逆にAの権利（これを静的安全という）は確実に害されてしまう。民法の目指すのは、いうなれば動的安全と静的安全の最も望ましい調和の状態なのであって、どんなときでも動的安全ばかりを保護しようとするものではない（この点、一部の学説には取引の安全（動的安全）をことさら強調しすぎるものがあるように思われる）。

③ **「利益較量（衡量）」は最後の手段**　　これも民法の勉強をだいぶ進めてくると、たとえばいろいろな事例で結局Xを勝たせるかYを勝たせるかという判断の段階で、「利益較量（衡量）」というものによくぶつかる。どういう背景でそのような行為をしたのかとか、事態を認識する可能性があったのか、などの当事者の諸般の事情を考慮して両当事者の保護すべき利益を比べるという手法であるが、なかには、ゼミナールで事例問題を出して、「どういう根拠でそういう結論に達したのですか」と聞くと、ただ「利益較量（衡量）です」という返事が返ってくることすらある。民法における判断の根拠は、条文解釈であり、当事者の意思解釈である。それらを抜きにした「利益較量（衡量）」というものはありえないことをまず記憶していただきたい。条文というものは、それぞれが、予想される当事者間の利益のバランスを考えて作られている。したがって、まずは条文解釈として、その「条文に内在する利益バランスの取り方」の発見に努めなければならない。そして、それをつきつめてなお答が出ない（条文の当てはめでは答が出ない）ときに、最後の手段として、いわゆる「利益較量（衡量）」がなされると考えておいていただきたい。

V　参考書の紹介とそれらの利用法

　民法は、身近であるが広範で奥の深い科目である。その学習にあたっては、途中で投げ出してしまうことが最もよくない。そこで、私は、参考書の利用にあたっても、段階的な学習ということを強く薦めたい。つまり、たとえば司法試験受験生が好んで読む、かなり詳細な体系書と呼ばれるも

のがあったとする。いかにその本の評判が高いといっても、最初からそういうものに取りついて苦労したりするのは賢明ではない。その本によって民法学習の意欲を失うことになったりしたら、最悪である。

　その観点から、このテキストを用いて学習する諸君に向けての参考書の紹介をしたい。

⑴　まず、本書が難しすぎると感じる諸君へ

　手前味噌だが、本書は、大学の債権総論のテキストとしてはかなりわかりやすく書かれている。本書が難しすぎると感じる諸君は、もう一度大学の法律学学習カリキュラムのスタートラインに戻って学習をしてみよう。

　①カリキュラムとしては、第一に、総合教育科目の法学から始まるわけだが、債権総論の学習という観点からは、法学全般の学習を繰り返すよりも、民事法分野の入門書を読んでみることが有益である。この観点からは、池田真朗・犬伏由子・野川忍・大塚英明・長谷部由起子著『法の世界へ〔第 8 版予定〕』（有斐閣・アルマシリーズ）を薦める。この本は、民法、商法、労働法、民事訴訟法の入門書として利用できる。さらに、刑法・憲法・国際法にまで言及した、学生生活に密着した法学入門としては、池田真朗編著『プレステップ法学〔第 4 版予定〕』（弘文堂）が面白く読めるだろう。

　②次の段階は、債権総論全体、というより、民法全体の大まかな俯瞰図を頭に入れることである。このためには、池田真朗『民法への招待〔第 5 版〕』（税務経理協会）を薦める。この本は、1 冊で民法全体を概観し、本書のこの分野と一部重なるが学習ガイダンスの記述や民法全般の参考文献紹介等がされている。

　③以上の①②で、本書を読む準備は整うはずであるが、なお本書を読み進めるのに苦痛を感じる諸君があれば、池田真朗『スタートライン債権法〔第 7 版予定〕』（日本評論社）を薦める。この本は、債権総論についていえば本書よりも多少記述の分量が少ないが、概略はほぼ同じで、かつ途中で読むのが苦痛にならないような工夫を加えてある。なお、この本は 1 冊で債権総論と債権各論を収録している（相当数の大学で実施されているカリキュラムの順序に合わせ、債権各論から記述されている）。

(2)　本書からさらに上級の学習を望む諸君へ

　本来はここで、より詳細な教科書や、いわゆる体系書などと呼ばれるものを提示すべきなのだが、平成 29 年の大改正によって、従来の名著とされるものも、改正に対応する改訂がなされないものは、（学問研究上の意義は失わないものの）学習のための教科書あるいは参考書としては、提示できない状況になっている。したがって、この項目はいったんすべてをリセットしたうえで、平成 29 年改正後の評価をふまえて次の版ででも推奨しなおすことにしたい。

　なお、本書の第 3 版で改正法の解説書として主に参考にしたものは、①潮見佳男『民法（債権関係）改正法の概要』（金融財政事情研究会、2017 年）、②大村敦志・道垣内弘人編『解説　民法（債権法）改正のポイント』（有斐閣、2017 年）等である。

(3)　本書の補助教材を望む諸君へ

　①事例問題に対する分析の仕方や解答の仕方を独習したい諸君には、いわゆる演習教科書とか論点教科書などと呼ばれるものが役に立つ。しかしこれらについても、平成 29 年改正を受けて、それまでの定評のあるものが使えなくなるため、新たに出そろったところで紹介したい。

　②判例解説書という、重要な判例を集めて解説するもの（『民法判例百選Ⅱ債権』（有斐閣）などが著名）があるが、これについても、先述のように大幅に判例のラインナップが変わるので注意したい。なお、これらの判例解説書は、それぞれ専門の学者が 1、2 判決ずつを担当して書いているため、かなり記述の程度が高い。これらの判例解説書を学習する諸君の陥りやすい誤りは、先にも記したように、事件の事実と判旨の部分を読まずに解説の部分ばかりを読もうとすることである。判例というのは、どのような事実に裁判所がどのような法的評価を当てはめたのかを知るのが最も肝要なことなのであるから、解説は後回しにして（しかも解説は全部はわからなくてもよい）、まず事実関係を読み、それから、それに対応する判旨（判決の中心部分）を読み取るという作業をしっかりするべきである。その意味では、平成 29 年改正前のものでは、奥田昌道・安永正昭・池田真朗『判

例講義民法Ⅱ債権〔補訂版〕』（悠々社）が、事実関係や裁判の流れから学べるように工夫されていたのだが、現在絶版である。

③さらに、判例解説書ではなくそのような判例の「読み方」や「学び方」を教える参考書としては、池田真朗編著『判例学習のＡ　ｔｏ　Ｚ』（有斐閣）がおそらく唯一のものとして役に立つ。上級者には、判例の格付けとか、ひとつの判例を使って展開できる高度な学習法なども学び取ってほしい。

④その他、実務的に民法の契約書のひな型や登記申請、催告、譲渡通知、供託申請等の書式を学ぶためには、2008 年に出た池田真朗編著『民法 Visual Materials』（有斐閣）が大変役に立つ。

Ⅵ　レポートの書き方[1]

(1)　資料集め

　ここでは、学部のゼミナールでのレポートなどを念頭に置いて記述する。レポートの善し悪しは、まず、資料集めの出来で決まる。レポートは、テキストを読みこなしただけでは書けない。テキストを読んで、そのレポート課題ではどういうことが問われているのかを理解したなら、まず資料集めにかかるのである。その資料集めが十分にできて、適切な情報収集ができれば（つまり、それらを正しく読みこなせれば）、よいレポートが書けることは半分約束されたようなものである。

　では、どのように資料を集めるか。それは、1 つには「芋づる式」というやり方で、まずそのレポート課題について、テキストよりも詳しい参考書（前述Ⅴ参照）を何冊か読み、そこに挙がっている参考文献があれば、それを探してメモや紙ベースのコピーを取り、さらにそこに挙がっている参考文献を探し、というやり方である。もう 1 つは、「ねらい打ち式」というやり方（いずれも私の個人的な命名であるが）で、レポート課題にあるキーワードを頼りに、図書館の図書・雑誌索引に当たったりデータベース

---

[1]　池田真朗「社会科学系の小論文の書き方—法律学を中心に」日本語学（明治書院）2015 年 11 月号 26 頁以下も参照。

で検索し、ヒットしたものをどんどん集めるのである。いずれがよいかは、テーマにもよるし、一概にはいえない。芋づる式は、適切なルートでたどっていければ効率がよいが、不適切なルートをたどってなかなか肝心の資料に行き着かないという可能性もある。ねらい打ち式は、うまくいけばあっという間に資料のリストがそろうが、しぼり方によっては不相応に膨大なリストを作ってしまうという危険性もあるし、芋づる式のほうは徐々に読み進めるうちに自然と理解度も上がっていくのに、ねらい打ち式では何もわからないまま資料の山だけを手にするという心配もある。

(2) 構成

　レポートは、与えられた課題をこなすのだから、構成の仕方もおのずから限られてくるかもしれない。しかし、それなりに章立て（レポートだから章立てというよりは項目立てという程度か）をして、与えられたテーマの多角的な分析や、（与えられたテーマが事例問題のようなものであるならば）問題の論理的な解決を図るのである。たとえば、法律の事例問題では、1つの論点が決まらなければもう1つの論点が論じられない、というような、論理の順序が存在したりする。そのような場合には、内容として同じことを書いても、書いた順番が異なれば、採点結果も当然異なってくるのである。この、論証の手順ということにも十分に意を用いてレポートの記述をしてほしい。

(3) 文献引用

　レポートは、将来の卒業論文作成の予備訓練にもなる。引用の仕方なども、集めた資料の中でそれぞれの学者がしているやり方を真似て、身につけるようにしたい。判例や学説で、表現をそのまま変えずに引用するところは、「　」で括って、その終わりのところに注を付ける。注は、著者または筆者、書名または論文名、単行書ならば（版が複数あればどの版かを示し）頁、出版年を書く。論文ならば掲載雑誌の巻号頁までを示すのである。学説の要旨を紹介するような場合は、自分でまとめたその部分の末尾に注を付して、注のほうでは、「××等参照」という形の表現をする。注の部

分は、レポートが短いものならば末尾にまとめ、長いものの場合は、各章や節の終わりにまとめる。

また、通常はレポートの末尾に参考文献一覧を付すが、文中で詳細に注を付して、参考文献のほとんどが文中の注に出てくる場合には、末尾の参考文献一覧は、（本文中に注記のもの）として省略してもよい。

なお、最近は、データベース上の参考文献の引用を URL で記載する例もあるが、ウェブページなどは容易に閉鎖される例もあるので、紙ベースのものがあればそちらを記載することが推奨される。

⑷　注意事項（著作権の遵守と研究倫理）

現代の学生諸君には強く注意しておきたい。最近は、ウェブページの解説文やリポジトリの論文が自分のパソコンに容易に取り込める。しかし、これをそのままレポートに取り込んで（いわゆるコピーアンドペースト）引用もつけずに自分の文章のようにして提出するのは、立派な著作権法違反である。後述の卒業論文などではもちろんのことであるが、簡単なレポートのレベルでも、十分に注意していただきたい（大学の教育でいえば、筆記試験におけるカンニングと同じ、処分の対象となる行為である）。

Ⅶ　期末試験とその受け方

⑴　望ましい試験とは

法律の試験といっても、目的によっていろいろな出題の仕方がある。ここでは、本書の狙いに沿った試験とその受け方を説明しておこう。つまり、本書の狙いとは、冒頭から説明しているように、**法律を何よりも紛争解決の手段としてとらえ、法律を棒暗記するのではなく、理解してもらい、かつそれを「使いこなせる」ようにすること**である。したがって、その目的が達成できているかを測れる試験をしなければならない。そのためには、いわゆる論点型の試験などはしてはいけない。つまり、判例や学説が分かれているようなある法律上の争点を示して、それに対して、判例がどうでＡ説がどうでＢ説がどうで、などと文字通り暗記した知識を書き連ねる

ような答案を要求する試験は、全く無意味であり不適切なのである。といっても、説明されただけではわからないかもしれないので、一例として、現物をお見せすることにしよう。以下には、私が実際に過去の自分の債権総論の授業で出題した試験問題をそのまま掲載するので、まずはこれを解いてみてほしい。

　ちなみにこれは、法学部法律学科の3・4年生を対象にした通年4単位の授業、つまり1年間毎週90分の授業で債権総論の全範囲を講義した、学年末試験の問題である（2006年1月出題）。現在は、前後期制とか4学期制で授業をすることが通例なので、試験範囲も限定されることが多いが、この過去の通年授業の範囲はちょうど本書1冊の範囲に相当するので、あえてこれを掲げてみた。もちろん、2006年の出題であるから、平成29（2017）年改正（2020年4月施行）の結果、解答が変わる箇所もあるが、試験問題としては改正後もそれなりに成立する（問題文の中には、解答と関係のない無駄な記述もわざと含めてある。考えてみてほしい。君が弁護士だとして、相談者の市民が、法律的に意味のあることばかりを整然と述べ立てるだろうか。リアリティのある試験問題を志向したものと理解してほしい）。試験時間は60分（問題の分量からするとかなり短い）、受験条件は、判例付きでない、文字の書き込みのない六法のみの持ち込みを許可する、というものである。実際に60分でどれだけできるか、やってみよう。

(2)　学年末試験問題の実例

問題Ⅰ．　以下の(1)～(5)の記述の正誤を問う。それぞれにつき、まず正誤の
　　　　別を記した上で、その理由を簡潔に説明しなさい（正誤のみ書いてあ
　　　　って理由の付されていない解答には点を与えられない）。〔10点×5＝50
　　　　点〕
(1)　日本民法は、債務不履行の損害賠償の範囲について、いわゆる完全賠
　　償主義を採っているので、判例はそれを制限するために相当因果関係の
　　範囲内とするという判例法理を確立した。
(2)　AはBに6000万円の債権を有しており、Bには保証人Cと、物上保

証人 D（担保目的物の土地の価格 3000 万円）と物上保証人 E（担保目的物の土地の価格 1000 万円）がいた。D が B の債務全額 6000 万円を A に弁済した場合、D は C に対して 3000 万円分 A に代位できる。

(3) ルームメートの A と B は、毎月 5 万円ずつを出し合って 10 万円の家賃を大家の C に支払っていた。B が長期の旅行に出ていて、C から今月分の家賃を請求された A は、C に自分の分の 5 万円だけ払うと抗弁することができる。

(4) 債権者代位権の要件で債務者の無資力が要求されるのは、被保全債権が金銭債権の場合であって、特定債権の保全に用いられる場合は無資力は要件にならない。そして、金銭債権の保全のために債権者代位権を行使する場合には債務者の無資力が常に必要となる。

(5) A は B に自己の所有する甲トラックか乙乗用車かのいずれかを、B に選ばせて贈与するという契約を結んだ。しかし A はその後乙乗用車を運転して事故を起こし、同車を廃車にしてしまった。この場合、B は甲トラックを選ばなければならない。

　問題Ⅱ．　夫が失踪したある女性からの以下の法律相談に適切に答えなさい。
　　　〔50 点〕

　「どうしたらいいのかわかりません。このままだとテレビのなんとかという番組で探してもらわなければならなくなります。とりあえずこの契約書が問題なんです。去年 2005 年の 5 月 10 日の日付の連帯根保証契約書です。向こう 2 年間のうちに知り合いの A さんが B という人から借金したら、夫が連帯保証するって書いてあるんです。ええ、いくらまでっていうことは書いてないんです。

　でもちゃんと夫の字で夫の判も押されています。暮れの 30 日に B が取り立てにきたんです。A さんに 800 万貸してるっていうんです。とにかく、今はいないのでって言って帰ってもらったんですが、また 2 月になったら来るっていうんです。でも、夫もあてはあったんです。夫は、去年の 11 月に、もう 1 年以上前から自分が 1000 万も貸してあった C さんに、期限が来ているから返してくれって取立てにいったんですけど、商売に失敗して財産がないって言われて。いえ、C さんのところ、大き

261

な土地があったんですよ。それなのにあの土地は 10 月に C さんの奥さんのお父さんの D に借金の代物弁済で渡してしまったので、もうめぼしい財産はないって言われて。移転登記まで済んでるって。あれで夫は途方にくれてました。

　そのうえ、去年は厄年だったのか悪いことばかり重なって。夏に、子供が結婚するときのためにって、庭に家を建てようとしたら、業者 E が工事の途中で夜逃げしてしまって。それなのに、業者 E から請負代金の譲渡を受けた F っていう人がやっぱり暮れにお金を取りに来て。ええ、確かに 9 月ごろ、E から F への債権譲渡通知っていうのが届いてましたけど。でも家は屋根ができたところまでで放り出されているんですよ。夫は、E と話をつけるまで払わないって頑張っていましたけど、F という人にこっちは権利があるんだって責められてました。いえ、夫のほうから承諾していたのかどうかは私は知りません。

　そんなこんなでクリスマスの日に、いなくなったんです。家族でケーキを食べるはずだったのに。何回か電話はあったんです。金策に走っているんだろうと思うんですけど、心配で。まさか私たちを捨てるようなことはないと思うんですけど。ええ、来月分くらいまでの生活費は置いていってくれたんです。でも。夫が安心して帰ってくるようにはできないんですか。なんだか、お人好しの夫が世間にいいようにあしらわれているような気がするんです。大学の法学部に通っているくらいじゃ、なにもわからないんですか。」

　（注、解答は、登場人物のアルファベットの順に、夫の法的立場、取るべき方策等を、必要があれば場合わけをして、記述すること。ただし A に関してはとくに記述する必要はない。）

(3)　試験の受け方

　まず、問題の量と形式にびっくりしないで、急いでしかし慎重に問題文を読む。そして時間配分を考える。問題Ⅰのほうは、文章の正誤を判断してその理由を書く、というもので、いわゆる択一式の問題の変形と思えば

よい。それほど時間はかけずに、しかし問題の文章の正誤を判断するポイントを間違えないように読む。答案もそのポイントに対して必要十分に答えればよい。問題Ⅱのほうには、ある程度時間をかける必要があるだろう。あまり見たことのない出題形式かもしれないが、このような形式を採る理由はこの後で説明する。とにかくまず何が法律的な問題なのかを問題文を読んで探し出す作業が必要である。そのためには、すでに本書249頁などにも書いたように、当事者の関係図を描きながら問題文を読むことが必要不可欠である。この段階で、問題の所在つまり答案で言及すべきこと、を取り違えないように。取り違えたら点数が全くもらえないのは当然のことである。また、勉強家が陥りやすい過ちであるが、聞かれてもいないことをひけらかすのは最悪である。あくまでも素直に（これが非常に大事なところ）、聞かれていることに答えること（**聞いていないことについては配点がない！**）。書くべきポイントがみつかったら、当てはめるべき法文を探し、必要があれば判例や学説を思い起こす。ただ、判例や学説などという前に、条文の当てはめが先、ということを肝に銘じておいてほしい。

⑷ **出題の意図**

では、出題の意図を説明しよう。

①まず、なぜこれだけの量の問題を60分で解かせようとするのか。それは、問題を読んでこれは何の問題、と速やかに反応できるかどうかを見ているのである。いくら知識量があっても、事案にすぐに当てはめられない（何の問題か見当がつかない）のでは、紛争処理のために使える知識として定着していない、ということになるからである。集中して頭を回転させよう。例年、私の試験では、大教室でも途中で出て行く人はひとりもいない。最後の最後まで時間を使ってようやく終わる（けれどもしっかり準備していればぎりぎりで書き終わる）量になっているはずである。

②問題Ⅰのほうは、事案の法文へのあてはめを問い、あわせてその知識量の目安も知ろうとする出題である。判断材料としての知識の量が一定程度なければまず法を使いこなすことはできない、といえるからである。ただ内容は、条文（六法は手元にある）の要件・効果がわかっていればすぐ

に処理ができるレベルのやさしいものである。

　③問題Ⅱは、まさに君たちの学習した法律知識を使って紛争が解決できるのか、を問うているものである。君たちはこの女性にどれだけのアドバイスができるのか。法学部で勉強したくらいでは、困った人を助けられないのか。法律を使いこなせるようになりはじめているかどうかを、実感してもらうための試験なのである。だから、法的論点を問題文で明示して、解答を要求するような試験ではだめなのである。そもそも法律を知らない一般の市民が、法的な論点を明示して相談してくるはずがない。君たちが彼らの訴えの中から問題を探せなければならないのである。

　④模範解答は、という質問には、わからなければ本書を読み直してください、というだけにしておこう。決して難しいことは聞いていない。すんなりと答えが書けた人は、自分の勉強の仕方は正しかったと喜んでほしい。あとは知識量を徐々に増やしていけばよいのである。

Ⅷ　より新しい学習へ──ルール創り教育とは

　これまでの大学法学部における民法学の授業は、次のⅨで述べるような、いわゆる条文解釈学に過度に傾斜していた。つまり、1つの条文を教える場合に、A説はどうだ、B説はどうだ、判例はどうだ、という形で、細かい解釈を教授するものである。しかし、それは、法曹など法律専門家にならない多数派の法学部生諸君（司法試験の合格者と国家公務員試験の総合職の法律・行政関係の合格者を全部足しても、全国の法学部生の1割にも満たない）にとって、どれほどの意味があるものであろうか。

　私は、そのような観点から、解釈論に偏しない新しい民法教育を推進している。つまり、1つの新しい条文を学ぶ際には、「この条文は誰のどういう利益を保護するものか」「このようなルールがないと誰がどう困るのか」「このようなルールがないと（あるいは逆にこのようなルールができると）人はどう行動するのか」などをまず考えさせ、教えていくのである。そういう理解のほうがよほど重要なのではないか、という主張である。

　そして、そのように一つひとつの条文の意味を考え、理解していくこと

によって、単に法律を所与の知識として学ぶだけでなく、各人が卒業後に入り、関わっていくさまざまな社会集団（企業であったり、地方自治体であったり、より卑近にはマンションの管理組合であったりなどとさまざまである）の中で、その構成員にとってより望ましいルールを創っていけるような能力を培うことこそが、法学教育にとって最も肝要な課題ではないかと考えるのである。それが私の提唱する「ルール創り教育」の根本である。

したがって、本書では、同レベルの類書と比較しても学説の引用が少ない。それが法学教育の「新標準」であるという意識の表れと理解してほしい。

IX　より深い学習へ──現代の民法学とは

それでは、いわゆる学部レベルの学習をひととおり終えた諸君のために、より高度な学習ないし研究に向かう際の、民法学のポイントとなるべきことをいくつか挙げておこう。

①民法という小宇宙──現代に至るまでの民法学の歴史と展開　　では、現代における民法学は、今後どのようなものとして発展すべきなのか。わが国の民法「解釈」学は、ボワソナード旧民法典を修正して成立した明治民法典に正式の理由書が存在しなかったというところから始まって[2]、当初、立法趣旨の正確な理解が不十分なままに、外国の民法学説を参考にして解釈論が展開されるという時期があった。具体的には、大正、昭和初期とドイツ法の学説の導入が盛んであった時代があり、その後昭和40年代以降にようやく1か条ごとの立法沿革研究が行われるようになって、フランス法学の巻き返しがあり、制度趣旨やボワソナード旧民法以来の立法沿革にも目が向けられてきたという変遷がある。さらに最近では、国際的な取引の増加から、英米法の影響を受けた学説や、ヨーロッパの取引法統一の動きを取り入れる学説もみられるようになってきた。そして、債権法に

---

[2]　詳細は池田・前掲『債権譲渡の研究』1〜8頁の「序説」に記述した。特に8頁の注(4)を参照。

関しては、基本的には明治民法典のままで 100 年以上も大改正がなく推移してきたので、判例の蓄積や社会状況の変化を取り込んだ平成 29 年（2017年）大改正が行われたというわけである。

　しかしながら、本書の学習でもわかるように、平成 29 年改正は、具体的な紛争解決の必要のある、いわゆる「立法事実」があっての改正点ばかりではなく、学理的な主張に基づく立法や制度間の整合性を取るための立法が行われている部分も多い。その結果、実は、従来からの解釈上の争点を解決ないし解消できた部分がある一方で、新たな解釈上の問題点を産み出してしまった部分もある。これは、今後、法改正の立法学的な検証・評価ということにつながろう。

　そして、明治民法典制定の場合の立法趣旨ないし起草趣旨の探究の問題と、今回の改正の趣旨の評価の問題は、次元が異なるということが指摘できるであろう。前者は、近代西欧法の蓄積のない状況でわが国に導入された近代民法典をどう理解するかという問題で、立法趣旨の重要性が大きかったのに対し、現代においては、取引社会の法理解・法活用がすでに習熟した段階に達しているため、改正法の立法趣旨ないし起草趣旨もまた批判的な分析の対象として相対化されるからである。

　少なくとも言えるのは、これまでの法解釈学における学者の「理論」と呼ばれるものが、ともすれば観念的なものでありがちだったのが、現代では、実務、つまり実際の取引社会でどう使われているか、どう使われるべきなのか、という、実践的な考察とより強く結びついたものになって行かなければならない、ということである。とりわけ、この民法債権法の分野ではその傾向が強く表れる。各制度・条文の、取引社会における利用の実態やその経済的機能などを知らない学者の「理論」は、無力なものとなるだろう（ただしこれは、人が経済学的な合理性で行動することを前提とするいわゆる「法と経済学」の考え方に賛同するものではない。逆に、「こういうルールを定めたら、人はどう行動するだろうか」という問題意識をもとに、不合理な行動や、感心できない行動をとることもある人間を観察し、それをどのようにルール創りに反映させていくのかという、私の名付ける「行動立法学」が新しい分野として発展すべきではないかと考えている）。

②我々に導きの星はあるか——自然法を認めるか　①にも関係するが、法の解釈においても、さらに立法においても、よりよい法を求める作業は、どこかに我々の人智を超えた理想の到達点（自然法）というものがあると考えるのか、それとも、我々の現在持つ法をこれまでの最上のものとして、我々の努力でこれに一歩一歩改良を加えていけばよいと考えるべきなのか、ということが古くから論じられてきた。これも実は時代を超えて問い続けるべき難問である。法律学の科学性を重視する立場では、当然、人智を超えたものの存在などは否定するであろう。けれども、結局価値判断の学であるところの法律学を、自然科学のような科学と同一の地平に置くこと自体、疑問がないわけではないし、なによりも、我々人間が不完全な存在であって、その不完全な人間がいくら英知をしぼっても、出来上がった法もまた不完全なものにとどまるはずだ、という謙虚な発想は、法を扱う者には不可欠であろう。この問題は、いわゆる法哲学と呼ばれる学問領域にもなってくる。

X　より深い学習へ——卒業論文の作成法

　本書を学ぶ学生諸君の中には、卒業論文を作成して社会に巣立つ人もあるだろう。私個人としては、卒業単位として卒論が必須でなくても、学生生活の総仕上げとして書き上げていってほしいと思っている。もちろん、債権総論のテーマで卒業論文を書く諸君は全体の中ではそれほど多くないであろうが、一般論として卒業論文の作成にあたってのアドバイスをしておきたい[3]。

⑴　テーマの設定
　レポートと卒業論文との最大の違いは、テーマが与えられているのか自

---

[3]　詳細は、池田真朗『新世紀民法学の構築』（慶應義塾大学出版会・2015 年）109 頁以下所収の「法学情報処理―民事法の文献検索・引用法と論文の書き方」参照。

分で設定するのかという点にある。よいテーマ設定ができ、それに対する適切なアプローチの方法が決まれば、卒業論文は半分できたようなものである、ということができよう。

　ではそのテーマはどのようにして決めるか。その前に、テーマとは何かを考えよう。たとえば、「詐害行為取消権」とか「債権譲渡」とかは、分野であってテーマではない。しかしこれが「詐害行為取消権の法的性質」とか、「詐害行為取消権における無資力要件の再検討」とか、「債権譲渡と詐害行為取消権」ということになれば、立派なテーマになるのである（ちなみに最後のものは、債務者の資産状態が悪化してきた段階で債権譲渡を受けることが詐害行為取消の対象になるかなどという問題である）。つまり、テーマといえるのは、そこに何らかの問題意識が反映されているものでなければならないのである。

　このようにしていくつかのテーマを選び出した後、それを１つに絞るのが、またひと仕事である。もちろん資料集めなどをして、十分書けそうという見通しを得て判断することも大切だが、最終的には、その人の興味、やりたいこと、という観点から選び出すことになる。したがって、結局のところ、テーマ設定もその人の個性ないし学習履歴の反映であるべきであるといえる。

　ただそこでひとつ考えておかなければならないことは、卒業論文もまた学術論文を目指すものであるのだから、学術論文としての客観性を持たなければならないということである。何が言いたいのかといえば、自分の実生活上の法律問題を卒業論文のテーマに選ぶことは、卒業論文完成のためのインセンティブは高いということになるのだが、往々にして、問題を客観的に分析できず、ひたすら自分にとって都合のいい結論に達することを目指すという危険性があることを指摘しておきたいのである。身近なテーマを選ぶときは、あくまでも対象を客観的に見るように注意してほしい。そして、論文の結論が自分にとって都合のよいものになるかどうかはやってみなければわからない、という考え方で取り組み始めることが大切である。

⑵　アプローチの方法

　テーマ設定についで大事なのは、そのテーマにどういう手法、どういう角度で迫るかという、アプローチの方法の決定である。もちろんこれは、たとえば判例を分析するとか、学説史をたどるとか、沿革や立法趣旨を探究するとか、外国の規定と比較するとか、さらには、アンケート調査をするとか、観測データを集めるとかの、多数の方法がある。また、ひとつの論文の中で複数のアプローチ方法が採られることが通常である。それらアプローチの方法は、まさにテーマとの相関関係で決まるのだが、同じテーマでも、問題意識によってまったく異なったアプローチ方法が使われることがある。したがって、テーマと問題意識とがはっきりしていれば、それに適切に対応するアプローチ方法を選定することができやすくなるといえる。そうやっていくつかのアプローチ方法を考え、最終的にその中からどのように選び、組み合わせて採用するかは、これもまたその人の個性による。

　したがって、たとえば指導教授がいかにもその人らしいと感じるテーマ設定とアプローチ方法の選定ができれば、卒業論文の成功は半分近く約束されたといってもよいのである。

⑶　卒業論文の資料

　①卒業論文の資料収集は、おおまかにいって3段階のものが必要である。第1段階は、テーマ選定のための資料収集、第2段階はテーマ選定後の論文執筆に必要な資料収集である。もちろんこの第2段階が中心的なもので、これは執筆にとりかかるまで、また執筆にとりかかってからも続く。そして、もうひとつ望まれるのが、第3段階での資料収集である。これは、ある程度論文が出来上がって、下書きなどに入っている段階で、重要なポイントで遺漏はないか、論証の弱いところで補充すべきものはないか、という観点からする、仕上げの資料収集である。この第3段階は、怠る人も多いが、良い論文にするために、必ず行ってほしい。というのは、この段階では、かなり問題の理解度が進んでいるので、第2段階の資料収集をした時よりも、問題意識が高くなっているはずで、第2段階の資料収集で欠落

していたものが見えてくる、ということがあるのである。この第3段階の資料収集の結果、思わぬ考え違いや論文構成上の欠陥が見つかる、ということもないわけではない。

　ちなみに、資料をコピーするときには、古い判例や論文の場合は、必ずコピーした際に出典を1枚目にメモしておくこと。そうしないと、あとで卒業論文で引用して注を付けるときに注が書けなくなってしまうのである。たとえば大審院民事判決録であれば、第何輯かを書いておく。論文であれば、何という雑誌の何巻何号か（さらには刊行年も）を書いておくのである。また、雑誌論文は、巻号があれば刊行年までは書かなくてもよいというのが最近までの法学出版物の流儀であったが、単行書のほうは必ず出版年も入れるようになっている。体系書の一部をコピーしたときは、奥付もコピーしておくとよい。なお、最近の雑誌は、各ページの欄外に雑誌名、刊行年月、巻号等が印刷されているので、このような苦労はしないですむ。

　②卒業論文の資料となるものは、たとえば学説でいえば、それぞれの専門分野の論文や判例評釈が主要なもので、また学説の到達状況を示すためにいわゆる体系書が引用できるという程度である。つまり、入門書やいわゆる教科書レベルのものは、専門の卒業論文で参考文献として引用してはいけない。

　債権総論の分野でいうと、学説の情報源としての判例評釈や最近の実務や立法に関連する論文は、NBL、金融・商事判例、金融法務事情、ジュリスト等の専門雑誌に多く載る。また、民法全般の判例評釈は、判例時報、判例タイムズ、民商法雑誌等の専門雑誌によく掲載されている。また、卒業論文で扱う判例については、体系書の引用紹介や判例解説書ですませずに、必ずオリジナルを読むこと。本書の目次の後に掲載した、判例の表記法の中にも述べられている、裁判所の公式判例集（最高裁判所民事判例集等）に登載されているものはその公式判例集にあたってほしいが、公式判例集に載っているものもそれ以外のものも、判例時報、判例タイムズ、金融・商事判例等の民間の判例雑誌に収録されており、しかもこれらの判例雑誌の場合は、ほとんどの判例に、コメントと呼ばれる解説文が付けられている。このコメントは無署名で、そのまま卒業論文に引用はできないが

（多くは判例雑誌の編集部が法曹に依頼して書いてもらっているものである）、その判決の位置づけ、関連する先行判例、参照すべき論文等が示されており、大いに参考になる。ただし、なかにはあまり適切でない解説もないわけではないので、資料収集の参考にとどめるのがよい。

⑷　章立てと執筆

　上の資料収集の第2段階がほぼひととおり終わったあたりで、論文の章立てをする。序論から始まって第1章では何を論じ、第2章では何を論じ、と論文の全体構成を作るのである。これがきちんとできるまで（すなわち、自分自身で論文の粗筋が見えてくるまで）は、いわゆるノート作りはしてもよいが、論文それ自体はまだ書きはじめてはいけない。

　自分自身で結論の仮説を立てておいてそれを検証するという形のやり方もあるが、このやり方の場合は、粗筋が見えてきたときにその仮説が誤っていたということがわかったならば、潔く路線を修正すること（先に⑴に述べたことも思い出してほしい）。

　いずれにしても、到達する先が見えないうちに論文を書き出してはいけないということである。

⑸　最後の仕上げ

　そして、問題は最後の仕上げである。ここをきちんとするか怠るかで、一流か二流かが決まるというくらい、これは大事なところである。

　まず、序章を最初に書いていたら、もう一度全文を読みなおしたうえで、序章を書きなおしてほしい。最終的に仕上がった論文の内容に最もふさわしい序章にしてほしいのである。次に、これで完成、と思ったときに、もう一度、論理の怪しいところはないか、資料の引用の間違いはないか、と確認してほしいのである。実際、最後の最後で、思わぬ重大な間違いに気づいたりすることがある。なお、既に述べたように、研究倫理に反しない引用・表記を心がけることはもちろんである。

　人間は完全な存在ではない。完璧を求めても求めきれるものではない。しかしそれでもなお、それぞれの段階で、考えられるベストを尽くすこと

が尊いと思うのである。

XI　終わりに

　以上、本書は債権総論のテキストとしては余計なことまで記述したかも
しれない。しかし私は、自分には、教え子に私の元で民法を学んで良かっ
たと思ってもらう、プロとしての責務があると考えている。本書によって
学ぶ1人でも多くの人が、債権総論をマスターし、民法をマスターし、そ
して本書の狙いとする、法律を理解しただけでなく、紛争解決（紛争予防）
のために「使いこなせる」段階までに至るよう、そしてさらには、周囲の
人々を幸福に導く「ルール創り」のできる人となるよう、著者として強く
願っていることを感じ取っていただければ幸いである。

　お別れに、最後のアドバイスを加えておこう。とくに法律を自分の職業
にしたいと考えている人にこそ、こう言っておきたい。えらそうに法律知
識をふりかざさないこと。そして、（私自身には必ずしもできていないこと
だが）とにかくいつも謙虚に、素直に物事を考えよう。諸君のご研鑽を
祈って本書の結びとする。

事項索引

あ行

悪意	88, 228
与える債務	17, 66
UNCITRAL	157
安全配慮義務	48
異議をとどめない承諾	181
意思自治の原則	4
意思表示	8
慰謝料	52
一物一権主義	9
一括決済方式	197
逸失利益	52
一身専属権	76
一般債権者	69
違約金	60
因果関係	52
隠匿等の意思	90
隠匿等のおそれ	90
受取証書	209, 218
受取証書交付請求権	209
得べかりし利益	52
営業譲渡	201
ABL（Asset Based Lending）	145, 190
援用	133
恩給請求権	153

か行

害意	88
外観信頼保護法理	217
解除	39

解除権	39
解除条件	50
解約	39
価額返還	93
確定日付	165
貸金業法	25
過失相殺	58
過大な代物弁済等の特則	92
割賦販売法	50
過払金返還訴訟	200
仮登記担保法	221
間接強制	35
完全賠償主義	52
観念の表示	164
元本確定期日	144
元本確定事由	146
元本債権	23
機関保証	145
危険の移転	64
期限の利益	226
危険負担	65
帰責事由	38, 41
起草趣旨	266
記名式所持人払債権	154, 237
記名式所持人払証券	154, 238
求償権	123
旧民法	101
強行規定	4
強制執行	35
強制履行	35
供託	170, 221
供託原因	222
供託所	221

供託物取戻請求権 ……………223
供託物引渡（還付）請求権…………223
共同保証 ……………………141
極度額 ………………………146
金銭債権 ………………………21
金銭消費貸借 …………………23
クーリング・オフ ……………50
口授 …………………………147
組合 …………………………106
経営者保証 …………………147
継続的保証 …………………143
刑法 ……………………………5
契約 ……………………………8
契約自由の原則 ………………8
契約譲渡 ……………… 191, 198
契約上の地位の移転 … 151, 198
契約締結上の過失 ……………47
契約引受 ……………………198
結果債務 ………………………18
研究倫理 ……………………259
検索の抗弁 ……………130, 132
現実の提供 …………………208
原始的不能 ……………………16
原状回復義務 …………………40
顕名 ……………………………71
権利行使要件 …………162, 180
権利能力なき社団 …………106
更改 …………………………231
　　──後の債務への担保の移転……232
　　債権者の交替による── ……232
　　債務者の交替による── ……231
公証役場 ……………………165
公序良俗違反 ………………4, 16
公正証書 ………………147, 165
公正証書遺言 ………………147
合同行為 ………………………29
口頭の提供 …………………208
行動立法学 ……………100, 266

後発的不能 ……………………16
抗弁放棄の意思表示 ………182
国税徴収法 …………………177
告知義務 ………………………49
個人根保証契約 ……………146
混同 …………………………234
コンプライアンス …………158

さ行

債権 ……………………………7
　　──の概念 …………………7
　　──の共有的帰属 …… 105, 107
　　──の合有的帰属 ………107
　　──の効力 ………………33
　　──の譲渡性 ……………152
　　──の消滅 ………………205
　　──の消滅原因 …………205
　　──の性質 …………………9
　　──の総有的帰属 ………107
　　──の対外的効力 …………65
　　──の分類 …………………17
債権各論 ………………………10
債権質 ………………………188
債権者 …………………………7
債権者代位権 …………………70
　　──の「転用」 …………73, 77
債権者取消権 …………………82
債権者の受領拒絶 …………221
債権者不確知 ……170, 174, 222
債権準占有者 ………………217
債権証書返還請求権 ………210
債権譲渡 ………………151, 154
　　──と債務者の抗弁 ……180
　　──と相殺 …………186, 229
　　──と相殺の抗弁 ………183
　　──の成立要件 …………162
　　──の対抗要件 …………162

債権譲渡登記	171, 172
債権譲渡特例法（旧法名）	156, 171
債権総論	10
債権流動化	156, 188
債権流動化取引	153
最高裁判所民事判例集	xvi, 95
催告	29
——の抗弁	130, 132
財産的損害	51
債務	7
債務者	7
——自身による処分権能の持続	79
——の供託権	173
債務者対抗要件	171, 180
債務の本旨	40
債務引受	151, 191
債務不履行	37
債務名義	72
詐害意思	87
詐害行為	83
詐害行為取消権	82
錯誤	183
指図債権	154, 237
指図証券	154, 238
詐称代理人	217
資格兼併者	215
事業債務についての個人保証契約	147
資金調達取引	153
資金調達のための債権譲渡	176, 182
重利	24
事件	234
時効の完成	121
時効の完成猶予	75, 122
時効の更新	75, 122
事後求償権	135
事後通知	124
自己の財産に対するのと同一の注意	
	64

持参債務	66
資産譲渡	201
事実行為	29
事実的因果関係	52
事情変更の原則	22
事前求償権	136
自然債務	34
事前通知	124
自然法	267
指定充当	209
私的自治の原則	5
自働債権	224
支払先固定	158
支払不能	90
事務管理	11, 137
指名債権	154, 237
集合債権譲渡担保契約	176
受益者の権利	97
受益者の債権の回復	98
主たる債務者	129
——の配偶者	148
手段債務	18
出捐	123
出資取締法	25
受働債権	224
受領権者としての外観を有する者	
に対する弁済	217
受領遅滞	61
種類債権	19
種類債権の特定（集中）	20
準法律行為	29
準用	114
消極的損害	52
条件	50
証券的債権	237
商事法定利率	24
承諾	164
譲渡禁止特約	153

事項索引

275

事項索引

譲渡人	152, 154	相殺充当	230
譲渡制限特約	152, 156	相殺適状	225
譲渡担保設定通知	177	相対効	114
情報提供義務	134, 148	相対的効力	121
将来債権譲渡	175	相対的効力事由	121, 126, 127
将来債権譲渡担保	188	相当因果関係	54

将来債権譲渡と譲渡制限特約の優劣関係 ················178

相当の対価を得てした財産の処分行為 の特則 ················90

除斥期間	96	遡及効	27, 39
自力救済	35	訴訟告知	81, 93
人的担保	69, 128	訴訟上の権利	85
信用保証	143	損益相殺	58
随伴性	129	損害額算定の基準時	57
ストラクチャード・ファイナンス	189	損害担保契約	145
請求権競合	46	損害賠償	51
制限（限定）種類債権	20	損害賠償額の予定	60
制限賠償主義	52		
精神的損害	51		

た行

静的安全	254		
成立要件	25	対抗問題	163, 167
責任財産	69	対抗要件	163, 181
——の保全	70	——の衝突	169
積極的債権侵害	45	——の優劣決定基準	167, 173
積極的損害	52	対抗要件具備時	180
絶対効	114	対抗要件主義	162
絶対的効力	113, 120	第三者	166
絶対的効力事由	117, 120, 127	第三者対抗要件	162
説明義務	49	第三者による弁済	111, 210
善意	88, 179	第三者のためにする契約	195, 221, 223
善管注意義務	19	第三取得者	214
選択権	27	代償請求権	61
選択権の移転と特定	27	大審院民事判決録	xvi, 95
選択債権	26	大審院民事判例集	xvi, 95
相殺	223	代替執行	35
——の禁止	226	対当額	224
——の担保的機能	224, 228	代物弁済	89, 219
——の予約	224	——の予約	221
差押えと——	184, 185, 228	代理	71

276

諾成契約 …………………………219	動的安全 …………………………254
宅地建物取引業法 …………………50	道路交通法 …………………………5
多数当事者の債権関係 ……………105	特定債権 …………………………26, 73
単純悪意 ……………………………87	特定債権法（旧法名）……………156
単独行為 ……………………………29	特定商取引法 ………………………50
単利 …………………………………24	特定の債権者に対する担保の供与等の
遅延賠償 …………………………44, 56	特則 ……………………………90
中間最高価格 ………………………58	特定物債権 …………………………18
中間利息控除 ………………………59	特定物の現状による引渡し ………207
調査義務 …………………………159	特別損害 ……………………………53
調達義務 ……………………………19	独立債務性 ………………………129
貯金 ………………………………161	特例法登記 ………………………172, 173
直接強制 ……………………………35	特例法登記による対抗要件 ………170
直接請求権 …………………………99	取立て債務 …………………………66
著作権 ……………………………259	取引的不法行為 ……………………66
賃貸借 ………………………………65	取引の安全 ………………………253
追完 …………………………………45	
通常損害 ……………………………53	**な行**
通知 ………………………………29, 164	
通謀 …………………………………91	内容証明郵便 ……………………165
停止条件 ……………………………50	なす債務 ……………………………17
停止条件付相殺契約 ………………224	二重資格者 ………………………215
停止条件付代物弁済契約 …………220	任意規定 ……………………………4
適用 ………………………………114	任意債権 ……………………………22
電子記録債権 ……………………154, 187	任意代位 …………………………213
転得者の権利 ………………………98	認容判決 ……………………………96
転売利益 ……………………………53	根保証 ……………………………143
転付命令 …………………………155	個人のする貸金等債務の──……144
填補賠償 ……………………………44	
ドイツ民法 ………………………37, 101, 218	**は行**
統一商事法典（UCC）……………157	
動産及び債権の譲渡の対抗要件に関する	賠償者の代位 ………………………60
民法の特例等に関する法律 ………172	配当加入 …………………………80, 99
倒産隔離 …………………………189	廃罷訴権 ……………………………85
動産債権譲渡特例法 ………………156, 172	破産財団 …………………………175
動産債権担保融資 …………………190	破産法 ……………………91, 175, 184, 228
倒産法 ………………………………91	判決代用 ……………………………36
同時履行の抗弁 …………………74, 210	反対債権 …………………………225, 229

277

判例法理	246	法定利率	23, 59
否認権	88, 91	法務局	221
被保全債権	72	訪問販売法（旧法名）	50
不可分債権	111	法律行為	29
不可分債務	111	補充性	130
不完全履行	38, 45	保証契約	130
複利	24	保証債務	128
附合契約	9	保証人の求償権	135
付従性	129	保証人の資格	131
不真正連帯債権	127	保証連帯	142
不真正連帯債務	126	ボワソナード	101, 181
負担部分	117, 123	本旨弁済	89
物権	8		

ま行

——の概念	8	身元保証	145
物権法定主義	9	身元保証法	145
物上保証人	34, 138	民法改正論議	72, 81
物的担保	69, 128	民法学	265
不当利得	11	民法施行法	165
不法行為	11	民法総則	3
扶養請求権	153	民法の構成	3
フランス民法	37, 101, 218	無記名債権	154, 237
分割債権	109	無記名証券	154, 239
分割債務	109	無資力者	124
文献引用	258	無資力要件	72
分別の利益	141	名目主義	22
併存的（重畳的）債務引受	194	免除	233
弁済	206	免責事由	41
——の充当	209	免責証券	239
——の提供	62, 208	免責的債務引受	191
——の場所、時間、費用	207	黙示の意思表示	119
弁済期	226	モラル・ハザード	148
弁済受領権	216		

や行

——のない者への弁済	216		
弁済による代位	211		
法定解除	39	約定解除	39
法定充当	209	約款	9
法定代位	213		
法定代位者相互間の関係	214		

有価証券·····················154, 237	履行引受····················197
有効要件························25	履行不能·····················37, 44
優先弁済効·····················95, 99	履行補助者······················43
優先弁済効の承認···················80	利息債権·······················23
譲受人·······················152, 154	利息制限法·····················24
譲受人の供託請求権················174	立証責任·······················42
要件··························25	立法趣旨·····················266
要物契約·····················219	流動資産一体型担保融資···········190
預金··························161	流動資産担保融資保証制度··········145
予見可能性······················54	類推適用·····················114
預貯金口座への払込みによる弁済···218	ルール創り·····················160
預貯金債権····················161	——教育·····················264
	連帯債権·····················116, 126

ら行

利益較量（衡量）···············254	連帯債務·····················116, 196
履行··························206	連帯の意思·····················117
履行期·························43	連帯の免除·····················125
履行拒絶························44	連帯保証·····················139
履行代行者······················43	労働者災害補償請求権···········153
履行遅滞·······················37, 43	六法··························15
	——の使い方··················243

判例索引

明治・大正

大判明 36・12・7 民録 9 輯 1339 頁 ······· 94

大判明 38・2・10 民録 11 輯 150 頁 ······· 93

大判明 39・2・5 民録 12 輯 136 頁 ········ 89

大判明 40・9・21 民録 13 輯 877 頁 ······· 89

大判明 43・7・6 民録 16 輯 537 頁 ········ 77

大連判明 44・3・24 民録 17 輯 117 頁
·· 85, 93

大判明 44・10・19 民録 17 輯 593 頁 ······ 93

大判大 3・10・13 民録 20 輯 751 頁 ······ 125

大連判大 3・12・22 民録 20 輯 1146 ······ 168

大判大 4・9・21 民録 21 輯 1486 頁 ······ 118

大判大 6・5・3 民録 23 輯 863 頁 ········ 123

大判大 6・6・7 民録 23 輯 932 頁 ········· 94

大判大 7・3・19 民録 24 輯 445 頁 ······· 112

大判大 7・8・27 民録 24 輯 1658 頁 ······· 54

大判大 9・6・17 民録 26 輯 905 頁 ······· 210

大判大 10・4・30 民録 27 輯 832 頁 ······ 222

大判大 10・5・9 民録 27 輯 899 頁 ······· 192

大判大 10・6・18 民録 27 輯 1168 頁
··· 92, 99

大判大 11・3・1 民集 1 巻 80 頁 ········· 193

大決大 11・8・30 民集 1 巻 507 頁 ········ 71

大判大 11・11・24 民集 1 巻 670 頁 ······ 112

大判大 14・10・28 民集 4 巻 656 頁 ······ 143

大判大 14・12・15 民集 4 巻 710 頁 ······ 192

大判大 15・3・25 民集 5 巻 219 頁 ······· 194

大連判大 15・5・22 民集 5 巻 386 頁（富喜
丸事件）····························· 55, 58

昭和元年〜10 年

大判昭 2・12・26 新聞 2806 号 15 頁 ······ 44

大判昭 3・2・28 民集 7 巻 107 頁 ········ 192

大判昭 4・12・16 民集 8 巻 944 頁 ········ 77

大判昭 6・6・4 民集 10 巻 401 頁 ······· 133

大判昭 9・1・30 民集 13 巻 103 頁 ······· 144

大判昭 9・12・28 民集 13 巻 2261 頁 ····· 176

大判昭 10・3・12 民集 14 巻 482 頁 ······ 81

大判昭 10・4・25 新聞 3835 号 5 頁（カフェ
丸玉事件）································· 34

昭和 11 年〜20 年

大判昭 11・4・15 民集 15 巻 781 頁 ······ 196

大判昭 12・9・15 民集 16 巻 1409 頁 ····· 89

大判昭 18・9・10 民集 22 巻 948 頁 ······ 146

大判昭 20・5・21 民集 24 巻 9 頁 ········ 133

昭和 21 年〜30 年

最判昭 29・1・28 民集 8 巻 1 号 234 頁 ··· 22

最判昭 29・4・8 民集 8 巻 4 号 819 頁 ··· 110

最判昭 30・10・11 民集 9 巻 11 号 1626 頁
·· 94

昭和 31 年〜40 年

最判昭 32・12・19 民集 11 巻 13 号 2229 頁
·· 130

最判昭 33・6・19 民集 12 巻 10 号 1562 頁
·· 143

最判昭 33・9・26 民集 12 巻 13 号 3022 頁
··· 89

最判昭 35・4・26 民集 14 巻 6 号 1046 頁
　　　　　　　　　　　　　　　　87

最大判昭 36・7・19 民集 15 巻 7 号 1875 頁
　　　　　　　　　　　　　　　　94

最判昭 37・10・9 民集 16 巻 10 号 2070 頁
　　　　　　　　　　　　　　　　100

最判昭 37・11・9 民集 16 巻 11 号 2270 頁
　　　　　　　　　　　　　　　　144

最判昭 37・11・16 民集 16 巻 11 号 2280 頁
　　　　　　　　　　　　　　　　58

最大判昭 37・6・13 民集 16 巻 7 号 1340 頁
　　　　　　　　　　　　　　　　24

最判昭 37・9・4 民集 16 巻 9 号 1834 頁‥ 44
最判昭 39・1・23 民集 18 巻 1 号 76 頁‥ 92
最判昭 39・6・12 民集 18 巻 5 号 764 頁‥ 92
最判昭 39・11・17 民集 18 巻 9 号 1851 頁
　　　　　　　　　　　　　　　　89

最大判昭 39・11・18 民集 18 巻 9 号 1868 頁
　　　　　　　　　　　　　　　　24

最判昭 39・11・26 民集 18 巻 9 号 1984 頁
　　　　　　　　　　　　　　　　220

最大判昭 39・12・23 民集 18 巻 10 号 2217 頁
　　　　　　　　　　　　　　　　230

最判昭 40・4・16 裁判集民事 78 号 615 頁
　　　　　　　　　　　　　　　　54

最大判昭 40・6・30 民集 19 巻 4 号 1143 頁
　　　　　　　　　　　　　　　　132

最判昭 40・12・3 民集 19 巻 9 号 2090 頁
　　　　　　　　　　　　　　　　65

最判昭 40・12・21 民集 19 巻 9 号 2221 頁
　　　　　　　　　　　　　　　　234

昭和 41 年～50 年

最大判昭 41・4・20 民集 20 巻 4 号 702 頁
　　　　　　　　　　　　　　　　133

最判昭 41・10・4 民集 20 巻 8 号 1565 頁
　　　　　　　　　　　　　　　　217

最判昭 41・12・20 民集 20 巻 10 号 2139 頁
　　　　　　　　　　　　　　　　196

最大判昭 42・11・1 民集 21 巻 9 号 2249 頁
　　　　　　　　　　　　　　　　76

最大判昭 42・11・30 民集 21 巻 9 号 2477 頁
　　　　　　　　　　　　　　　　227

最判昭 42・12・21 民集 21 巻 10 号 2613 頁
　　　　　　　　　　　　　　　　217

最判昭 42・8・25 民集 21 巻 7 号 1740 頁
　　　　　　　　　　　　　　　　113

最大判昭 43・11・13 民集 22 巻 12 号 2526 頁
　　　　　　　　　　　　　　　　24

最大判昭 45・4・10 民集 24 巻 4 号 240 頁
　　　　　　　　　　　　　　　　160

最大判昭 45・6・24 民集 24 巻 6 号 587 頁
　　　　　　　　　　　　　　　　230

最判昭 46・4・23 民集 25 巻 3 号 388 頁
　　　　　　　　　　　　　　　　199

最判昭 46・9・21 民集 25 巻 6 号 857 頁
　　　　　　　　　　　　　　　　223

最判昭 46・11・19 民集 25 巻 8 号 1321 頁
　　　　　　　　　　　　　　　　100

最判昭 46・12・16 民集 25 巻 9 号 1472 頁
　　　　　　　　　　　　　　　　63

最判昭 47・4・20 民集 26 巻 3 号 520 頁
　　　　　　　　　　　　　　　　58

最判昭 48・7・19 民集 27 巻 7 号 823 頁
　　　　　　　　　　　　　　　　159

最判昭 48・11・30 民集 27 巻 10 号 1491 頁
　　　　　　　　　　　　　　　　87

最判昭 49・3・7 民集 28 巻 2 号 174 頁
　　　　　　　　　　　　169, 173, 251

最判昭 49・6・28 民集 28 巻 5 号 666 頁
　　　　　　　　　　　　　　　　227

最大判昭 49・10・23 民集 28 巻 7 号 1473 頁
　　　　　　　　　　　　　　　　221

最判昭 50・1・31 民集 29 巻 1 号 68 頁‥ 59
最判昭 50・2・25 民集 29 巻 2 号 143 頁
　　　　　　　　　　　　　　　48, 49

最判昭 50・3・6 民集 29 巻 3 号 203 頁
　　　　　　　　　　　　　　　　74

最判昭 50・7・17 民集 29 巻 6 号 1119 頁

··· 89

最判昭 50・12・8 民集 29 巻 11 号 1864 頁
·· 183

昭和 51 年～63 年

最判昭 53・10・5 民集 32 巻 7 号 1332 頁
··· 99

最判昭 54・9・7 判時 954 号 29 頁······· 227

最判昭 55・1・11 民集 34 巻 1 号 42 頁
·· 169, 222

最判昭 55・1・24 民集 34 巻 1 号 110 頁
··· 86

最判昭 57・6・4 判時 1048 号 97 頁
·· 220

最判昭 57・12・17 民集 36 巻 12 号 2399 頁
·· 124

大阪高判昭 58・7・19 判タ 512 号 137 頁
··· 50

最判昭 58・9・6 民集 37 巻 7 号 901 頁
··· 44

最判昭 58・10・6 民集 37 巻 8 号 1041 頁
··· 76

最判昭 58・12・19 民集 37 巻 10 号 1532 頁
··· 86

最判昭 59・5・29 民集 38 巻 7 号 885 頁
·· 145

最判昭 59・9・18 判時 1137 号 51 頁
··· 48

最判昭 61・11・27 民集 40 巻 7 号 1205 頁
·· 215

平成元年～10 年

最判平 2・11・8 判時 1370 号 52 頁······· 49

最判平 3・4・11 判時 1391 号 3 頁······· 49

最判平 5・3・30 民集 47 巻 4 号 3334 頁
·· 170

最判平 8・4・26 民集 50 巻 2 号 1267 頁
·· 219

最判平 8・7・12 民集 50 巻 7 号 1918 頁
·· 199

最判平 10・6・12 金判 1061 号 14 頁
··· 86

平成 11 年～20 年

最判平 11・1・21 民集 53 巻 1 号 98 頁
··· 26

最判平 11・1・29 民集 53 巻 1 号 151 頁
·· 176, 178

最大判平 11・11・24 民集 53 巻 8 号 1899 頁
··· 78

最判平 12・4・21 民集 54 巻 4 号 1562 頁
·· 176

最判平 13・11・22 民集 55 巻 6 号 1056 頁
·· 177, 251

大阪地判平 15・5・15 金法 1700 号 103 頁
·· 159

最判平 16・2・20 民集 58 巻 2 号 475 頁
··· 25

最判平 17・3・10 民集 59 巻 2 号 356 頁
··· 78

最判平 17・6・14 民集 59 巻 5 号 983 頁
··· 59

最判平 18・1・13 民集 60 巻 1 号 1 頁
··· 26

最判平 19・2・15 民集 61 巻 1 号 243 頁
·· 177

平成 21 年～

最判平 23・3・22 金法 1927 号 136 頁···200

最判平 23・4・22 民集 65 巻 3 号 1405 頁
··· 48, 50

最判平 23・7・7 判時 2137 号 43 頁······200

最判平 23・7・8 判タ 1361 号 98 頁······200

最判平 23・9・30 判時 2131 号 57 頁·····200

最判平 27・6・1 民集 69 巻 4 号 672 頁···183

池田　真朗（いけだ　まさお）

武蔵野大学副学長，同法学部長・教授，慶應義塾大学名誉教授。
1949 年東京生まれ。
1978 年慶應義塾大学大学院法学研究科民事法学専攻博士課程修了，博士（法学）。
1996 年から 2004 年まで司法試験第二次試験考査委員，2004 年から 2006 年まで新司法試験考査委員（民法主査）。フランス国立東洋言語文明研究所招聘教授，国連国際商取引法委員会作業部会日本代表，日本学術会議法学委員長等を歴任。2012 年紫綬褒章を受章。
主要著書
『債権譲渡の研究』（弘文堂，1993 年〔増補 2 版 2004 年〕），『債権譲渡法理の展開』（弘文堂，2001 年），『債権譲渡の発展と特例法』（弘文堂，2010 年），『債権譲渡と電子化・国際化』（弘文堂，2010 年），『ボワソナードとその民法』（慶應義塾大学出版会，2011 年），『新標準講義民法債権各論』（慶應義塾大学出版会，2010 年〔第 2 版 2019 年〕），『スタートライン債権法』（日本評論社，1995 年〔第 6 版 2017 年〕），『スタートライン民法総論』（日本評論社，2006 年〔第 3 版 2018 年〕），『民法への招待』（税務経理協会，1997 年〔第 5 版 2018 年〕），『民法Ⅲ─債権総論』（共著，弘文堂，1988 年〔第 4 版 2018 年〕），『分析と展開・民法Ⅱ債権』（共著，弘文堂，1986 年〔第 5 版 2005 年〕），『基礎演習民法（財産法）』（共著，有斐閣，1993 年），『新しい民法─現代語化の経緯と解説』（編著，有斐閣，2005 年），『民法 Visual Materials』（編著，有斐閣，2008 年〔第 2 版 2017 年〕），『現代民法用語辞典』（編著，税務経理協会，2008 年），『法学講義民法 4 債権総論』（共編著，悠々社，2007 年），『法学講義民法 5 契約』（共編著，悠々社，2008 年），『判例講義民法Ⅰ総則・物権』（共編著，悠々社，2002 年〔第 2 版 2014 年〕），『判例講義民法Ⅱ債権』（共編著，悠々社，2002 年〔第 2 版 2014 年〕），『法の世界へ』（共著，有斐閣，1996 年〔第 7 版 2017 年〕），『プレステップ法学』（編著，弘文堂，2009 年〔第 3 版 2016 年〕），『解説電子記録債権法』（編著，弘文堂，2010 年），『判例学習の AtoZ』（編著，有斐閣，2010 年），『民法（債権法）改正の論理』（共編著，新青出版，2011 年），『民法はおもしろい』（講談社現代新書，2012 年），『新世紀民法学の構築』（慶應義塾大学出版会，2015 年）ほか。

新標準講義民法債権総論 ［全訂 3 版］

2009 年 4 月 10 日　初版第 1 刷発行
2010 年 7 月 15 日　初版第 2 刷発行
2013 年 3 月 30 日　第 2 版第 1 刷発行
2017 年 4 月 10 日　第 2 版第 3 刷発行
2019 年 11 月 30 日　全訂 3 版第 1 刷発行

著　者────池田真朗
発行者────依田俊之
発行所────慶應義塾大学出版会株式会社
　　　　　　〒108-8346　東京都港区三田 2-19-30
　　　　　　ＴＥＬ〔編集部〕03-3451-0931
　　　　　　　　　〔営業部〕03-3451-3584〈ご注文〉
　　　　　　　　　〔　〃　〕03-3451-6926
　　　　　　ＦＡＸ〔営業部〕03-3451-3122
　　　　　　振替 00190-8-155497
　　　　　　http://www.keio-up.co.jp/
装　丁────土屋　光
印刷・製本──株式会社加藤文明社
カバー印刷──株式会社太平印刷社

©2019　Masao Ikeda
Printed in Japan ISBN978-4-7664-2628-1

慶應義塾大学出版会

新標準講義 民法債権各論 第2版

池田真朗 著

2020年施行の民法大改正がよくわかる！
「ルール創り」の発想から説く法律学の最新「標準」授業
好評の「新標準」債権各論、待望の第2版！

変わりゆく民法典の「今」を学び、法学部学生、ロースクール生はもちろん、一般の方の独習にも適した、汎用性の高い多様なニーズに応える、新時代の民法スタンダード・テキスト。契約不適合責任、定型約款等の改正項目に加え、配偶者居住権やQRコード決済にまで言及。進路アドバイスや出題形式解説など、学習者のためのノウハウも満載！

A5判／上製／264頁
ISBN 978-4-7664-2578-9
◎2,500円　2019年4月刊行

◆目次◆

第1章　債権各論序説

第2章　契約総論

第3章　契約各論

第4章　事務管理

第5章　不当利得

第6章　不法行為

第7章　学習ガイダンス

表示価格は刊行時の本体価格（税別）です。